歷史的轉向

現代史學的破與立

黃進興　著

香港中文大學出版社

《歷史的轉向：現代史學的破與立》
  黃進興 著

© 香港中文大學 2021

本書版權為香港中文大學所有。除獲香港中文大學
書面允許外，不得在任何地區，以任何方式，任何
文字翻印、仿製或轉載本書文字或圖表。

國際統一書號 (ISBN)：978-988-237-174-3

出版：香港中文大學出版社
　　　香港 新界 沙田 · 香港中文大學
　　　傳真：+852 2603 7355
　　　電郵：cup@cuhk.edu.hk
　　　網址：cup.cuhk.edu.hk

Historical Turn: The Construction and Deconstruction in Modern Historiography (in Chinese)
  By Chin-shing Huang

© The Chinese University of Hong Kong 2021
All Rights Reserved.

ISBN: 978-988-237-174-3

Published by The Chinese University of Hong Kong Press
　　　The Chinese University of Hong Kong
　　　Sha Tin, N.T., Hong Kong
　　　Fax: +852 2603 7355
　　　Email: cup@cuhk.edu.hk
　　　Website: cup.cuhk.edu.hk

Printed in Hong Kong

目　錄

自 序

這本文集的主題毋論從大處著眼或從特殊專題出發，不外是筆者聚焦兩次世紀之際（19世紀末至20世紀初葉，20世紀末至21世紀初葉），史學學術風尚變化所作的省思；居中有破也有立。此中，自然涉及史學與其他學科分分合合的故事。

第一部「歷史主義」旨在烘托19世紀「歷史主義」（Historicism）的來龍去脈，挪之作為背景知識。該文乃係早年習作，且在寫作風格以及史學研究的切入角度上，與第二部「歷史的轉向」裡的文章都有所不同。把這兩種風格的史學史寫作並置，或可展示本人經歷的近半世紀以來史學風尚如何由大寫的、單數的「歷史」（History）一變而為小寫、複數的「歷史」（histories）。

此外，讀者若想進一步了解歷史主義，建議取閱伊格斯（Georg G. Iggers, 1926–2017）的《日耳曼的歷史理念》（*The German Conception of History*），該書雖已刊行近半世紀，迄今猶為「歷史主

義」的經典之作。[1] 次者,則是近年 (2011) 百舍 (Frederick C. Beiser, 1949–) 所發表的《日耳曼的歷史主義傳統》(*The German Historicist Tradition*)。[2]

第二部「歷史的轉向」的八篇文章,均是思索近年西方史學發展的趨勢,但願對中國史學的開展有所借鑒,甚或助益。要言之,19世紀乃是西方史學的黃金時代,歷史研究取得突破性的進展,以蘭克 (Leopold von Ranke, 1795–1886) 為首的名家輩出,馳騁西方學界,睥睨一切。1902年德國史家孟森 (Theodor Mommsen, 1817–1903) 得憑羅馬史的鉅著,獲頒諾貝爾獎的殊榮,便是一例。然而,反諷的是,自此史學的聲望卻從巔峰下墜,難以挽回頹勢。其故,無非世紀之際新興的社會科學崛起,昔為「學問女王」(the Queen of Knowledge) 的史學,驟成眾矢之的,備受挑戰。而史學應付無方,節節敗退,割地賠款乃是常事。甚而,歷史作為一門專業知識,竟慘遭無用之譏。

然而人類的活動原是時序的產物,欠缺歷史作為個人或群體記憶的指引,人們難免茫茫然,無所適從。或許如是,20世紀末葉史學的發展居然峰迴路轉,起了極大變化;原來失憶時間面向的人文及社會科學,終於覺識到歷史意識的重要,而有了明顯的轉變,進入了人文及社會科學「重新發現歷史」、史學研究眾聲喧嘩的時期。我將此一變化梳理成〈歷史的轉向 —— 20世紀晚期人文科學歷史意識的再興〉一文,以供學界參考。

1　Georg G. Iggers, *The German Conception of History: The National Tradition of Historical Thought from Herder to the Present* (Middletown, Conn.: Wesleyan University Press, 1968; revised edition, Harper & Row, 1983).

2　Frederick C. Beiser, *The German Historicist Tradition* (Oxford and New York: Oxford University Press, 2011).

　　清末以來，由於中國史學驟然加入西學的列車，遂無以置身事外。試舉一例，國人求治殷切，引入西學。其中尤以「方法意識」為各門學問的共通點。僅就史學而言，梁啓超 (1873–1929) 所倡導的「新史學」，可作為代表。他相信凡欲一種學術之發達，「其第一要件，在先有精良之研究法」。[3] 進入民國，又以胡適 (1891–1962) 最為積極。胡適深受科學主義 (scientism) 的影響，力主「方法」乃治學的不二法門，其影響既廣且深。他在晚年追述道：「我治中國思想與中國歷史的各種著作，都是圍繞著『方法』這一觀念打轉的。『方法』實在主宰了我四十多年所有的著述。」[4] 因此，重視方法，確是民國學術大勢所趨。

　　尤有進之，若以台灣而言，1960 年代至 1980 年代由於歐美邏輯實證論 (logical positivism 或 empiricism) 和行為科學 (behavioral science) 思潮的推波助瀾，[5] 令「史學方法」的講究，臻於巔峰。風吹草偃之下，個人遂亦以研究方法自任，視此為治史的終南捷徑。但之後，緣林毓生、余英時兩位教授引進孔恩 (Thomas Kuhn, 1922–1996) 科學革命的觀點，[6] 復加上赴美進修，受到晚近分析哲學 (analytical philosophy) 的薰染，遂一改成見，放棄舊有的思維。這些瑣細的回憶，都是陳年往事了。而身處今日後現代主義的情

3　梁啓超，〈論中國學術思想變遷之大勢〉，《飲冰室文集》(台北：台灣中華書局，1960)，第二冊，頁 87。

4　唐德剛譯，《胡適口述自傳》(台北：傳記文學出版社，1981)，頁 94。

5　邏輯實證論 (logical positivism) 主導之下的「科學哲學」(philosophy of science)，而其所衍生的「分析式歷史哲學」(analytical philosophy of history) 便是該時史學方法論的理論基礎。

6　余、林兩位先生在 1970 年代中期介紹孔恩的主要論點到台灣學界。Thomas Kuhn, *The Structure of Scientific Revolutions* (Chicago: University of Chicago Press, 1962).

境，「反方法」的情結，依然是主流意識。故拙文〈論「方法」及「方法論」——以近代中國史學意識為系絡〉容仍有異曲同工之妙。

再，後現代主義 (postmodernism) 對傳統史家而言，不啻為揮之不去的夢魘，但史家卻不得不正視它的挑戰，倘若因應得當，猶不失為新史學發展的契機。這是拙文〈後現代主義與中國新史學的碰撞〉的論旨。晚近「敘事式歷史哲學」(narrative philosophy of history) 的興起，當然也是後現代主義的同調，拙作〈敘事式歷史哲學的興起〉略有抒發。對比當今史學追逐、崇尚解釋性的論證，「敘事性的史學」不啻為一帖及時清涼劑，不無提神醒目之效。此外，個人另有未收入本冊的〈文學的真實與歷史的真實〉一文，稍行展演敘事式哲學的具體實例，蓋乃小品的操演，聊供一粲耳。

兩岸聲息不通近半世紀，因此學術時尚自是有別。1970 年代末至 1990 年代初，乃是台灣「思想史」最為輝煌的時期，該時人才輩出，引領風騷。然而逾此，則每下愈況、一蹶不振。這種趨勢與西方史學的風潮雖稍呈落後，但大致相符。反觀，當前中國大陸思想史的研究，則方興未艾。此一間差，在學術史饒有意味。總體而言，中文語境的思想史研究不若西方變化多端，美其言則是成熟穩重，然不容諱言，其研究方法較為傳統、拘謹，乃是不爭之事實。拙文〈蛻變中的「思想史」——一個史學觀點的考察〉，則是為此而發。好友葛兆光曾笑我對此間思想史的火苗澆了一盆冷水，實乃無心之過，敬請明鑒。

又臆想中，世界史應是史家治史最終的目標，或最高價值所在；但卻絕少史家會信以為真，朝此邁進。個中原委，值得探究。之前，世界史這塊園地，僅有業餘人士偶爾耕耘，專業史家則避之唯恐不及。但迄 20 世紀晚期，形勢丕變，「世界史」雖未稱

得上顯學，但學會、學報則應運而生，甚為活躍。拙作〈從普遍史到世界史和全球史 —— 以蘭克史學為分析始點〉，則是討論19世紀以來世界史的演化，期能梳理其理論與方法的癥結。

〈重識穿梭異文化空間的人物 —— 以梁啓超、王國維、傅斯年為例〉一文乃是建立在之前個人三篇具體個案探討之上，而予以方法論的點撥，盼能彰顯其研究取向的風格。因此凡欲探討跨文化的人物，理應「知己知彼」，關注不同文化的影響，方能得其全貌。

〈近年宗教史研究的新啟示 ——「宗教」核心概念的反思〉乃是受拙作《儒教與神聖空間》(*Confucianism and Sacred Space*, 2021)[7]英譯本的評論所啟發。蓋近年宗教史的研究除了具體個案的探討之外，並強調對「宗教」一詞及其概念的省思，盼能促進未來宗教史的開展。

末了，本書得以結集成冊，須特別感謝香港中文大學出版社陳甜女士不耐其煩的聯絡和冼懿穎女士精心的編輯。史語所陳靜芬秘書代為校稿，一併致謝。拙作個人敝帚自珍，野人獻曝在所難免，但願博雅君子不吝指正。

黃進興謹誌

台北南港中央研究院歷史語言研究所

2021年春

---

7   Chin-shing Huang, *Confucianism and Sacred Space*, trans. Jonathan Chin (New York: Columbia University Press, 2020).

第一部

歷史主義

一個史學傳統及其觀念的形成

　　從法國大革命至1945年，一個半世紀以來，歐洲思想界主要集中於歷史原則和歷史概念的思考；他們認為任何事物的本質皆可以經由事物發展的過程加以了解，以至於大部分智識的領域或實際的生活皆瀰漫了「歷史的影子」；克萊歐 (Clio)，歷史的女神，志得意滿地取代了宗教與哲學的地位，成為最後的裁判者。巴勒克拉夫 (Geoffrey Barraclough, 1908–1984) 教授謂此一時期為「歷史主義的時代」(age of historicism) 或「歷史的時代」(historical age)。[1]

　　西方史學能臻於今日周密完備的境界，部分原因在於繼承18世紀末葉以來史學運動 (historical movement) 的成果。雖然導致史

1　Geoffrey Barraclough, *History in a Changing World* (Norman: University of Oklahoma Press, 1957), p. 2. Also Benedetto Croce, *History: Its Theory and Practice* (New York: Russell & Russell, 1960), p. 280; and Erich Kahler, *The Meaning of History* (Cleveland: World Publishing Company, 1968), p. 172; and Maurice Mandelbaum, *History, Man, and Reason: A Study in Nineteenth-Century Thought* (Baltimore: Johns Hopkins University Press, 1971), p. 41.

學運動的原因十分錯綜複雜（例如，民族主義的成長、檔案的編纂與開放、歷史領域的擴張等），但學者一般都相信「歷史主義」在其中扮演了基本的支柱觀念，或至少是相輔相成。尤其在19世紀後半葉，「歷史主義」的思想幾乎滲透了西方史學家著史的裡層，成為研究歷史的推動力與指導原則，因此這一時代史家治史所顯示的信念，即為「歷史主義」的特徵。

這些時代的參與者，其思想的出發點源自對18世紀理性主義（rationalism）的不滿；他們欲以「個體性」（individuality）和「發展」（development）來代替啓蒙史家對「普遍人性與理智」的信念，因此可視為啓蒙思想的反動；事實上，其貢獻並不止於此。

邁內克（Friedrich Meinecke, 1862–1954）曾說：「歷史主義是西方文化最偉大的精神革命。」[2]是故，「歷史主義」的研究有助於對西方近代史學思潮的認識，同時對未來史學知識的發展，有一借鑒與反省的機會，本文的目的即依照此種動機而撰寫。

中文「歷史主義」一詞係譯自英文"historicism"或"historism"，而二者實皆迻譯自德文"Historismus"。[3]西方學界對此一名詞的確切含義，向來頗多爭議，難有定論。學者所下的定義，有時相去甚遠，甚多相悖。

---

2   Friedrich Meinecke, *Historism: The Rise of a New Historical Outlook*, trans. J. E. Anderson (New York: Herder and Herder, 1972), p. LIV.

3   "historism"是較早的譯法，"historicism"稍晚且逐漸有取代前者的趨勢。見Dwight E. Lee and Robert N. Beck, "The Meaning of 'Historicism'," *The American Historical Review*, vol. LIX (1954), p. 568. n. 1。且"historicism"與克羅齊所使用意大利文"storicism"相當，因討論歷史主義須兼顧日耳曼與意大利的系統，因此用"historicism"比"historism"妥當。但某些學者以"historism"與"historicism"來指涉歷史主義發展的不同階段，例如：Erich Kahler, *The Meaning of History*, p. 175; and Georg G. Iggers, "The Idea of Progress: A Critical Reassessment," *The American Historical Review*, vol. LXXI (1965): 8–9。

　　據曼德爾鮑姆（Maurice Mandelbaum, 1908–1987）所述，德國
學者首先使用"Historismus"一詞是1852年普蘭陀（Karl Prantl,
1820–1888）在巴伐利亞科學院發表〈當代哲學的問題〉（"Die
Gegenwärtige Aufgabe der Philosophie"）的演講詞中，用以指謂一種
具體的、歷史傾向的方法，以避免當時哲學的僵局。[4]此外，卡
爾・門格爾（Carl Menger, 1840–1921）1883年的《社會科學方法論
特別是經濟學方法論》（*Untersuchungen über die Methoden der
Sozialwissenschaften und der politischen Ökonomie insbesonder*e）與1884
年的《德國國民經濟學中歷史主義的謬誤》（*Die Irrthümer des
Historismus in der deutschen Nationalökonomie*）二書中，以"Historismus"
稱呼施穆勒（Gustav von Schmoller, 1838–1917）所代表的經濟歷史學
派，此派學者欲以事實和經濟制度的歷史比較方法，取代經濟理
論的演繹與計算，亦即主張將經濟理論建基於經濟史的研究之
中。[5]此乃正式將"Historismus"這個詞彙介紹至社會科學的領域裡。
　　但邁入20世紀之後，此一名詞用法則顯得異常分歧，例如，
卡爾・波普爾（Karl R. Popper, 1902–1994）認為歷史主義是一種社
會科學的方法論，欲於歷史演化的過程中，尋求歷史的韻律、模
式和法則，以達到歷史預測為目的；[6]克羅齊（Benedetto Croce,

4　　Maurice Mandelbaum, "Historicism," *The Encyclopedia of Philosophy*, vol. IV
　　　(1968): 22, 24–25.

5　　Ibid., p. 22; and Hermann Schumacher, "Economics: The Historical School,"
　　　Encyclopedia of the Social Sciences, vol. V (1948): 371–377; and F. A. Hayek, *The
　　　Counter-Revolution of Science: Studies on the Abuse of Reason* (Glencoe, Illinois:
　　　The Free Press, 1952), p. 215.

6　　Karl R. Popper, *The Poverty of Historicism* (London: Routledge & Kegan Paul,
　　　1957), p. 3. 波普爾與海耶克（Friedrich A. Hayek, 1899–1992）對「歷史主義」
　　　的用法與本文的指謂不甚一樣，他們的用法是指涉另一群觀念叢結。

1866–1952）則謂：歷史主義為一邏輯原則，是邏輯的範疇，[7] 又謂歷史主義在於確言生活與實體即是歷史，而且僅是歷史而已；[8] 模里斯‧柯亨（Morris R. Cohen, 1880–1947）則以為歷史主義象徵一種信仰，相信歷史為人事智慧的主要途徑；[9] 恩哥－喬那西（F. Engel-Jánosi, 1893–1978）謂：凡使歷史瀰漫在思想生活領域中，成為生活的指標，皆可稱之歷史主義；[10] 達西（M. C. D'Arcy, 1888–1976）則謂歷史主義即是歷史哲學。[11] 從上舉五個例子，可以顯示學者對「歷史主義」的觀念頗不一致。

第一次世界大戰以後，德國知識分子由於深受戰禍慘狀的刺激，不禁想重新檢討德國甚或歐洲文化的價值，其中不乏想從歷史的過程尋得解答者，例如 1922 年特勒爾奇（Ernst Troeltsch, 1865–1923）發表的《歷史主義及其問題》（*Der Historismus und seine Probleme*），1932 年侯以斯（Karl Heussi, 1877–1961）的《歷史主義的危機》（*Die Krisis des Historismu*s）與 1936 年邁內克《歷史主義的形成》（*Die Entstehung des Historismus*）即為此一努力的代表作。接著 30 年代末期和 40 年代，德文的 "Historismus" 被譯為英文的 "historism" 與 "historicism"，廣為英美學界所採用。在史學上正式的用法，則是用來指稱 18 世紀末葉以來，某些史學家或哲學家對於啟蒙時期某些歷史思想的不滿，諸如共性的、靜態的普遍觀念，進步信念

7　Benedetto Croce, *History as the Story of Liberty*, trans. Sylvia Sprigge (New York: Meridian Books, 1955), p. 74.

8　Ibid., p. 63.

9　Morris R. Cohen, *The Meaning of Human History* (La Salle, Illinois: The Open Court Publishing Company, 1947), p. 15

10　Friedrich Engel-Janosi, *The Growth of German Historicism* (Baltimore: Johns Hopkins University Press, 1944), p. 13.

11　M. C. D'Arcy, *The Meaning and Matter of History* (New York: The Noonday Press New York, 1967), p. 11.

的執著等等。這些人是啟蒙理性主義的反動者，他們認為理性並不能綜攝一切，對於更深層的事物，必須以更深邃的感情和意志去體會和掌握。不似啟蒙時期的史家，他們非常重視歷史的「發展性」，以為事件和事件之間具有相互的連鎖關係，因此歷史的過程有著不可分裂的連續性質（continuity）；人們如果想完全了解一件史事，則應追溯至起源部分，始能有全盤的領會。

他方面，這些學者亦非常強調歷史的「個體性」，謂：每一時代自有其存在的意義與價值。非為其他時代的踏腳石或過渡階段，它們內攝有認同的價值與己身的尊嚴；推而廣之，每一史事、每一歷史人物，亦存有本身獨特的意義，而他們本身即是手段和目的。史家如果想了解他們，就必須以「同情的了解」（sympathetic understanding）的方法，去體會歷史人物內在的含義，去感受史事深沉的脈搏：如是寫成的歷史，才可能逼近真正的歷史。

此一含義的「歷史主義」，首先見諸18世紀末意大利維柯（Giambattista Vico, 1668–1744）[12] 和日耳曼赫爾德（J. G. von Herder, 1744–1803）的著作之中，此二者可視為歷史主義的先鋒，接著洪堡（Wilhelm von Humboldt, 1767–1835）、黑格爾（G. W. F. Hegel, 1770–1831）、尼布爾（Barthold Georg Niebuhr, 1776–1831）等繼續推動這個思潮，至蘭克集其大成，為歷史主義理論與實踐具體的融合，同時象徵歷史主義由觀念思索的層次邁入實際史著的層次。蘭克之後，歷史主義幾乎支配了歐洲史家著史的信念，其追隨者廣布整個西方學界。直至第二次世界大戰結束，此一思潮始漸趨衰微。

12　維柯在他的自傳裡，記載自己1670年生於那不勒斯，實屬錯誤，確實年數是1668年。見 *The Autobiography of Giambattista Vico*, trans. Max Harold Fisch and Thomas Goddard Bergin (New York: Cornell University Press, 1944), pp. 111, 215。

綜合以上的敘述，作者嘗試為史學上的「歷史主義」下一包容較廣、觀念較一致的界義：所謂「歷史主義」，即相信歷史知識為人類活動最重要的指標，藉著歷史，人類可以評價、了解生活的一切，因此社會與個人的經驗皆可規範到歷史領域來；也就是說，任何事物的性質可由其歷史發展的過程來掌握，任何事物的價值可由其本身的歷史來判斷。由此可以導引本文應用「歷史主義」一詞有兩個極限：前者以「歷史主義」為世界觀，將「歷史主義」解釋為人類對自己及宇宙的觀感，亦即「人為歷史的產物」，其意義與價值必須從歷史發展的過程加以掌握。後一端將「歷史主義」當作一種方法論，它與史料的批評無關，卻重視直覺的把握與體會，「同情的了解」方法就是歷史主義強調治史的基本利器。此二者為本文使用「歷史主義」的兩個極限。[13]

13　Cf. Calvin G. Rand, "Two Meanings of Historicism in the Writings of Dilthey, Troeltsch and Meinecke," *Journal of the History of Ideas*, vol. 25 (1964): 503–518.

歷史主義前期的史學思想

欲了解歷史主義的涵蘊，於其前期史學之發展，作一概略敘述，當有助於釐清此派學者之主張，本篇分成兩部分：啓蒙史學思想的特徵和歷史主義的醞釀期。

一、啓蒙史學思想的特徵

近代西方史學思想的創始，有些學者以啓蒙史學為依歸，有些則以蘭克學派（Rankean School）的建立為基準；前者立論的根據偏於歷史領域的拓展及對傳統史學的解放，[14] 後者則側重於使歷史知識成為一門嚴格的學科訓練與教學方法的成立。於此，不宜評

---

14 中古以降，啓蒙時代以前，西方史學附屬於神學之下，直至18世紀啓蒙史家的努力，才擺脫了神學的控制，取得獨立自主的地位。

論孰是孰非，倒是此一問題的爭執，足以反映啟蒙史學在西方史
學史的重要性。[15]

　　一般言之，西方中古史的發展予人的印象，較為呆滯、單
調，但文藝復興以下，歷史的脈搏逐漸加快，16世紀大西洋的開
放 (the opening of the Atlantic) 承繼了上一世紀新航路、新大陸發
現的成果，逐漸形成了全球的經濟網，取代了古來地中海的優
勢；同時宗教戰爭 (1618–1648) 的結束，象徵了宗教信仰的諒解
以及寬容精神的肯定；加上伽利略 (Galileo) 和牛頓 (Isaac Newton)
在科學領域輝煌的成就；賦予18世紀西歐人士無比的樂觀與對進
步觀念的信心，此一時期思想的領導核心，為一群以博學多聞著
稱的哲士 (the Philosophes)，啟蒙史學即是籠罩在此一氣氛之中，
苦心經營的成績，其中尤以伏爾泰 (Voltaire) 為典型代表。

　　1681年包士威 (Jacques-Bénigne Bossuet, Bp. Of Meaux, 1627–
1704) 的《世界史講話》(*Discourse on Universal History*) 留下了奧古斯
丁 (Augustine, 354–430) 式歷史神學的最後痕跡；1756年伏爾泰發
表了《各國民俗風情論》(*Essay on the Manners and Mind of Nations*)，[16]
創造了「歷史哲學」(philosophy of history) 這個名詞，不僅意味著

15　本節多半取材自：Trygve R. Tholfsen, *Historical Thinking: An Introduction*
　　(NewYork: Harper & Row, 1967), chap. 4; James Westfall Thompson and
　　Bernard J. Holm, *A History of Historical Writing* (New York: Macmillan Co.,
　　1942), vol. 2, chap. 28; Benedetto Croce, *History Its Theory and Practice*, chap. 5;
　　R. G. Collingwood, *The Idea of History* (New York: Oxford University Press,
　　1969 reprint), pp. 71–86; and Paul K. Conkin and Roland N. Stromberg, *The
　　Heritage and Challenge of History* (New York and Toronto: Dodd Mead, 1972),
　　chap. 4。此外輔以其他專著加以增補或改正其中謬誤。

16　包士威的《世界史講話》主旨在於重述奧古斯丁的歷史神學，從「創世記」
　　迄查理曼 (Charlemagne) 為止；伏爾泰原意在繼承包氏的工作，他的《各
　　國民俗風情論》即始於查理曼至路易十三 (Louis XIII)，然而這一本書無
　　論在內容或方法上，卻在駁斥傳統歷史觀念。

對傳統神學闡釋的決裂，而且其基本精神是反宗教的。在此書裡，伏氏認為上帝已無權干預人類的社會，唯有人類自身方是人類命運的操縱者；人的境遇可經由理性的應用與完備，而獲得改善，此種觀念顯然不是傳統基督教推演的結果，[17]卻是中產社會嶄新的俗世世界觀。這種意識的深層透露了對文明「進步觀念」(idea of progress) 的覺醒與信仰：在18世紀，啟蒙哲士認為「進步」一詞並非抽象的理論，卻是文化與生活行動的信念，以及評斷事物的價值規範。其產生的背景主要是上一世紀科學革命的刺激，加上18世紀文化的現狀與其他文明相互比較的結果；這種對自我的信心與人類前途掌握的增強，使他們醉心於「理性」和不可避免地對「進步」的執著。這亦是啟蒙史學重要的特徵之一。[18]

伏氏經常被讚譽為第一個文化史家，[19]他對歷史領域的擴展有不可磨滅的貢獻。在伏氏之前，歷史的敘述往往是形式簡陋的編年體，而且僅注重政治的演變與軍事的衝突；伏氏的《各國民俗風情論》或同時代史家的著作，內容皆有極大的擴充，不僅包

17　Cf. Karl Löwith, *Meaning in History: The Theological Implications of the Philosophy of History* (Chicago and London: University of Chicago Press, 1970), pp. 111–114.

18　在17世紀笛卡兒 (René Descartes, 1596–1650) 等的玄學系統中，「理性」(Reason) 即是永恆的真理，為人神所共有，而每一項理性的行為即為神性的參項；但啟蒙時代「理性」的含義則和上一世紀大為不同，「理性」於啟蒙哲士的心目中與其說是存在物，不如說是一項功能較為恰當，它是根本的認知力量，用來發現與決定真理的內容。因此「理性」在18世紀代表著一股原動力，而非一知識體；所以我們必須就它的功能與結果，來了解「理性」的作用。Ernst Cassirer, *The Philosophy of the Enlightenment* (Princeton: Princeton University Press, 1951), pp. 13–14. 有關西方進步觀念的形成可參閱 J. B. Bury, *The Idea of Progress: An Inquiry into Its Origin and Growth* (New York: Dover Publications, 1960)。

19　Karl J. Weintraub, *Visions of Culture: Voltaire, Guizot, Burckhardt, Lamprecht, Huizinga, Ortega Y Gasset* (Chicago and London: University of Chicago Press, 1966), p. 74.

括了文化各部門，並且能夠綜合成通史的題材。例如：孟德斯鳩
(Montesquieu) 的《法意》(*The Spirit of the Laws*)，討論的雖然是政治
制度，卻能夠將之置於一個較大的社會整體中，以從事觀察；吉
本 (Edward Gibbon, 1737–1794) 的《羅馬帝國衰亡史》(*The History of
the Decline and Fall of the Roman Empire*)，對安東尼時代的羅馬文明
有相當詳細的敘述；此外伏爾泰的《路易十四》(*The Age of Louis
XIV*) 與羅勃森 (William Robertson, 1721–1793) 的名著《查理五世的
歷史》(*History of the Reign of the Emperor Charles V*) 都對該時代的文明
有所刻畫與分析。

這種文化多樣性 (diversities) 的領略，和地理大發現有極密切
的關聯：因為傳教士和商人對異地風俗習慣的報導，令他們注意
到歐洲以外仍然存有許多不同的文明，同時使他們感覺到彼此之
間的差異。然而此種發覺卻隱含著若干的優越感，而缺乏一種
「同情的了解」。

啓蒙史家對異地或歐洲上古、中古文化的注意，其目的在於
利用它們來襯托啓蒙文化的高峰。他們評斷過去的歷史，概以18
世紀啓蒙文化為準則，過去歷史的發展僅是為了啓蒙文化鋪路，
因此以往史實的研究也不過是為榮耀現今的璀璨。「進步」一詞經
常為啓蒙史家援以為衡量一切事物的尺度，譬如，中古歐洲的文
明在他們眼中只不過是黑暗、落伍、野蠻與迷信的代名詞。他們
對歷史演變的觀念是跳躍式的，啓蒙文化是突如其來的 (充其量
他們僅提及文藝復興為啓蒙文化的準備階段)，和以前的文化無
關。這和他們「厚今薄古」的偏見有關。

此種現象的解釋，在於啓蒙史家治史的基本動機在改變現世
的社會，對於純粹演變的史實並無多大興趣，[20] 歷史在他們手中是

---

20 Carl L. Becker, *The Heavenly City of the Eighteenth-Century Philosophers* (New
    Haven: Yale University Press, 1955), pp. 85–102.

一項改革社會的利器；最著名如亨利‧聖約翰 (Henry St John, 1678–1751) 的名言：「歷史是以實例示教的哲學。」因此導致他們的史書頗具論戰性質。他們認為人類的本性是一致的，並且具有實踐理性的潛能，而透過理性的應用，人類得以解決自身的困境，以獲得理想的生活。所以歷史研究的目的在於從人類以往的經驗裡，擷取共通的法則，以鑑古知今，記取歷史的教訓。

啓蒙史家此種實用功利的胸襟，限制他們對歷史本身深刻的了解與同情；[21] 由於如此的缺陷，造成啓蒙史學思想互相矛盾的現象：一方面他們把歷史從神學的附庸解放出來，闡揚寬容精神，容納異己，並且對文化多樣性有超人的洞察；它方面卻缺乏歷史連續性的認識，缺乏對不同時代、異地文化個體性的掌握，終於導致 18 世紀末葉歷史主義的先鋒，針對他們的弊病，有了激烈的反響，從此開創了一個新的史學傳統，這就是本文欲討論的主題。

二、歷史主義的醞釀期

前文簡述了歷史主義敵對思想 —— 啓蒙史學思想的特徵，下文將檢討和歷史主義有孕育關係的因素。

某些學者追溯歷史主義的雛形概念，甚至可直溯至文藝復興的人文學者，其中瓦拉 (Lorenzo Valla, 約 1407–1457) 是最重要的一位。由於人文學者必須具備語言與歷史批評的涵養，此種要求

21　啓蒙哲士將歷史當作改革社會的手段，他們強調進步的觀念，較不重視歷史的連續性質，致使許多後來的史家(尤其是浪漫派史家)批評他們是反歷史 (antihistorical) 或非歷史的 (unhistorical)。事實上，啓蒙時代史家輩出，史著異常繁複，他們的歷史意識遠勝過以前的任何時代，只因他們偏重歷史的實用價值，則冠以如此罪名，實有欠允當。Cf. Ibid., pp. 92–99; and Ernst Cassirer, *The Philosophy of the Enlightenment*, pp. 197–198.

使得他們覺察到歷史上文學與藝術的變遷，並且意識到語言與法律的發展過程；如此不僅認識了歷史的變動與特殊性，亦動搖了傳統的歷史循環觀。[22]然而這些發現並不能即刻匯聚成流，構成有力的思潮，尤其當18世紀啓蒙思想高漲的時候，這些觀念的作用是穿梭其間，若隱若現。換一角度視之，即使啓蒙思想在18世紀算是「顯學」，也不能壟斷或湮滅所有的思想；因此依邁內克的看法，啓蒙思想本身即含有浪漫主義(romanticism)、非理性主義(irrationalism)和歷史主義的質素，但啓蒙哲士疏於探討此類問題，或不曾加以更深刻的思考，因此他們即使有所領略，亦是殘缺不全，淺嘗輒止。這是啓蒙哲士的過失，亦是他們可能的貢獻。[23]

據邁內克的意見，有四類思想質素對歷史主義的成長，有相當密切的關聯；比起文藝復興人文學者綠洲式的點綴，它們顯得在內容和時間上與歷史主義的形成有更直接的啓示和作用。簡述於下：

---

22 歷史主義與文藝復興人文學者的淵源可參閱：George Huppert, "The Renaissance Background of Historicism," *History and Theory*, 1966, pp. 48–60; and Donald R. Kelley, *Foundation of Modern Historical Scholarship* (New York and London: Columbia University Press, 1970), pp. 2–46。雖然波普爾歷史主義的用法與本文的界義有相當的差別，可是波普爾的歷史主義的構成質素中，若干觀念如「整體」「發展」和本文的歷史主義的用法是一致的；他在《開放社會及其敵人》曾追溯歷史主義若干胚胎觀念至上古希臘哲學，如柏拉圖(Plato, 429–347 BC)、亞里士多德(Aristotle, 384–322 BC)等的學說，亦值得參考。Karl R. Popper, *The Open Society and Its Enemies* (London: Routledge, 1945).

23 Friedrich Meinecke, *Historism*, p. 199.

　　先期浪漫主義 (pre-romanticism) 與歷史主義的關係。所謂先期浪漫主義，乃指 18 世紀的浪漫主義，[24] 原是一種憧憬的精神，起初發自趣味、幻想或情意，成為感覺和心靈直接與樸素的欲求；這種情緒的發端，本來產生於英國某些文學家與歷史家，例如：牛津大學教授羅斯 (Robert Lowth, 1710–1787) 的名著《希伯來人的聖詩》(De Sacra Poesi Hebraeorum, 1753)，這本書可能是整個英國先期浪漫主義運動最重要的知識產物；另外胡爾德主教 (Bishop Richard Hurd, 1720–1808) 的《騎士精神與騎士傳奇論》(Letters on Chivalry and Romance, 1762) 與胡氏其他著作的影響亦不容忽視，此二人對當時學者與赫爾德歷史哲學的形成有很大的作用。

　　先期浪漫主義者的貢獻在於喚起對初民狀態 (primitivism) 和中世紀的注意與關切，同時把整個過去當作連續整體去體認；可是原則上他們並沒有完全擺脫啟蒙思想的操縱，這是先期浪漫主義的缺點，也是和 19 世紀純粹浪漫主義相異之處。究其差別在於先期浪漫主義尚能與啟蒙思想、古典主義 (classicism) 安然相容，後者則否，因此我們只能將先期浪漫主義視作浪漫主義的序曲。[25]

24　「浪漫主義」這個名詞的含義十分複雜，學者往往有不同的指稱和用法，洛夫喬伊 (Arthur O. Lovejoy, 1873–1962) 教授對此一名詞的用法，曾詳為解析示例；本文的用法見諸正文。更詳細的分析可參閱 Arthur Lovejoy, "On the Discrimination of Romanticisms," in *Essays in the History of Ideas* (Baltimore: Johns Hopkins University Press, 1948), pp. 228–253。

25　邁內克在《歷史主義》(*Historism*) 這本書中花了很大的篇幅來討論歷史主義的醞釀期；此外他有一篇小文章很簡約地敘述了古典主義與先期浪漫主義和歷史主義的關係，見邁內克，〈古典主義及先期浪漫主義和歷史主義的形成〉(Klassizismus, Romantizismus und historisches Denken im 18 Jahrhundert)，徐先堯譯，《新思潮》第 75 期：35–42。

　　如果進一步探討浪漫主義，雖然它與歷史主義有若干相似或
重疊的成分，但仍不能將二者視而為一。[26]因為浪漫主義者往往
過度理想化了過去的歷史，甚至曲解史實，以達到主觀情緒的需
求，甚至如卡西勒 (Ernst Cassirer, 1874–1945) 指出，浪漫學派固
然同情任何時代的文明，但對於啓蒙史學始終缺乏持平的看法。[27]

　　另一與歷史主義成長有關的因素，是溫克爾曼 (J. J.
Winckelmann, 1717–1768) 的《古代美術史》(*The History of Ancient
Art*, 1764)。溫氏注意到政治自由與藝術創造的關係：在有充分政
治自由的時候，藝術容易達到巔峰，反之則否。更重要的，他提
示了「發展」觀念，從古代藝術的考察，他發覺不只希臘藝術曾璀

26　本文採用邁內克在《歷史主義》一書的說法；如果用洛夫喬伊教授的分
　　析，則是不同浪漫主義的差異。浪漫主義在日耳曼知識分子中，是導源
　　於文化危機的焦慮，以反抗法國啓蒙文化的侵略，這種感覺是文化意識
　　高於種族意識；但以後的衝擊，如拿破崙戰爭、解放戰爭，使文化民族
　　主義轉變至國家民族主義，這種現象亦見諸歷史主義者觀點的改變。
　　Cf. E. N. Anderson, "German Romanticism as an Ideology of Cultural Crisis,"
　　Journal of the History of Ideas, II (1941): 301–317.

27　浪漫主義與歷史主義的異同，可參閱 Hayden V. White, "Romanticism,
　　Historicism, Realism: Toward a Period Concept for Early 19th Century
　　Intellectual History," in *The Use of History*, ed. Hayden V. White (Detroit:
　　Wayne State University Press, 1968), pp. 52–58。懷特認為此二者主要相似
　　之處在於承認歷史領域中各種因果力 (causal forces) 的運作，相異的是對
　　這些因果力不同的價值評估；譬如浪漫主義「因果效能階層」(hierarchy
　　of causal efficacy) 中，自然 (nature) 居於頂端，其次個人，然後才是社
　　會；但在「價值階層」(hierarchy of valuation) 中，個人最重要，其次是自
　　然，然後是社會。可是歷史主義者則以自然為中性、被動的力量，它不
　　過提供人類活動的環境，人類與社會制度方是真正歷史的決定因素；在
　　價值評估裡，社會最重要，個人其次 (歷史主義者以為個人的生存是有
　　限的，未若社會之恒久穩定)，自然居最下位。

璨一時，同時期的伊特魯里亞藝術（Etruscan art）亦和希臘藝術相互輝映；這種現象在文藝復興時代不同民族的藝術活動中，尤為顯著。因此，在此段時間可能是普遍精神灌注於不同民族的生命，而其藝術上輝煌的表現，實非由單一因素所能決定。[28]

可是溫克爾曼仍然不能擺脫啓蒙規範思想的約束，在此書裡他標舉希臘藝術美即是一切藝術的標準。但溫氏也曾指出希臘藝術歷經種種格式的變遷，逐漸發展而形成自己的風格，又經過幾個階段而趨於衰微，由於他察覺如是發展的事實，使他首倡發展式的藝術史；但溫氏的發展觀念和歷史主義的發展觀念仍有若干差距，因為他仍未領會到希臘藝術的獨特性，於此處啓蒙思想的「完美觀」（perfection）蒙蔽了他對獨特性的認識，造成他一方面了解希臘藝術的不可企及性，另方面卻將它當作藝術的理想與典範，希望藝術家去模仿它，如此的矛盾顯現溫氏的限制和貢獻。[29]

此外虔誠主義、[30] 新舊柏拉圖主義（old and new Platonism）是另兩個醞釀因素。在新教日耳曼（Protestant Germany）境內，因受神秘主義（mysticism）的滋養，人與人間激起了主觀的意識，並且點

28　Ernest Cassirer, *The Philosophy of Enlightenment*, pp. 197–198.

29　Friedrich Meinecke, *Historism*, pp. 240–249.

30　「虔誠主義」（Pietism）：對虔誠主義者而言，個人內心的信仰為首要，教會雖然與宗教生活不無關聯，但其地位是附屬於信仰之下，虔誠主義者要求完全個人化的宗教，這種結果實由信徒的內省與祈禱所致；而其根源並非來自宗教的教條，而是勤勉閱讀《聖經》的啓示。依路德（Martin Luther, 1483–1546）或正統神學家的解釋，國家即使不是上帝的目的，也是他創造的一部分，然而虔誠主義者卻強調國家的世俗性質，及國家與基督徒道德生活的衝突；因此虔誠主義者認為基督教的倫理僅能實踐於一群覺識的信徒之中。有關虔誠主義的內容與歷史主義可參閱：Hajo Holborn, *A History of Modern Germany, 1648–1840* (New York: Alfred A. Knopf, 1968), pp. 137–144。

出了形而上、宗教與其他經驗銜接的途徑，使人們的心理更易於
接受新穎的思想，即使這些思想與虔誠主義相抵觸。[31]

　　柏拉圖主義與新柏拉圖主義的觀念世界，在萊布尼茲
(Gottfried W. Leibniz, 1646–1716)、雪夫茲伯律 (Anthony Ashley-
Cooper, 3rd Earl of Shaftesbury, 1671–1713) 等人的學說裡，展示了
「個體性」的觀念，個體與上帝不只存有直接的關係，而且深植其
中。因受新柏拉圖主義的啓示，萊氏的「分子說」(Monad theory)
設想每一分子無疑是活生生世界的一面鏡子，不僅象徵了而且反
映了一個獨特的世界；每一分子又代表了一個自足的世界，有它
己身的法則與意義。這是萊氏等對歷史主義「個體性」觀念的準備
工作，亦是新柏拉圖主義世俗化的結果。關於虔誠主義與新柏拉
圖主義在後文介紹歷史主義思想的發展時仍須提及，所以止於簡
略地敘述。總之，前述四種思想質素交互作用、交互培養，預示
了歷史主義的來臨，亦代表西方思想發展過程的一部分。[32]

　　此外，歌德 (Johann Wolfgang von Goethe, 1749–1832) 對歷史
主義的影響，早已引起許多學者的注意；但邁內克在《歷史主義》
一書中將歌德置於歷史主義醞釀期之後，作為歷史主義發展的巔

31　Friedrich Meinecke, *Historism*, p. 492.

32　邁內克以治「觀念史」馳名於20世紀，他學力深厚、見解精闢，向來為
　　學界所推崇，即使他的批評者克羅齊亦非常敬佩他在史學上的成就。因
　　為邁內克是以「觀念史」的觀點出發，因此他關心的僅是思想與思想之
　　間的關係，而疏忽了政治、社會、經濟等非思想性的因素。例如，民族
　　主義對歷史主義的成長有相當大的貢獻，但其中的作用是十分微妙複雜
　　的。據作者個人的揣測，在時間上的因果關聯二者雖然顯得很曖昧，但
　　在19世紀二者相輔相成的關係，即非常明顯，這只要從民族主義與歷
　　史主義思想內容的分析與推演，即可得知；甚至具體地對19世紀歐洲
　　歷史研究的動機與背後的信念作更深入了解，即可發覺此中的真相。以
　　上的假設是研究歷史主義的學者初步可以接受的。

峰與集大成者，不免引起某些學者(例如克羅齊等)的非議與批評。嚴格地說，歌德並非史家，其主要的成就亦不在史學範圍，因此毋寧將他納入歷史主義者靈感的溫床較為妥當。[33]

歌德在他的著作裡，不時露出對歷史的輕視與不友善的攻訐，他對歷史下了如是的定義：歷史是過去的垃圾堆，而世界史則是集荒謬之大成者；然而另一方面，他又認為唯有具備歷史意識的人，方有權力對事物發言及下判斷，此種矛盾正是他思想的特徵。

他以為歷史知識真正的關鍵，在於信任與不信任之間的衝突，其他的事物皆附屬於此一信念之下，所以歷史缺乏客觀的標準，成為言人人殊的東西。但是從他詩集的剖析，又可以獲知他因美感經驗與對植物形態學的研究，產生了對類型及個體連結的觀念；他從自然史尤其是植物學的觀察，發現發展的觀念，即是個體的展現，一種經由內在秘密的法則而逐漸發生的過程。「發展」對歌德而言，並不是很複雜的觀念，此種自然發展的過程，與其說是意識的活動，不如說是外界環境刺激的反應較為恰當。歌德雖處於啟蒙時代，但他的發展觀念卻是對啟蒙時代功利和進步偏見的反動；歌氏以為僅從一棵樹少許部分的果實，來欣賞春天的美景，這個意象將是殘缺不全的；也就是說，在生活之中，只有生活本身才是最重要的，而不是其結果，因為我們從上帝和大自然所能獲得最好的禮物，就是生活本身。

綜上所述，不難覺察歌氏思想中「個體性」與「發展」的觀念，這種體會是歌氏生活的感受，是他從事藝術活動的呈現，而非外在客觀的結果。這些思想的質素深深影響了以後的歷史主義者。

33　以下對歌德的討論取材自 Friedrich Meinecke, *Historism*, pp. 373–495; and Friedrich Engel-Janos, *The Growth of German Historicism*, pp. 29–34。

歷史主義發展的過程

　　本篇選了六位典型的歷史主義者，以勾勒歷史主義形成的過程。維柯代表了意大利系統的歷史主義的原創大師，他影響了19世紀法國的米什萊 (Jules Michelet, 1798–1874) 與20世紀意大利的克羅齊，維氏的思想在20世紀才逐漸被發掘與重視；他與德國歷史主義者的關係一直很模糊。而赫爾德向來被奉為日耳曼歷史主義正統的開創者，有必要賦予特別的介紹；黑格爾是歷史哲學繼往開來的大家，他代表了玄學歷史主義 (metaphysical historicism) 的極致；蘭克是將歷史主義與史學研究合而為一者，他象徵了歷史主義的理論與實踐；布克哈特 (Jacob Burckhardt, 1818–1897) 是美感式的歷史主義者 (aesthetic historicist)，他所關心的是藝術史、文化史的探討，他悲觀的意識與蘭氏樂觀的傾向成了強烈的對比，這種覺知使布氏成為世紀的預言者；狄爾泰 (Wilhelm Dilthey, 1833–1911) 開始承受「歷史主義危機」(the crisis of historicism) 的壓力，他不斷思索其中癥結，他的成就開導了20世紀歷史主義努力的方向。這六位歷史主義者不僅為歷史主義形成里程碑，同時呈

現了歷史主義不同的風格與重點。以下的敘述並不欲窮盡他們思想的內容，而僅限於論述他們的歷史思想，尤其是與歷史主義相關的一面。

一、維柯

維柯之前，史學在知識領域的評價正陷於低潮的狀況；近代哲學之父笛卡兒甚至不承認歷史是一門知識。他認為歷史雖然有趣並有實用價值，但歷史所描述的並非實際發生的事實，因此不是真確的學問。在《方法論》(*Discourse on the Method*) 的第一部分，笛氏對各類學問作一番審察，其中涉及史學的觀念，柯林武德(R. G. Collingwood, 1889–1943) 將它們歸納如下：

1. 歷史的遁世論 (historical escaptism)，史家如旅行者，離開自己的家鄉，反而成為自己所屬時代的陌生人。

2. 歷史的懷疑主義，史家過去的記載不值得人們信任。

3. 歷史的反功利思想，由於史家記載之不可靠，因此歷史無法提供我們借鑒，以為現時行為之參考。

4. 歷史是幻想的大廈，史家往往歪曲事實，使歷史遠較事實燦爛輝煌。[34]

究其原因，因為笛卡兒的興趣主要在數學和物理，他把自然科學中嚴格精確的方法和史家的方法互作比較，無疑地，他感到極大的失望。以笛氏的成就和名望，發表如此貶抑歷史價值的言論，在當時的確產生了很大的影響。維柯便是回應上述的思想。[35]

34　R. G. Collingwood, *The Idea of History*, p. 60.

35　早期的維柯亦是笛卡兒學說的信徒。在四十歲以後才成為笛氏學說嚴厲的批評者。見 *The Autobiography of Giambattista Vico*, pp. 36–37。

　　一般人對伽利略以前至伽利略以後科學革命的變遷已經非常熟悉；但史家對維柯以前和維柯以後史學思想的變化卻不太敏感，造成此種情形可能有兩種原因：第一，維柯生於啓蒙時代，卻和同時代的思想家格格不入，[36] 維氏的思想立於時代的前端，且和當時普遍流行的思潮相背馳，因此很難為大眾所了解、所接受。第二，意大利諸城邦當時正是日趨式微的時候，文化重心已經轉移至西歐諸國；加上維氏本人行文晦澀，缺乏系統的排列，他的巨著《新科學》(*The New Science*) 的內容異常繁複，舉凡歷史、法律、語言、風俗諸問題皆包含其中，很難即刻為學者所融會貫通；因此他的重要性直至19世紀方才逐漸顯現出來。[37] 戴密微教授 (Paul Demiéville) 曾將維柯喻作清代的大歷史思想家章學誠，這個比喻是十分恰當的；[38] 因為此二者在近代歐洲及中國史學思想中同樣佔有承先啓後、繼往開來的地位。他們一生的境遇、思想的脈絡、個人的氣質與性格有許多相似的地方，他們對文化的領悟，經過一個半世紀的湮沒，始漸為後人所發覺，當今中、西史家大都承襲他們於歷史思考的成果，也都承認他們的思想有劃時代的貢獻。

36　有些學者認為維柯思想裡，染有濃厚「天佑」(Providence) 觀念的色彩，是部分導致維氏為當代忽視的理由。因為在18世紀，啓蒙哲士經常將宗教視為野蠻、幼稚無知的產物；維氏卻將宗教經驗當作人類進入歷史舞台的依據，宗教不只是人類演化的重要質素，而且是宇宙永恆的架構。Bruce Mazlish, *The Riddle of History* (New York and London: Harper and Row, 1966), pp. 42–43.

37　19世紀維柯開始受注目，米什萊應居首功；他將《新科學》譯成法文，並加以介紹。20世紀，維氏思想經過克羅齊的重新闡釋，才逐漸流傳，而維氏潛在的貢獻則逐漸為學者所覺知。克羅齊對維氏的研究仍然是現在關於維氏思想最好的作品。Benedetto Croce, *The Philosophy of Giambattista Vico*, trans. R. G. Collingwood (London: Allen & Unwin, 1913).

38　W. G. Beasley and E. G. Pulleyblank eds., *Historians of China and Japan* (London: Oxford University Press, 1961), p. 184.

維氏的《新科學》被後人譽為天才之作，[39]是他個人積年累月、苦心經營的大作；是後代學者吸取靈感的泉源，有關歷史思想的貢獻，尤為深遠。維氏認為唯有創造者自己，方能明白創作物的性質；世界上一切的自然物皆為上帝所創造，因此只有上帝才能完全明瞭它們。換句話說，人類的歷史為人類所創造，所以人能夠認知自己的歷史，進而描述它們。[40]這是維柯的認識論，也是他歷史思想基本的出發點。

但是我們切不可誤解維氏的思想，以為人類的歷史僅是心靈幻想的產物；相反地，維氏真正的含義為，人類的本性僅能經由歷史的過程去了解，因為歷史的過程包含了人類在不同時間以多樣的方式，去呈現他自己。對於像笛卡兒，面對一支火把，而問是否有真正的火把存在是毫無意義的問題。人類對以往歷史的認識，可由現身所處的時代類推而得；然而我們亦不可墮入啓蒙史家的困境，用自身的價值標準去衡量一切，在此處維氏表現了歷史主義的特徵：每一時代有其自身的問題，對這些問題的反應，必須視其文化成就的理性層次而定；每一時代有其自身的需要、能力和預設，對這些事情的處理，必須依時代的制度、價值去考慮。要一個現代人去認識原始人類，就必須用「同情的了解」，始不失其真意。

前面曾提過維柯的思想有很濃厚的「天佑」觀念，但他以為歷史一方面雖然遵照上帝的意旨進行，上帝卻不會以奇蹟等等來干

39　《新科學》的全名是 *Principles of a New Science Concerning the Common Nature of the Nations*，1725 年初版，1730 年和 1744 年改訂版，書名可能受培根（Francis Bacon, 1561–1626）《新工具》（*Novum Organum*）的啓發。維氏曾自謂受培根的影響。

40　Giambattista Vico, *The New Science of Giambattista Vico*, trans. Thomas Goddard Bergin and Max Harold Fisch (Ithaca, New York: Cornell University Press, 1948), p. 93.

涉歷史的發展;上帝只不過藉著人類的意志來完成自己的計畫。
維氏與奧古斯丁以至包士威一脈相傳神學的歷史家不同,歷史於
他而言,乃是控制於人類的手掌中,可經人類的努力而獲得改
變。維氏歷史哲學的對象是人類在歷史舞台的活動,他構作人類
歷史深刻的思路,於此種意義,方為真正歷史哲學的崛起。[41]

維氏依著古埃及的傳統將歷史分為三個時期:

1. 神的時期 (The Age of Gods),那時的異教徒以為他們居於
   此種政府的統治之下,一切事情皆受制於神諭;

2. 英雄時期 (The Age of Heroes),人民受貴族的統治;

3. 平民時期 (The Age of Men),在這個時期所有的人認為彼
   此是平等的,其政體開始是共和的,而後為君主政體。

相對於這三個時期有不同的語言、政制、法律、權威與理性。[42]這
三個時期是依序遞傳,神的時期繼續發展下去就是英雄時期,再
其次就是平民時期,從平民時期又回到神的時期,依此類推。從
上述可以得知維氏對歷史過程的看法不是直線史觀,亦不是如希
臘史家的循環史觀;他認為每個時代雖有某些特性和別的時代相
似,但歷史絕不會重演。例如希臘荷馬時代和歐洲中古時代同屬
英雄時期,其共同的特徵是農業經濟、歌謠文學、武士貴族和騎
士精神,然而後者絕非前者的複印:因為中古的人民基本上是基
督教的心靈,與荷馬時代異教徒的觀念顯然有許多相異之處;[43]因
此維柯於歷史過程的見解,可稱為「螺旋狀循環史觀」。

---

41 Cf. Friedrich Copleston, *A History of Philosophy* (London: Search Press, 1971),
   vol. 6, pp. 175–189; and H. E. Barnes, *A History of Historical Writing* (New
   York: Dover Publications, 1963), p. 192.

42 Giambattista Vico, *The New Science of Giambattista Vico*, pp. 17–22; 302–318.

43 Ibid., pp. 357–373. 維柯認為從古希臘到他生活的時代,已經歷經兩個循
   環:羅馬帝國的衰亡、蠻人的入侵是兩個循環的分界點。

　　維氏治史乃哲學方法與語言學方法並重，在《新科學》裡他至少完成了三件事情：第一，他不僅運用17世紀末葉史家建立的批評方法，並倚之為引導，從事歷史思想的建立。他打破歷史依賴權威著作的慣例，使歷史具有真正的獨立性與自主地位，又藉著科學分析那些早被遺忘的歷史真相。

　　第二，維氏作品中涵蘊的哲學原則，對笛卡兒之科學和形上哲學加以激烈的反擊。他替歷史知識奠下堅實的理論基礎，同時指出當時哲學教條的狹隘和抽離性。

　　最後，維氏提示歷史的性質是變動不居的，唯有在歷史的過程中才能體認上帝的意旨，理想的歷史在於描述每一民族的興衰榮枯，所以「發展」的觀念是研究歷史不能缺少的。由於維氏的興趣主要在重複、類型史事的觀察，以便從中理出發展的法則，這種偏好無疑地使他忽略了歷史的「個體性」；如果援用邁內克歷史主義的兩大判準——「發展」與「個體性」來衡量維氏理論的得失，則此正暴露了維氏思想美中不足的地方。[44]

　　事實上，維柯是過於站在他時代的前端，以致不能即刻地發生影響。他的作品具有不可埋沒的貢獻，直至兩代之後，日耳曼思想因受18世紀末葉日耳曼境內歷史研究繁榮狀況的刺激，方才注意及維柯已經完成的成就。這些學者給予維氏思想極大的評價與共鳴，如此證明了歷史主義的原則：觀念並非如商業物品，須由宣傳而擴散；卻是每一民族依其發展階段的需要而自然流露。

　　維氏於後世的啓發是多方面的，19世紀以後，幾乎歐洲各國都有他的崇拜者，20世紀維氏思想經過克羅齊的闡揚與解釋，更廣為學者所認識與接受。他所孕育「發展」的觀念實為歷史主義的兩大柱石之一。日耳曼的學者歌德、赫爾德、尼布爾等在書札、

44　Friedrich Meinecke, *Historism,* pp. 47, 49–50.

日記中都曾記述維柯著作對他們的啓示；[45]因此縱使日耳曼學者否認維柯的影響，亦不得不承認他所開創的規模。所以就時間上，或思想的深度與完備而言，維氏都可列為歷史主義的創始者。

二、赫爾德

歷史主義在19世紀初葉以後，逐漸傳布於整個歐洲的思想界，尤以日耳曼境內為然；導致大部分學者追溯歷史主義的發軔，特別偏重日耳曼歷史主義的傳統。而締造此一傳統的先鋒者，即是赫爾德。[46]

日耳曼境內，最早展開對啓蒙史學思想的攻擊，首先見之赫爾德1774年的《有關人類發展的另一種歷史哲學》(*Another Philosophy of History Concerning the Development of Mankind*, 1774)，其主旨在抨擊伏爾泰領導的那一群哲士，他們將歷史視為靜止、單調的，事實上和人類真實生活的流動和多樣性不相符合。[47]赫氏認為史家應注意特殊的歷史形式 (historical forms) 和它們的發展，不應任意以自己時代的標準去批評不同的時代，尤其對異時代之

45　*The Autobiography of Giambhattista Vico*, pp. 68, 70.

46　E. G. Engel-Janosi, *The Growth of German Historicism*, pp. 18–24; and Trygve R. Tholfsen, *Historical Thinking* (New York: Harper & Row, 1967), pp. 127–154.

47　赫爾德的歷史主義和維柯有許多不謀而合之處，雖然維柯的時間早於赫爾德，但一般學者並不認為維氏的思想直接影響了赫氏，至少赫氏是在發表了若干代表他風格的歷史理論之後，才接觸到維氏的作品。此外，赫氏雖然極力反對啓蒙思想，可是分析他整個思想，卻可以發現不同啓蒙大師對他的啓示與影響：例如，啓蒙時代的人道主義、盧梭 (Jean-Jacques Rousseau, 1712–1778) 的初民思想、孟德斯鳩對地理因素的重視等等。這方面很好的一篇文章是 Isaiah Berlin, "Herder and Enlightenment," in *Aspects of the Eighteenth Century*, ed. Earl R. Wasserman (Baltimore: Johns Hopkins Press, 1965), pp. 47–104。

異文化須具有情的了解。從此一觀點出發，赫氏廣泛地影響日耳曼的生活與思想，因此享有「狂飆運動導師」(teacher of Sturm und Drang) 之譽。1774年出版的這一本書，至少在歷史思想的起源和性質上有雙重的價值：一方面，它提供了日耳曼歷史主義發生過程的深見；另方面，它開創了以後歷史思想的特徵形態。所以此書被譽為「歷史主義絕好的文獻」。[48]

雖然這一本書在歷史主義形成史上佔有舉足輕重的分量，可是赫氏成熟的傑作卻是1784至1791年完成的《人類歷史哲學的思考》(*Reflections on the Philosophy of the History of Mankind*) 和1793至1797年的《人性進步的書簡》(*Letters for the Advancement of Humanity*)，此二書代表了他對歷史本質深思熟慮的見解。

18世紀末葉，民族主義的種子開始在各地萌芽、茁壯，民族運動亦如火如荼地展開，此種現象尤見諸日耳曼境內；赫氏處於如此環境不免十分關心民族的發展與獨立。欲了解赫氏的歷史思想，「發展」觀念顯然為關鍵所在，他視「發展」為一種形成或成長的連續過程，尤其著重起源的追溯。赫氏把此一觀念置於民族歷史，更甚於個人的考慮。他認為民族是自然的社會政治單位，於某一區域擁有自己的文化傳統 (尤其是共通的語言)；赫氏強調民族起源，主張史家應該探究早期的民族史，由之可以反映純粹的民族精神。他將初民的詩歌、民謠、語言、藝術等，皆列為研究民族史不可缺少的材料。[49] 他與孟德斯鳩同樣重視地理環境對人類生活巨大的影響，[50] 但是他不認為地理為唯一的決定因素，他說：

---

48 Quoted in Friedrich Meinecke, *Historism,* p. 340.

49 溫克爾曼認為希臘藝術是一切藝術登峰造極的成就，是藝術審美的準則，後人只有去模仿它、學習它；赫爾德以為此是非歷史的，因為每一時代均有其獨特的審美觀和價值判斷，無須盲目去效法他人。

50 孟德斯鳩以後，學者經常強調地理因素在歷史演變過程中的重要性，在當時幾乎是十分普遍的風氣，赫爾德也是受此種思潮的影響。

> 每一個民族如擁有自己的語言一樣，有其自身的民族形式；氣
> 候雖然能在他們身上印著獨特的標誌，或者蓋上一層細紗，可
> 是卻不足以毀壞他們原始的民族特性。[51]

所以即使不同民族居於同一區域，各民族亦將依其天賦的特性經
營各自的生活，從而產生相異的生活模式。況且自然地理對人類
的作用不是單向的，人類的奮鬥亦可改變自然環境，這是他與孟
氏極大的相異之處。

赫氏又以為各民族的稟賦、氣質、精神是不可以互相學習
的，他受新柏拉圖主義的影響，特別注重民族的起源和純粹
性；[52]因此赫氏很不贊成異民族通婚，以為如此將失去原有民族的
特性。他這種主張經常為人誤解或引申為民族優越感辯護；實際
上，赫氏認為各民族原則上一律平等，並尊重異文化之存在價
值，更極力反對抹殺個人的權利和快樂，而歸諸國家的控制；他
見到許多種族即是生活於無政府狀態，亦非常自由適意，毋需加
以外在不必要的束縛。[53]他以為：

> 在所有的國家、所有的社會，人除了人性（humanity）以外，並
> 不能盼望別的東西，或達到別的目標；不論上述的觀念是如何

51　Johann Gottfried von Herder, *Reflections of the Philosophy of the History of Mankind*, trans. T. O. Churchill (Chicago: University of Chicago Press, 1968), p. 7.

52　在柏拉圖理念世界裡，理念是完美的、本質的，模仿它的實體則每下愈況；啟蒙時代的盧梭重視初民的自然和性善；這些觀念對赫爾德的薰陶皆可見之於赫氏的札記。Cf. Friedrich Meinecke, *Historism*, p. 300.

53　赫爾德對民族和國家之間的關係，仍然傾向於文化民族主義而具有普遍性質；但經過費希特（Johann Gottlieb Fichte, 1762–1814）、洪堡諸人力倡將民族與國家合為一體，則此後日耳曼學者逐漸轉向國家民族主義的思路。他們視國家為有機的生命體，是權力和倫理的具體化，也是意義和目的的指標。Georg G. Iggers, *The German Conception Of History* (Middletown, Connecticut: Wesleyan University Press, 1969), pp. 41–42.

形成，就人性而言，性的安排與生活的不同階段皆是自然所塑
造的；在我們漫長的童年，可能經由教育而學到一種人性。而
人性在這廣袤的世界裡，建立了各種的生活模式並引介了社會
的一切形式。[54]

由此段引言，可獲知赫氏極重視教育的功效，「人性」既然是人類
理想的性格，對我們來講，就似一種天生的潛力，必須藉著造型
的教育，逐漸引導出來。科學、藝術和制度就是要把人類人性
化，以達十全十美「人性」的發抒。赫氏的意旨並非想培養一群超
人，而僅是欲求「人性」之實現而已。

　於史學思想上，赫氏非常指責那些以自己的成見或時代文化
的價值觀，去評鑒一切文化的高低，這一點十足表現了他歷史主
義和相對主義 (relativism) 的取向。他主張研究歷史必須應用一種
和以往相異的方法，將每一件史實本身當作目的，而非其他史實
的注腳或手段。史實本身即具有存在的意義和價值。[55]史家為了
明瞭這些內在的意義，就必須重新體驗、重新思考、重新建構這
些史實的思想和感情，如此方能洞悉那一時代的精神。也因此史
家對人類心理透視的能力是不可缺乏的。赫氏於此把歷史方法和
心理學連結在一起：史家必須具備體會任何一件事情的能力；在
此一過程中，史家自身的主觀因素滲入客觀的史實。而赫氏史學
思想主要的貢獻之一，也就在於指出，歷史中客觀的真理，經由

54　J. G. von Herder, *Reflections of the Philosophy of the History of Mankind*, p. 83.
55　雖然在赫氏的觀念裡，歷史的過程仍然趨向進步，不同的每一時代在他
　　心目中皆是進步的象徵，文化之所以能進步，在於前文化之累積，因此
　　各文化皆有相等的重要性。

史家的解釋始能獲得，其所得到的真理皆是相對的客觀，而非絕對的客觀。[56]

總之，赫氏的努力可以歸納為三方面：他堅持史家必須超越自身文化先入為主的偏見，代以同情的態度治史；其次，他將文化過程比喻為有機體的生活，這兩點與維氏很相似；最後，他把「人性」與進步的觀念和諧擺在一起，每一文化有其自身的循環，一般潮流卻趨向人性潛能的實踐，而「人性」終究的發展是無可避免的。由於他豐富的見解，予後代歷史主義者甚多的啟發與開導。

三、黑格爾

任何想接近黑格爾學說的人，都會茫然如墜入五里霧中，這不僅由於黑氏行文之晦澀和術語之繁多，同時更由於黑氏豐富之學識和深奧之玄思所致。為了說明他的歷史思想，無疑會牽涉其他的哲學問題，而黑格爾的哲學特徵裡，系統化是主要特徵之一，然而本節僅止於鉤玄提要地闡明黑氏歷史思想的輪廓與歷史主義的關聯。

史學運動（Historical Movement）的頂峰從 1784 年赫爾德始，及於黑格爾時，後者的《歷史哲學》（*The Philosophy of History*）講稿於 1822 至 1823 年間發表於柏林大學。黑氏逝世後，由他的學生整理各自的筆記本，在 1837 年正式出版。任何讀過這本書的人無不驚訝於它深奧的創造力及革命性的見識，但是假若有人了解這些思想的淵源，則他的訝異將稍微減低。這本講稿不僅是黑氏個

---

56 F. M. Barnard, "Herder on Causation and Continuity," *Journal of the History of Ideas*, vol. 24 (1963): 198–199.

人的歷史思想，同時也代表此一時期參與此一運動諸賢人哲士之思想結晶。只要稍微留意一下書中的內容，就不難發現赫爾德、康德 (Immanuel Kant, 1724–1804)、席勒 (Johann Christoph Friedrich von Schiller, 1759–1805)、費希特、謝林 (Friedrich Wilhelm Joseph von Schellin, 1775–1854) 等人的影子隨時都蘊藏於其間。這些正足以顯示黑氏淵博的學識和超人的組織力，而黑氏敏銳的分析於其間亦扮演了重要角色。它的價值可由英國歷史哲學家柯林武德於其名著《歷史的觀念》(The Idea of History) 中的幾句話得知：「任何人讀了黑氏的歷史哲學，不得不承認它是一部具有創造及革命性的作品，在其間歷史第一次以成熟的形態展現於哲學思想的舞台上。」[57] 然而，值得注意的是這部講稿並不能概括黑氏全部的歷史思想。

依狄爾泰的見解，黑格爾歷史哲學的基本概念，本質上只是一種文化哲學，這種哲學是為企圖理解歷史上文化的進化階段而產生的；從這個觀點出發，黑氏的哲學體系可以說是一種歷史哲學。[58] 所以他有一句名言：「哲學就是哲學的歷史。」因此黑氏的哲學體系，事實上建築在歷史主義的基礎上。

黑格爾認為歷史哲學不是別的，即是從思想來考察歷史而已。他認為思想確是人類不可缺少的東西，而人類之所以異於禽獸也就在於此。在他的觀念中，歷史哲學並非一種歷史的哲學思考，而是由歷史本身興起一種更高的力量，而成為與純粹經驗式不同的哲學；這種歷史哲學將是人類的世界史，並且將展示人類從原始時代到今日文明進步的過程。它的最終目的不僅顯示人類進展的過程，同時也顯示了全世界的進展過程。在這進展中世界

57 　R. G. Collingwood, *The Idea of History*, p. 113.

58 　朱謙之，《黑格爾的歷史哲學》(台北：台北商務印書館，1963)，頁 1。

如同精神一般，以自我意識來實踐自己。[59]黑格爾認為哲學用以
考察歷史的唯一思想，無非是「理性」這個單純的觀念，而「理性」
在黑氏的想法中為世界的主宰，因此世界歷史顯示出理性的過程
（rational process）。[60]黑格爾的世界史之理性觀，其意義乃在把理
性的範疇應用到歷史上，而於歷史上證實了理性的範疇。所以他
有一句話：「理性即是實際，實際即是理性。」（What is rational is
actual and what is actual is rational.）[61]

59　G. W. F. Hegel, *The Philosophy of History*, trans. J. Sibree (New York: Dover
　　Publications, 1956), pp. 13–17.

60　歷史學者對黑格爾「理性」一詞，非常困擾，因此眾說紛紜，在此處譯述
　　黑格爾的原文，用來說明他自己對「理性」的概念。黑氏認為我們必須避
　　免兩種對「理性」一詞的誤解：一種是科學家在自然中所發現的「理性」，
　　它是宇宙不變之定律，黑氏認為它是外在原因的理性性質（rationality）：
　　例如希臘哲學家亞拿薩哥拿（Anaxagoras）之理論。事實上，它並不適合
　　歷史哲學的思慮，因為歷史所關心的並不是自然，而是神靈之生活（the
　　life of spiritual beings），因為這個觀點很容易令人產生另一種誤解，以為
　　歷史理性的過程只不過是實現宗教家所說的「上帝的計畫」而已。但黑
　　氏認為所謂「上帝的計畫」至少部分隱匿著人類自私的目的，並不完全
　　是理性的成分，所以這兩種對「理性」的認識，都不能符合黑氏歷史哲
　　學的要求。黑格爾認為真正的理性，本身即是無限的實質，為它所創生
　　的一切自然生活和精神生活的基礎，也就是無限的法式，在推動這個實
　　質。因此，一方面理性是宇宙的實體，就是說在它之中所有的實質才
　　有地位和存在。另一方面，理性是宇宙無限的動力。也就是說，理性並
　　不是毫無權力，除了產生一個高不可及的理想外，並不能製造任何東
　　西；反之，它是萬物無限的內容，是它們全體的本質和真相。理性本身
　　供給自己營養，同時是它自己運作的對象。它既是自己存在的唯一基
　　礎，亦是它自己絕對最後的目標（absolute final aim），同時又是實現這個
　　目標的動力；理性本身不僅展開於自然的現象中，亦展開於精神的宇宙
　　中——即世界歷史的現象中。

61　這句話是最近一些學者對傳統英譯"What is rational is real and what is real
　　is rational"的糾正。詳見Bruce Mazlish, *The Riddle of History*, pp. 144–145。
　　此外，黑格爾對「理性」的強調也可以反映德國觀念論歷史思想的特徵，
　　這種特徵同樣可以在赫爾德、蘭克等人的思想中發現。

他認為精神的本質是自由的，而這種自由卻不是一種靜止的本體，乃為一種絕不休止的活動，因此精神從其本質上講又是活動，黑格爾說：「世界史即是自由意識的進展」(The history of the world is none other than the progress of the consciousness of freedom)，[62] 這種進展不是一次可以達成的，它是精神自身逐漸不斷的奮鬥，以求達到最圓滿自由之實現。換言之，精神知道其本身是自由的，因而努力以求自由之實踐；同時這種過程是正、反、合，辯證法的精神發展，這種發展，不是普遍意義的進化，於歷史中卻是一種繼續不斷的奮鬥，向著精神的自由前進，所以世界史是世界精神 (World Spirit) 的逐漸展現。由此可以知悉，黑氏的歷史主義著重於發展觀念的闡揚。

另方面黑氏又把世界精神和歷史上的英雄牽扯在一起，前者以後者為手段來實現自己。換句話說，雖然表面上他們為了自己特殊的目標而奮鬥，事實上卻內攝了世界精神的意志。這些偉人並沒有意識到他們正在展開普遍的意志，但他們是深謀遠慮之士，他們洞察了時代的需要，並了解什麼是已經成熟的事物而去實現它。因此，凱撒和拿破崙雖然雄霸四方，不可一世，表面上他們的行為雖為己身的利益而發，但就此種意義來看，卻是世界精神的推動者；他們的成就促成世界精神在世界歷史的展現。[63]

62　G. W. F. Hegel, *The Philosophy of History*, p. 19.

63　1806年，拿破崙攻入耶拿 (Jena)，法軍的紀律不太好，城裡四處起火，黑氏於倉卒之間就逃跑了。幾天之後，他給友人的信中寫著：「我看見拿破崙——這個世界的靈魂騎著馬經過城市去偵察戰局。看見這樣一個偉大的人物，真令我有一種奇妙的感覺，當他騎著馬，從這樣微小的一個據點出發時，他將馳騁於整個世界，而且重新改造這個世界。」(黑格爾震撼於拿破崙馬上馳騁的精神，或許與他日後精神的史觀，不無關聯。) Quoted in J. Bronowski and Bruce Mazlish, *The Western Intellectual Tradition* (New York: Harper & Row, 1960), pp. 480–481.

可是偉人畢竟屬於少數，因此世界歷史的廣大目標必須採取更具體的形態──國家和民族──來實現世界的精神。

黑氏以為，國家是神意使之實現於世界。可是我們要注意黑格爾所謂的「神」，是「理性中的神」，僅就這一點而言，他並不是神學歷史哲學家，而是形而上歷史哲學家。他認為國家是超越個人之意志，為無限的真實與絕對的存在，是普遍的基本意志和個人意志的統一，這個統一是倫理的表現，而國家是倫理整體的象徵。[64] 他以為：「國家是精神理念在人類意志及其自由的外在證明。」(The State is the Idea of Spirit in the external manifestation of human Will and its Freedom.)[65] 又說：「國家代表著自由之實現。」(The State presents the realization of Freedom.)[66] 因此，國家的締造在歷史上的意義，是一種奮鬥的過程以及自由意識的覺醒。

黑氏的觀念裡，國家和民族是合而為一的，民族生活具體的表現在形態上則為國家組織，在內涵則為民族精神。在世界歷史的進程中，一個特殊的民族精神被視為只是某一個體，因為世界歷史所表現的，是宇宙精神在其最高形態上的絕對發展，也是它自我覺醒所經過的階段，這些不同階段所採取的各種形態，便是歷史上各民族的民族精神。這些民族精神是為完成世界精神的使命而產生的，而世界史是世界精神的展現，因此在世界歷史上，世界精神具有傳遞性且逐漸自我實現，這個過程是由東方到西方，如此便構成世界歷史的區分。[67]

64　這種觀點可與下一小節的蘭克相比較。

65　G. W. F. Hegel, *The Philosophy of History*, p. 47.

66　Ibid., p. 40.

67　Ibid., p. 261.

他把世界歷史劃分成下面四個時期：

1. 東方世界（Oriental World）——代表兒童時期，

2. 希臘世界（Greek World）——代表青年時期，

3. 羅馬世界（Roman World）——代表壯年時期，

4. 日耳曼世界（German World）——代表老年時期。[68]

黑氏區分的標準是以享有自由之多寡來決定，他認為東方的
專制政體，只有君主一人享有自由，所以此為世界歷史的第一階
段；希臘和羅馬是民主政體和貴族政體，數人享有自由，此為世
界歷史第二階段；最後只有日耳曼的君主政體，[69]全體的人民才皆
享有自由，此為第三階段，亦是世界精神的完全實現——世界歷
史的終極。[70]

　　總結黑格爾歷史思想的貢獻，以史家觀點而言，黑氏的學說
是很難令人滿意的，因為史實只不過是黑氏歷史哲學的旁證。因
此，19世紀中期以後，歐洲的歷史學界曾對歷史哲學起了一個很
大的反動，這個反動是必要而且有益的，他們相率在史實研究方面
下了很大的工夫，而厭惡歷史哲學的玄虛性；等到歷史研究有了相
當的豐收以後，人們又希冀新的綜合。無疑地，他們首先要想到
這一方面的前輩——黑格爾——歷史哲學的大師，他曾給予歷史
崇高的地位和前所未有的尊嚴，雖然他的體系超過一切事實之上。

68　據洛維特（Karl Löwith, 1893–1973）的看法，黑格爾與奧古斯丁分期法的
　　區別，在於黑氏將基督教置於理性的解釋範疇中，而天佑只不過是「理
　　性的狡獪」（Cunning of Reason）而已。黑氏致力於將「上帝的王國」實現
　　於世俗的世界，對他而言，世界史即是正義的世界法庭。見 Karl Löwith,
　　Meaning in History, pp. 57–58。

69　依黑格爾的看法，君主立憲制才是最理想的政體，或許鑒於法國大革命
　　期間民主政體的混亂，使他有如此保守的見解。

70　黑格爾世界歷史的發展最後止於日耳曼世界，此後並無交代。

　　黑格爾的歷史哲學，固然在很多方面可以尋得出基督教薰陶和影響的蛛絲馬跡；[71]但在另一方面，他又可超越這些束縛並加以利用，從而產生自己獨特的見解；譬如他的歷史哲學對世界歷史的觀念，象徵著一種組織的層次（levels of organization），從較低的層次發展至較高的階層。他給予我們一個歷史「動」的觀念，每一個新的行動構成歷史的行為，它不斷地在變動，而不是受固定法則的控制，因此歷史哲學在這一方面並不能預言未來，而只能測出未來的趨勢。這是他在歷史主義的形成史上最突出的貢獻。

四、蘭克

　　歷史主義的兩個基本概念：「獨特性」與「發展」，由於蘭克在史學上的成就臻於巔峰，[72]同時象徵了歷史主義理論與實踐的結合。[73]蘭氏的領導和努力確立了近代史學研究的規範，正因為如此他的影響遍及全世界。

　　蘭氏十分推崇尼布爾治史的方法，[74]後者的《羅馬史》（The History of Rome）給予蘭氏甚多的啟示。蘭氏極力倡導史料內部批評（internal criticism）與外部批評（external criticism）的重要，而從

71　黑氏的歷史哲學代表著神學歷史哲學轉化為形而上的歷史哲學，如果以「上帝」來代替黑氏的「理性」，則很難發現二者之間有什麼很大的差別。

72　蘭克以前的歷史主義者往往只著重理論概念的闡發，而殊少治史的實際經驗，能夠將理論與實際著史的信念合而為一，蘭克是最好的代表，在他之後，歷史主義幾乎壟斷了歐洲的史學思想，尤其是日耳曼學術界。

73　Friedrich Meinecke, *Historism*, p. 504.

74　由於尼布爾和蘭克兩人巨大的貢獻，阿克頓（Lord Acton, 1834–1902）將他們喻為德國史學凌駕於世界之上的里程碑。Lord Acton, "German Schools of History," *English Historical Review* (1886): 7–42.

事此二項工作，語言學的修養實屬必要。蘭氏曾經受教於語言學
大師赫門 (Gottfried Hermann, 1772–1848)，因為當時學術界的風
氣，語言學是治學不可缺乏的工具，尤其是古典作品和《聖經》的
詮釋與研究。遠於15世紀瓦拉就曾經將此項治學利器用來批評史
料，鑒定史料的真偽程度。[75]經過幾世紀的改良與發展，蘭克接
受此項嚴格的訓練，大規模用來處理史料，成為以後治史者的典
範。蘭氏治史非常重視第一手資料的應用，所以他的史著以謹嚴
徵信著稱。此外，他首創「研討課」(seminar) 的教學制度，造就
了許多第一流的史家，提高了當時歷史研究的水準。古奇 (G. P.
Gooch, 1873–1968) 甚至讚譽說，他的「研討課」遠勝於蘭氏自己作
品的影響。[76]這並非過甚其詞，今天全世界的歷史教學，幾乎普
遍接受如是的教學方法。

　　蘭克在柏林大學教書的時候，當地的學術界正籠罩在黑格爾
哲學的陰影之下，不論蘭氏是否真正了解黑格爾哲學的含義，由
於他個人宗教的背景、哲學訓練以及對歷史的認識，皆使他起而
反對玄思式的歷史哲學，他在《1494至1514年拉丁與日耳曼民
族史》(*Histories of the Latin and Germanic Nations from 1494-1514*) 序言
中說：

> 歷史曾經被賦予判斷過去，指導現在，以為未來謀福的職責。
> 本書不希望有如許的要求，它僅是陳述真正發生的事實而已。[77]

75　Donald R. Kelley, *Foundations of Modern Historical Scholarship*, pp. 43–46.

76　G. P. Gooch, *History and Historians in the Nineteenth Century* (Boston: Beacon Press, 1956), p. 107.

77　Leopold von Ranke, "Preface to *Histories of the Latin and Germanic Nations from 1494–1514*," in *The Varieties of History*, ed. and trans. Fritz Stern (Cleveland: World Publishing Co., 1957), p. 57.

蘭氏認為僅有兩條途徑可以獲知人類的知識，一是經由特殊事物的感覺，一是經由抽象的思維；前者是歷史的方法，後者是哲學的方法。此外沒有其他可包容此二者，史家必須截然劃分此二者知識的來源。[78] 由於他排斥談空說玄缺乏實證基礎的歷史哲學，而強調「歷史僅是陳述真正發生的事實」(Wie es eigentlich gewesen)，引起許多學者的盲從與反對。考據學派以為歷史僅是瑣碎的史料考證，排列史實，保持史家價值的中立；反對者則引起20世紀初期新大陸史家對蘭克的誤解與不滿。究其緣由，這些史家雖然有些是蘭氏的及門弟子，但他們對蘭克的史學，卻是做有選擇性的吸收，並且極少完全讀過蘭氏的著作，因此蘭氏的治史方法雖然很成功地移植至新大陸，可是他的史學思想很不幸地在傳播的過程中被曲解了。這些特徵最明顯地表現於兩位著名美國史家的文章：卡爾‧貝克爾 (Carl L. Becker, 1873–1945) 1931年在美國歷史學會發表的演講〈人人皆是史家〉(Everyman His Own Historian)，[79] 及查爾斯‧比爾德 (Charles A. Beard, 1894–1948) 1933年〈作為信仰行為的史著〉(Written History as an Act of Faith) [80] 和1935年〈高貴的夢想〉(That Noble Dream)；[81] 皆使此觀念趨於熾烈。他們鼓動了歷史理論研究的風潮，對美國史學界固然產生了偌大的影響，但是這

78　Leopold von Ranke, "On the Relations of History and Philosophy," in *The Theory and Practice of History: Leopold von Ranke*, ed. Georg G. Iggers and Konrad Von Moltke (New York: Bobbs-Merrill, 1973), p. 30.

79　Carl L. Becker, *Everyman His Own Historian* (New York: F. S. Crofts and Company, 1935), pp. 233–255.

80　Charles A. Beard, "Written History as an Act of Faith," *The American Historical Review*, vol. XXXIX (1934), pp. 219–229. Reprinted in *The Philosophy of History in Our Time*, ed. Hans Meyerhoff (New York: Doubleday, 1959), pp. 140–151.

81　Charles A. Beard, "That Noble Dream," *The American Historical Review*, vol. XLI (1935): 74–87. Reprinted in *The Varieties of History*, pp. 315–328.

些文章反映出歷史主義的難題——歷史相對論，另方面卻造成美
國學者對於蘭克的誤解。[82]一般而言，美國史家認為蘭氏為經驗
的、非哲學的史家；相反地，歐洲的史家卻不作如是觀感。例如
蘭氏的敵對者蘭布雷希特（Karl Lamprecht, 1856–1915）認為蘭氏雖
然不是系統性的哲學家，卻具有很深厚的哲學思考，尤其是德國
傳統觀念論的色彩。其他如：西貝爾（Heinrich von Sybel, 1817–
1895）、普魯茲（Hans Prutz, 1843–1929）、都福（Alfred Dove, 1844–
1916）和羅倫茲（Ottokar Lorenz, 1832–1904）等亦持同樣的看法。
而近來美國史學界受歐洲史家的影響也重新對蘭氏的史學作一番
新的評價與檢討，在他們眼中蘭氏不再是「科學歷史之父」而已。[83]

　　綜合上述，可以得知蘭氏所反對的只是把歷史當成一種材
料，任意將它們填入先驗的哲學架構，成為後者的裝飾品；因此
蘭氏的偉大貢獻之一，也就在於將歷史從哲學的附庸解放出來。
更聲明歷史的目的並非在考證本身，而是為了深入了解整體歷史
的發展，因此僅有將史事放在整體的輪廓中，方能顯出事件真正
的意義。所以在史學研究的過程中，從先驗的原則導衍具體的事
實，固然是荒謬，可是也不能拘泥史事的考證，而忘卻綜合的工
作。由此可以得知蘭氏治史的步驟，是先由嚴格的史料批評，

82　有關德國史學對美國史學的影響可參閱 Jurgen Herbst, *The German Historical School in American Scholarship* (New York: Cornell University Press, 1965), chap. 1, chap. 5 and chap. 8。此外比爾德、貝克爾雖然批評「蘭克的史學」，卻仍然不能脫出歷史主義的窠臼，一般仍將他們視為歷史主義的門徒，cf. Morton G. White, *Social Thought in America* (New York: The Viking Press, 1952), chap. 1 and chap. 3。

83　Georg G. Iggers, "The Image of Ranke in American and German Historical Thought," *History and Theory*, II (1962), pp. 17–40. 關於美國「科學派史學」的問題可參閱 W. Stull Holt, "The Idea of Scientific History in America," *Journal of History of Ideas*, I (1940): 352–362。

再加以直覺式的體會與綜合，以達到直覺與知識的內在融合；而於此一程序部分與整體，獨特與概略，皆是相輔相成的事項。[84]

　　提到蘭氏的史學概念，有一不可忽視的問題，即他一生治史最崇高的目標：「普世史」（General History 或 Universal History）的實踐。此一觀念雖然起源於英國學者集體的創作，可惜僅止於史料的編纂，並且顯得散漫無章。漢諾威境內哥廷根大學的學者繼之予以密切的留心與討論。蘭氏處於此種風氣中，亦十分關切此一問題。[85]一如哥廷根的教授，蘭氏力圖將「普遍史」從哲學家手中搶救出來。從時間上來看，哲學家在18世紀啟蒙時代方才從神學家那裡把「普遍史」接收過來；可是哲學家的「普遍史」往往淪於理論式的演繹或隨感式的發揮，以至於缺乏經驗事實作為基礎，這一點甚受蘭克的批評。

　　事實上，蘭克和哥廷根學派並不敵視「概化」（generalization）或「普遍史」；相反地，卻倡導此為史家不可避免的責任。因為史家對人類事物免不了具有參與的關懷，進而不論他們的成敗、愉悅、哀傷、矛盾與否，史家必須能夠去體會它們的獨特性（uniqueness）。其次，史家除了作細部或時空限制的研究，必須要有世界的眼光。歷史固然缺乏哲學系統的一致性，卻存有自身內在的聯繫性質。蘭克說：

> 不論是多少民族的匯集，絕不是我們意味的普遍史，因為如果這樣，則本書相互的聯繫性就要隱晦了；欲認識此中的關係，

84　Leopold von Ranke, "The Role of the Particular and the General in the Study of Universal History," in *The Theory and Practice of History*, pp. 57–59.

85　Herbert Butterfield, *Man on His Past* (Cambridge: Cambridge University Press, 1955), pp. 44–50.

就必須探索那些結合及支配所有民族的偉大事件，此即為普遍
史的主要課題。[86]

所以「普遍史」關心的不是特殊事物的關係和趨勢，而是人類生活
所呈現的整體和充實的意涵。正因為如此，「普遍史」與專門史訓
練之相異，即在於探討個別事物時，不失其全體的面貌。蘭氏主
張史家應該朝兩個方向進行；一是對操縱歷史事件有效因素的觀
察，二是了解它們的普遍關聯。總之，歷史研究不能沒有通史般
的胸懷，否則將顯得微不足道；但是通史如果沒有謹慎的研究為
依據，也將僅是一幅海市蜃樓的影像而已。因此批評方法、客觀
研究和綜合解釋應該攜手合作，缺一不可。

然而，蘭克雖提出了「普遍史」的重要，卻不能跳出當時風氣
的窠臼，他的「普遍史」，實質上指的是基督教的歐洲文明而已。
他認為自1500年以來，歐洲是世界史的中心，甚且直至1789年
歐洲列強的關係才構成歷史的主題。[87]另方面，蘭克不似溫克爾
曼、赫爾德幾位前輩一般，對自己偏好的時代作過分的強調與渲
染；但處於民族主義激盪的時代，蘭氏能超越狹窄的種族意識，
以從事歷史工作，誠屬難能可貴。他的「普遍史」雖說有一定的限
度，可是從19世紀歐洲與普魯士的情況來考慮的話，是可以獲得
若干諒解的。

86　Leopold von Ranke, "Preface to Universal History," in *The Theory and Practice of History*, p. 162.

87　在空間上，蘭克的「普遍史」僅及於日耳曼和拉丁民族的活動範圍。在時間上，視史前時代為非歷史的時代。他認為中國和印度雖然悠久，卻具傳奇性質，倒不如列為自然史較為妥當。Leopold von Ranke, "On the Character of Historical Science," in *The Theory and Practice of History*, pp. 45–46.

　　歷史主義的兩個核心觀念「發展」和「獨特性」，至蘭克發揮到巔峰狀態。歷史於蘭氏而言，並非呈現固定成規的方向。每一時代自有其獨特的尊嚴和存在的價值，前時代絕非後時代的踏腳石或醞釀階段，他有一句名言：「我深信，每一個時代直接與上帝聯繫。」[88]也就是每一個時代在上帝的心目中具有同等的意義。所以蘭氏認為啟蒙時代的基本信念「進步」，事實上僅意指著自然的征服與物質的利用，並不能概括精神的領域。因為每一時代的特色皆源於時代的需要，任意批評其他時代是極其荒謬膚淺的行為，所以他的進步觀是相當受限制的。

　　蘭克深受基督教信仰的薰陶，他的思想植根於宗教的沃土裡。他認為人類的歷史是上帝意志的實踐，但是在史著的行文中，他卻能保持客觀超然的態度，顯得彌足珍貴。即使如此，當時的理性主義和唯物學者仍然經常攻擊他歷史思想的宗教成分。[89]

　　前面提過「普遍史」重視的是歷史的大事件，特別關於各民族的發展，而政治和外交更是關懷的焦點所在。蘭克和黑格爾一樣十分強調政治生命的重要，他視國家為一精神的實體，以為歷史發展的過程中，國家與國家、民族與民族的衝突為不可避免的。當這些權力 (power) 衝突時，即是「歷史時刻」(historical moment)的來臨，其結果終究是平衡的狀態。[90]他這種對權力過度樂觀的

88　Leopold von Ranke, "On the Character of Historical Science," in *The Theory and Practice of History*, p. 53.

89　Ferdinand Schevill, *Six Historians* (Chicago: University of Chicago Press, 1956), pp. 143–148.

90　這是他在〈列強論〉這篇文章所宣示的政治原理──「均衡政策」(balance of power) 的根據。Leopold von Ranke, "The Great Power," in *Leopold Ranke: The Formative Years*, trans. Theodore H. von Laue (Princeton: Princeton University Press, 1950), pp. 181–218.

信任，深受後人非議。[91]比起布克哈特的「權力本質都是罪惡」和
阿克頓「權力傾向於腐化，絕對的權力絕對的腐化」，蘭克對權力
的認識太天真了。然而蘭克也曾經表示，單靠權力不可能在歷史
上創造出什麼積極的效果，權力必須和道德合作方可能在世界上
創出有意義的成就，因為沒有一個國家可以不具有精神的基礎，
而綿延地生存下去。很不幸後人都只注意他對權力的讚揚，忽略
了他對權力的約制。

　　就實際政治立場而言，他對當時歐洲的政治取向是保守的，
他懼怕法國大革命和拿破崙勢力的復燃，因為此二者在政治上破
壞了均衡政治的原理。拿氏的入侵壓制了各民族自由發展的機
會，而民族的活動是精神實質的外顯，這種事機和歷史事件一樣
內斂著上帝的旨意。蘭氏的政治態度所代表的是德國歷史主義一
般的政治立場，其中德國的觀念論發揮了相當的作用 —— 事物的
行為是內在觀念的結果。所以國家或民族象徵的是實質的精神，
上帝的思想。[92]而蘭氏不可避免的結論是：了解政治最有效的途
徑在於認識歷史的發展。[93]

　　蘭氏的史學成就毫無疑義地在當時凌駕於西方其他史學家之
上，其影響無遠弗屆。古奇稱他是「史學的歌德」。[94]然而他的史

91　黑格爾、蘭克一脈的學者，主張國家是歷史的目的，國家對個人有絕對
　　的權力，個人唯有在國家的組織之中才有真正的自由可言（日耳曼的自
　　由概念與英、美、法自由概念的內容是不同的），同時個人只有替國家
　　服務才能實現個人的真正意志。這種對國家過分理想化，相信國家有理
　　性的必然，實在缺乏經驗的根據，終於導致日後國家主義過分的囂張，
　　釀成禍患。因為他們的國家觀念始終沒有達到「世界國家」（a universal
　　world-state）或「世界社會」（world society）的境界。

92　Leopold von Ranke, "A Dialogue of Politics," in *Leopold Ranke: The Formative
　　Years*, pp. 162, 168, 176–180.

93　Ibid., p. 165.

94　G. P. Gooch, *History and Historians in the Nineteenth Century*, p. 97.

學並非完美無疵，例如他低估了群眾在歷史演變中所扮演的重要角色；此外對歷史上經濟、社會、文化因素並沒有給予多大留意。[95]這些缺點並不妨礙他躋身於古今大史學家之中。阿克頓的一段話可以作為蘭氏一生得失的總結：

> 蘭克是開創近代史學研究的代表人物，他將史學引入一個批評的、客觀的新境界。我們在研究的過程中深受他的啟發，同時他給予我們的亦較任何人來得豐富。雖然旁人的書籍可能比他的著作顯得更有分量，其中有些人可能比他更富於生動的想像力，更能把握思想的原創、崇高和深度；但是就他自己重要著作的實踐範圍，以及對智識分子的影響，加上他的見解廣為人們接受、引用的程度而言，他的成就是舉世無雙的。[96]

五、布克哈特

布克哈特所處的時代環境恰較蘭克晚了一代，由於國際局勢的發展和社會、經濟的變動，加上布氏自身生活的體驗，使他對歷史的感受和蘭克大相逕庭。從他身上可以反映19世紀無限進步的信心至20世紀迷茫徬徨的過渡形態：布氏敏銳的觀察力，使他躋身為「時代的先知」之一，也因此拓展了歷史主義的傳統。

與蘭克相比，布氏的作品較難視為一個整體。在他一生之中曾歷經幾個不同的階段，而每個階段的變化都有助於廓清他孕育的思維。於他而言，歷史雖然擁有許多值得知道的事物，卻是

95　Cf. Theodore H. von Laue, *Leopold Ranke: The Formative Years*, p. 121, and H. E. Barnes, *A History of Historical Writing*, p. 246.

96　Lord Acton, *Lectures on Modern History* (London and Glasgow: Collins Press, 1960), pp. 32–33.

「所有科學之中，最反科學的」。[97]他非常反對將歷史構成一個體系，或者創造任何歷史原則（historical principles），史家應該從事事實的觀察，將歷史導引至任何可能的方向，而不應與歷史哲學發生關聯。

他斥責歷史哲學是隻半人半馬的怪物，本身即自相矛盾：因為歷史和觀察同等，因此是非哲學的，然而哲學卻是將觀察物附屬於原則之下，所以是非歷史的。布氏謂：

> 無論如何，我們不追求永恆的智慧，因為它們遠超過我們認知的範圍；有關世界計畫（world plan）的大膽假設之所以導致謬誤，正因為它的出發點是假的前提。[98]

布氏舉黑格爾和奧古斯丁為歷史哲學的代表，前者以「絕對精神」（absolute spirit），後者以「上帝」將歷史有系統地統屬於一個原則之下，以構成他們所謂歷史的目的；但是此類要求皆超出人類可能的知識領域。簡言之，歷史神學或歷史哲學所追求的是歷史最初與終極的目的，史家並不必要賦予太多的關心和討論。

有關布氏對歷史和哲學之間取捨的立場，克羅齊曾作一解說：在19世紀末葉，正是「純粹史學」（pure historiography）的呼聲最高昂的時候，況且當時哲學家草率地將歷史和哲學混而為一，卻沒有創出一套更好的方法，加上歷史哲學本身空洞與不著邊際，自然引起史家的不滿，難怪導致布克哈特對它採取敵對的態度。[99]

97　Jacob Burckhardt, *Reflections on History* (London: Allen & Unwin, 1950), p. 15.

98　Ibid., p. 16.

99　Benedetto Croce, *History as the Story of Liberty*, pp. 102–103.

　　布克哈特 ── 不像他的老師蘭克 ── 將歷史從狹窄的政治史擴展至整個人類文化的範圍。他僅有的三部成著:《君士坦丁大帝時代》(*The Age of Constantine the Great*, 1852)、《意大利文藝復興時期的文化》(*The Civilization of Renaissance in Italy*, 1860) 和《希臘人和希臘文明》(*The Greeks and Greek Civilization*, 身後方刊行) 即為文化史的典範之作。以一個文化史家而言,他明瞭將文化敘述成一個混合體的困難。他的理想是欲把人類成就的特徵呈現出來,然而如此諸多的連鎖部分卻不能統納於一個哲學觀點之下;布氏僅以同等的地位把它們聚集一處,而找出它們共通的精神。譬如,文藝復興時代呈現的兩個關鍵概念即「現代性」(modernity) 與「個人主義」(individualism)。[100]

　　也因此對他的史著,我們有一種特殊的感覺,他缺乏一般歷史主義者於「發展」觀念的強調。例如在《意大利文藝復興時期的文化》這本名著中,他對不同時期的描寫,即不能構成一幅完整的發展圖形,他感興趣的往往是每一時代的橫切面。更奇怪的是,他非常注意過渡時期,他將君士坦丁時代當作上古至中古的橋梁,將文藝復興當作中古至近代的過渡階段,而將法國大革命喻為近代定型的最後一個步驟。此種態度促使他對重現的、恆常的、類型事物的偏好,而較缺乏蘭克那種於個體的覺察。[101]

　　雖然布氏有上述的缺陷,但他在某些方面卻有更深刻的領會。他不贊同他的前輩或同時代史家,對歷史客觀性盲目的信仰;他認為史著不可避免必將滲入史家個人的觀點。史家主觀的

100　布克哈特反對黑格爾歷史哲學的先驗演繹方法,但他對民族精神、時代特徵的想法,卻受黑格爾的影響。Wallace K. Ferguson, *The Renaissance in Historical Thought* (Cambridge, Mass: Riverside Press, 1948), pp. 189–191.

101　Cf. Ibid., chap. 7 and Engel-Janosi, *The Growth of German Historicism*, pp. 75–76.

感情或者知識的成見，從史料的分析、選擇迄史實的解釋，無時
不染有史家個人的色彩，因此絕對客觀是永不可及的幻影。他在
《意大利文藝復興時期的文化》序論中説：

> 一個特定文化在不同的眼中看來，都或將呈現不同的圖像，於
> 論述最接近我們自己母系而且還有影響力的文化，作者和讀
> 者無疑地經常會受主觀的判斷和個人感受的干擾。在浩瀚的
> 大海，我們可能有任何的途徑和方向；同樣地，對同一事物的
> 研究，可能因研究者的不同，而有不同的處理方法、不同的
> 結論。[102]

因此一部理想的史書應該能夠表現史家自身的特色，而不失其可
能的客觀性。

對史家價值判斷的問題，布克哈特一方面以為它會妨礙史家
對史事的透視，同時他亦否認人們可以從歷史得到任何的道德教
訓。他承認歷史有「幸運」與「不幸」，「進步」與「退步」的標準，
但他駁斥草率地將「幸運」「進步」和「快樂」等量齊觀；換句話説，
人類的幸福與快樂並非歷史進步的結果，而是個人主觀的感覺。[103]

另方面，雖然他了解人類的真、善、美在許多方式之下，受
時間的制約與渲染，但他還保存了若干絕對的價值標準，以抵抗
歷史相對論的虛無性。他謂：

> 對真與善現世形式的摯愛，特別是牽涉危險與自我犧牲的時
> 候，在絕對意義之下，皆是偉大壯麗的。[104]

---

102 Jacob Burckhardt, *The Civilization of The Renaissance in Italy*, trans. S. G. C. Middlemore (New York: Harper & Row, 1965), vol, I, p. 21.

103 Burckhardt, *Reflection of History*, pp. 204–219.

104 Ibid., p. 21.

除此之外，美又能超越於時間之外，構成其自身獨有的世界；如
荷馬時代的真與善在現代的眼光中已無法存在了，但荷馬的史詩
永遠是美的。布克哈特能掌握變化多端的歷史脈絡，從中理出人
類經驗的共通面，是他對歷史主義的一大貢獻。

　　以一個藝術史家、文化史家的觀點，他反對任何獨霸歐洲的
政治強權出現，因為如此將破壞歐洲的均衡制度，阻礙多元文化
的發展，使各民族、各地方的獨特風格因整齊劃一而失去原有的
特色和實現的潛能。他對法國大革命頗為譴責，認為革命可能導
致歐洲文明付諸一炬。[105] 在政治立場，布克哈特是保守的，他具
有文化貴族的氣息，他極端熱愛歐洲文化的成就，深恐此一珍貴
的成果將為 19 世紀的機械文明和群眾運動所摧毀。因此他對現狀
或未來歷史的發展，與他前輩史家的心態不同，他是 19 世紀罕有
的悲觀論者。[106] 在他的思想裡，歐洲文化是歷史的主題，也是值
得關注的對象。

　　總之，布氏和蘭克各自對歷史提出兩個不同的問題，蘭克從
客觀觀念論的立場，試問：「對於歷史，人到底有何意義？」也就
是說，歷史上的人物，對於那些超越個人之上，而為客觀精神所
塑模的實體（例如：國家、民族）有何意義？這是太平盛世的歷史
觀。而布克哈特卻從自由的觀念論的觀點，設問：「對於人，歷
史到底有何意義？」意味國家、民族或世界史，對於創發文化的
人類有何深刻的含義？這是個體意識的歷史觀。布氏處在這種布
滿危機的時代裡，不禁要關懷現世、憂懼未來的禍福，以不安的
心情，將人們的注意力從人所創造的歷史，轉移到創造歷史的人

105　Jacob Burckhardt, *On History and Historians*, trans. Harry Zohn (New York: Harper & Row, 1965), pp. 157–162.

106　Cf. H. R. Trevor-Roper, "Introduction," in *On History and Historians*, pp. xi–xxi, and Karl Löwith, *Meaning in History*, pp. 22–24.

來。邁內克以為這是蘭克和布克哈特對歷史主義抱持態度的不
同，其關係卻是相輔相成的。[107] 從另一個觀點，布氏和蘭氏思想
焦點的歧異，亦象徵著歷史主義核心問題的轉移，使歷史主義的
觀念投入一個充滿質疑、充滿挑戰的世界。

六、狄爾泰

海登・懷特 (Hayden V. White, 1928–2018) 於〈論歷史和歷史
主義〉(On History and Historicism) 中曾說：

> 19世紀的思想史，即使不是全歐洲而僅是日耳曼，也許可
> 視為集中於界定人文學 (Geisteswissenschaften) 和自然科學
> (Naturwissenschaften) 的關係，尤其沒有一門知識比史學表現得
> 更為迫切。[108]

這些話如果拿來形容狄爾泰一生努力的目標，最為恰當不過。史
學剛好立於傳統人文學 (the humanities) 和新起的社會科學之間，
搖擺不定，究竟它是一門藝術？還是一門實證科學呢？此類問題
困惑了當代的學者，也正是狄爾泰所欲解決的問題。

　　狄爾泰雖然以哲學家聞名，但由於他對歷史的熱愛，竟其
一生大部分的工作卻是從事歷史知識基礎的探討和建設。一方
面，他非常不信任玄學的理論，而非常推崇經驗的方法 (empirical

---

107 Friedrich Meinecke, "Ranke and Burckhardt," in *German History Some New German Views,* ed. Hans Kohn (London and Boston: The Beacon Press, 1954), pp. 154–155.

108 Carlo Antoni, *From History to Sociology*: *The Transition in German Historical Thinking,* trans. Hayden V. White (Detroit: Wayne State University Press, 1959), Translator's Introduction, p. xv.

methods）；另一方面，他認為作為一個人文學者無可避免地必須關懷人類的處境，並對其所處的社會加以研究。所以在此領域中，他對20世紀初期的知識分子有甚多的啓發和影響。1883年發表的《人文學導論》（*Einleitung in die Geisteswissenschaften*，英譯：*An Introduction to the Human Sciences*），與終其一生未能完成的《歷史理性批判》（*The Critique of Historical Reason*）即是代表這一方面的貢獻。尤其後一部著作，更顯示他的雄心大志，欲仿照康德的《純粹理性批判》（*The Critique of Pure Reason*），對歷史知識作一次徹底的檢討，以提供理論的基礎。康德偉大的成就在於對數學和自然科學知識作一次全盤的分析，但是卻缺乏歷史知識的討論。狄爾泰因此想在這一領域有所建樹，以彌補康德的不足。如果康德所欲解答的是「自然科學為什麼可能」，則狄爾泰的問題即為「歷史知識為什麼可能」。

19世紀末期，歷史研究陷入了進退維谷的困境。一方面史家聲言，歷史僅是描述過去發生的事實；史家必須不羼以己見，作到保持價值中立，以公正無私、不偏不倚的態度治史，則史實自明。另方面，史家深切了解此一崇高的理想不可企及，因為實質的歷史即對歷史知識的客觀性及真實性有所限制。史家和史書到處充滿了主觀的情感、偏見與非理性的因素，因此一部史著似乎有其不同於自然科學的特殊邏輯結構。此一懸而未決的問題，不僅困惑當代的歷史思想家，亦是狄爾泰和其追隨者努力的方向。狄氏不僅繼承了歷史主義的傳統，而且試圖拯救歷史主義的危機，或者更確切地説，他重新建構歷史主義的理論根據。雖然他沒有完成《歷史理性批判》，但是他歷史知識論的見解，同樣對玄學哲學和科學的經驗主義予以駁斥。

在此，狄氏所面臨的問題是：與經驗論及實證論者結合，作最少量的修改，把自然科學的方法和概念移植至人文學，或者

與浪漫派及歷史學派發展一組獨特的方法，以獲知人類行為的
意義。在狄氏的著作中，方法論佔了很大篇幅，主要內容為人文
學。[109] 所謂人文學包括甚廣，舉凡歷史、經濟、社會、心理學、
比較宗教、政治學、語言學等皆是，而與自然科學相對。[110] 但此
一區分並不意味著對自然科學的攻擊，或者如某些神學家與哲學
家，藉貶低其他學問來提高自己智識的地位。而是由於研究對象
的不同，導致方法論的歧異，並不是所有的現象皆能用同一方法
處理。

　　狄爾泰曾經考察有關心靈和物理知識的不同，他認為人文學
就某一意義是一種知識，而自然科學則不是一門知識，因為前者

---

109 "Geisteswissenschaften" 這個詞彙是希克 (I. Schick) 在1849年翻譯密
　　爾 (J. S. Mill, 1806–1873)《邏輯系統》(*A System of Logic*) 第六冊《倫理科
　　學的邏輯》(*On the Logic of the Moral Sciences*) 為德文的 "Von der Logik der
　　Geisteswissenschaften oder Moralischen Wissenschaften" 以後，很快在德國
　　流行起來，直至1883年狄爾泰的《人文學導論》才使此名詞的含義固定
　　下來，指稱凡是以歷史、社會為研究對象的科學：例如史學、語言、法
　　律、經濟學等等；英文的譯法，侯本 (Hajo Holborn, 1902–1969) 認為譯
　　作「文化科學」(cultural sciences) 較為妥當，見 Hajo Holborn, "Wilhelm
　　Dilthey and the Critique of Historical Reason," *Journal of the History of Ideas*, vol.
　　XI (1950): 98, n. 25。但豪吉斯與呂克曼 (H. P. Rickman) 皆贊成譯作「人
　　文學」(human studies)，因為此一譯法尚可包羅社會科學，見 H. A.
　　Hodge, *Wilhelm Dilthey: An Introduction* (London: Routledge & Kegan Paul Ltd.,
　　1949), p. 34; and H. P. Rickman ed., *Pattern and Meaning in History* (London:
　　Allen & Unwin, 1961), p. 23.

110 狄爾泰與李凱爾特 (Heinrich Rickert, 1863–1936) 的劃分法是不相同的，
　　狄氏著眼於研究對象的分別，即自然科學取材自物理世界，人文學則取
　　自人類的精神領域；李氏則以研究方法區分此二者的不同，自然科學的
　　方法在於建立法則，人文學則是獨特事實的描寫。Cf. H. P. Rickman,
　　"Geisteswissenschaften," in *The Encyclopedia of Philosophy*, vol. IV. (1968), pp.
　　275–279。德文裡 "Wissenschaft" 指的是藉方法去研究而產生的知識謂
　　之，與英文 "science" 不十分一樣。

所了解的是真正的實體（real realities），而後者只是表象（appearance）而已。當然狄爾泰並不企圖否認外在世界的真實或者否認自然科學的豐碩成果，很明顯地，我們了解物理自然遠勝於人類和他們的社會；自然科學能夠描述、分析、解釋、預測所觀察的對象達到一種相當精確的程度，而無須仰賴人文學的幫助；相反地，人文學能夠對人和社會作一同情的理解，使觀察者與被觀察者彼此認同一起，如此則使我們能夠明白人物和事件內在的意義和動機，而不似前者僅限於外在運動和變動的觀察。狄氏曾經一再強調人文學和自然科學的差異，豪吉斯（H. A. Hodges, 1905–1976）教授把它們歸納為六點：[111]

1. 自然科學注重外在物理事件和過程的觀察，藉以搜尋必要的證據。人文學則從表達的理解或心靈客體化的結果，去尋找證據。

2. 近代自然科學的進步使它和普通常識之間，產生了一條無法彌補的鴻溝，人文學則否，因為它所根據的就是日常生活對人事的感受，它隨時跟著時代的需要而改變，因此無法具有自然科學的客觀和真確性。

3. 自然科學的單位是假設的建構，人只能思及他們之間存在的關係，而無法感覺到它們彼此的等質性。譬如，同元素之原子間，並沒有什麼特性；存於它們之間的法則也是假設性的構作，雖然極為精確，卻不能告訴我們單位內在的性質和它們彼此之間的影響。人文學則否，它的單位是人類的心靈，以人類的觀點而言，不只是真實的，而且是具體的；人類可以感覺它們內在的結構，並體會它們的變換，以及相互間的影響。

---

111 H. A. Hodges, *Wilhelm Dilthey: An Introduction*, pp. 72–83.

4. 自然科學擁有準確的測量和實驗方法，將假設修正至非常
   複雜和精確的程度，這些方法在人文學中無法照樣適用。

5. 一般而言，自然科學對價值判斷沒有興趣，它們的理想是
   公正和客觀；人文學在一開始便選擇事實和陳述問題，不
   免涉及價值判斷，這一點自始至終是人文學的重要成分。

6. 自然科學有其基礎的學科，例如孔德 (Auguste Comte,
   1798–1857) 所謂的數學，然後如金字塔一層層地建築上
   去；人文學則否，它們建立在不同的基礎上，而彼此之間
   僅有相互依靠的關係，正如人類的心靈是沒有任何層階區
   分一樣。[112] 此類區分，就今日科學的知識水準，當然有甚
   多可議之處，但是這種想把史學從科學掌中解放出來的觀
   念，未嘗不是當時歷史主義者的特徵之一。

狄爾泰認為歷史的主題是人類在時間過程中的生活。歷史的
世界是由個體人類的行為所造成，這些個人有其真實的價值和經
驗，他們的動機和感受是有意義的 (meaningful，狄爾泰對所謂的
"meaning"和"understanding"兩個觀念表達並不十分清楚，僅能由
字裡行間追尋其梗概)。因為歷史的世界是有目的的，所以允許
價值和意義的存在。狄爾泰說：

> 意義是部分和整體於生活中的特殊關係，我們經由記憶和未來
> 的潛能得知意義的究竟，就譬如學習語句中的單字一樣，意義
> 之間關聯的性質存諸時間內，生命結構和外在環境之間的互動
> 所造成的模式……生活的每一個表示，以一個記號而論，呈

---

112 狄爾泰曾一度把心理學作為所有人文學的基礎，後來又放棄這種想法。
   見 Hajo Holborn, "Wilhelm Dilthey and the Critique of Historical Reason," pp.
   109–112.

現了生活部分的內容，生活並不意味著某種自我的超越，因為
沒有任何意義存於它自身之外。[113]

　　所以人類從生至死皆是歷史人物 (historical beings)，因此欲了
解他們，只能從他們生活的社會文化的系絡裡去尋找。人類的價
值和意義即存於歷史之中，而無須如神學家或哲學家另外預設一
個超越的存在，以為歷史最終的目的。狄爾泰說：

> 最重要的，我們是歷史的人物，因此成為歷史的思考者……
> 我牽涉社會的互動，只不過社會不同的制度和我的生活交叉一
> 起，這些制度之產生，在於人類的共生，一如個人的經驗和對
> 他人的了解……歷史研究者與歷史創造者之相類，是科學歷史
> 可能的第一個條件。[114]

　　就此觀點而言，他解決了歷史知識論的問題。人，基本上是
歷史的存在物，他能夠藉著人類的自知，從歷史之中，明瞭自
己。也就是說，歷史是人類所創造，因此人類有了解它們的能
力，這個「自知」(self-knowledge) 雖然不能十全十美，但是它的客
觀性和可靠性絕不少於自然科學。可我們不能否認狄爾泰的思想
包含有歷史相對論的色彩，他認為沒有任何絕對的價值標準可以
衡量一切的事物，所有的世界觀都相對於它們的文化期，如果將
歷史上的世界觀或玄學系統加以考察，此種相對性質很明顯就會
表露出來。[115]

113　Wilhelm Dilthey, *Pattern and Meaning in History*, p. 107.

114　Ibid., pp. 66–67.

115　Cf. Frederick Copleston, *A History of Philosophy* (London: Search Press, 1971),
　　　vol. VII. pp. 145–146.

　　狄爾泰認為，歷史主義是它自己最好的治療物，它粉碎了所
有玄學和宗教的獨斷論。從歷史觀點而言，每一個哲學問題的解
決，隸屬於某一特定的情境和時間，所以哲學家必須具有歷史意
識（historical consciousness），否則他的思想內容將僅是破碎的實
體。[116] 所以狄爾泰説：

> 於歷史現象、任何人文與社會環境的限制，以及各種信仰相對
> 性的歷史覺察，為邁向人類解放的最後一個步驟。[117]

　　由於狄氏對歷史主義的深思熟慮，他一方面解決了一些原則
性的問題，另一方面又提出一些問題，留待20世紀的歷史主義者
解決。這就是所謂「歷史主義危機」，也是20世紀歷史主義的
難題。

116　H. A. Hodges, *Wilhelm Dilthey: An Introduction*, pp. 154–155.

117　Wilhelm Dilthey, *Pattern and Meaning in History*, p. 167.

20世紀的歷史主義：修正者

　　19世紀在西方史學史一般被視為史學的「黃金時代」，史學的研究在此一時期發展至前所未有的狀況；它取代了文學、神學的傳統地位，而與自然科學相頡頏。[118] 不論它表面派別的分歧，共同的治史信念則是歷史主義。更具體地說，在史學史上即為歷史學派的形成。

　　狹義地解釋，歷史學派僅指稱史學史有關歷史研究的一個派別。但廣義地說，又可包括經濟學、語言學、社會學、法律等等學科，凡在此一時期採用歷史的方法和觀念去探討它們題材的一切知識皆可包括在內。由此可以略窺19世紀史學的地位於一斑。但待其他學科羽毛豐滿、獨立自足以後，它們相率攻擊歷史的方法和觀念，以及藉之所得知識的缺點，這種情景尤見諸19世紀末

---

118 在西方上古時期，文學尤其是詩與物理科學代表了兩類不同的知識，中古以降，則成為神學與科學的對抗時期，然而到了19世紀中葉以後，由於神學的衰微與宗教的世俗化，加上史學發展愈形周密與聲勢奪人，無形中取代了神學，而與自然科學分庭抗禮。

至 20 世紀初，歷史學科受到自然科學、社會科學的衝擊。史家遭受如此重大的挑戰，迫不得已必須重新檢討既有的成果，而且對他們的理論根據——歷史主義，也作了一番新的反省。這個現象特別表現在狄爾泰、李凱爾特等對歷史知識自主地位的辯護，對他們而言，歷史是一門人文學，甚或自成一格 (sui generis)，而不隸屬於自然科學之下，此一傳統為克羅齊等 20 世紀歷史主義者所繼續維護著。

在另一方面，歷史主義藉以攻擊啓蒙史學的兩個基本觀念之一——「個體性」，至世紀之交卻演變成「歷史相對論」(historical relativism)，這是蘭克等歷史主義前輩所始料不及的。但在狄爾泰以後，卻成為歷史主義急待解決的問題。

「歷史相對論」的命題有二：首先，在知識方面，它主張僅有歷史行為者方能掌握歷史的意義。這個意義是針對行為者本身，在整個歷史發展的過程中，它具有獨特的地位，因此除了行為者以外，後來的史家不能或根本無法 (極端者的主張) 知曉事實的含義與真相。其次，論及價值方面，則主張每一件史事都有獨特的價值；這個價值是相對於歷史行為者的時代，他人是無法遽下判斷的，因此以任何不同價值規範去評估他時代的史事都是不合宜的。而史家於史事真實價值的了解，又由於歷史知識的不真確性，無法獲得保證。史家在尋找題目、選擇材料、綜合解釋的研究過程中，無時不滲入史家自身的情感、偏好、利害的因素，再加上時代的成見皆使史家有意識或無意識在作價值判斷，這種結果不過使史書反映了史家與其居處時代的偏見罷了，卻蒙蔽了實際的歷史事實。

「歷史相對論」是歷史主義推展到極致的結果，在蘭克等人的心目中，歷史主義是不證自明的真理，然而到了 20 世紀歷史主義

卻危機重重，必須加以百般的辯護。特勒爾奇、邁內克、克羅齊即是歷史主義三位偉大的維護者，他們想克服歷史主義所產生的難題。[119]

一、特勒爾奇

特勒爾奇早期的學術生涯，與韋伯私交甚篤。韋氏不僅是他的摯友，也算是他的老師；韋氏的《新教倫理與資本主義精神》（*The Protestant Ethic and the Spirit of Capitalism*）對特氏研究基督教在西方社會的地位與作用甚有啓示。1914年，他到柏林，則與邁內克成了學術上的夥伴，後者對特氏以後的歷史思想有極大影響。[120]除了韋伯、邁內克的影響之外，德國西南學派李凱爾特對於特氏於歷史與價值問題之思考的影響亦不容忽視。他與李凱爾特等人的差別，在於西南學派將歷史與價值劃分成兩個範疇，特氏卻將二者視而為一：價值唯有產生於歷史之中。而且李凱爾特等將歷史歸元於概念之中，但特氏與蘭克等卻承認歷史是活生生的、實

---

119 在20世紀歷史主義仍舊有甚大的勢力，其代表除了特勒爾奇等三位，另有柯林武德、加塞特（José Ortega y Gasset, 1883–1955）、曼海姆（Karl Mannheim, 1893–1947）、韋伯（Max Weber, 1864–1920）等，作者選擇前三者的理由是他們的成就與歷史主義的研究有密切關係，且在歷史主義的發展史具有舉足輕重的地位，而他們皆可列為職業史家。

120 休斯（H. S. Hughes, 1916–1999）甚為貶抑特勒爾奇的成就與創造力，他認為韋伯與邁內克啓發了特氏研究的方向，前二氏的作品遠比特氏為優。H. Stuart Hughes, *Consciousness and Society* (New York: Alfred A. Knopf, 1958), chap. 6. 但安東尼（Carlo Antoni, 1896–1959）對於三氏學術關係的敘述較為詳細，他並不否認韋氏與邁氏對特勒爾奇的影響，可是特氏還是有他自己特殊的貢獻。Carlo Antoni, *From History to Sociology*, chap. 2.

際的過程，而不是一堆觀念所堆砌成的，可任由史家隨意安排。
這種思想在特氏早年與晚年的著作中沒什麼變動。[121]

　　在宗教領域中，特勒爾奇被認為是德國最後一個知識分子，
仍然忠心於古老的神祇與基督秩序的生活與文化。從開始，他便
關心新教教會在世界的可能存在性。[122] 從比較宗教史的觀點言之，
特氏深切明白基督教並非人類文明過程中唯一的宗教；但以一個
神學家而言，特氏又不得不肯定基督教的真理。因此如何在諸多
異教教義的比較中，使基督教能出類拔萃，獲得絕對真理的把
握，是他宗教思想的主要課題。此外，近代文明對基督教信仰的
破壞，也是不容特氏忽略的項目。

　　在對宗教與史學雙重的探討中，特氏發現此二門知識是對立
的，甚至是衝突的。從歷史研究中，經由嚴格的批評，隱微的事
實仍然不易顯現確立，甚至於對諸多史實的爬梳亦僅能獲得事實
的梗概而已，加上近代學術的發展，諸如民俗誌、比較宗教學、
演化論、德國浪漫主義以及傳統《聖經》和教條的批判，更顯示單
一價值標準的危險。可是就宗教的立場，人類渴求內心的寧靜、
穩定與和諧是無法避免的，歷史事實卻呈現變動與多樣的形態；

121　Cf. Iggers, *The German Conception of History*, pp. 180–181.

122　Carle Antoni, *From History to Sociology*, pp. 41–42. 特勒爾奇認為日耳曼與西
　　方文明的差別，主要受不同宗教傳統的影響，前者接受路德教派
　　（Lutheranism），後者則接受加爾文教派（Calvinism）。路德教派由於對人
　　性本惡的認識，將政治權力視為神靈秩序的一部分，以為人天生即置於
　　社會的網位，必須接受政治權威的支使，對路德而言，力量是法律與正
　　義在這世俗罪惡世界的基礎，因此國家擁有它自身的倫理；而加爾文教
　　派則主張人自己必須尋找神聖的召喚，國家的行為必須以基督倫理與自
　　然法的判斷為依據。見Ernst Troeltsch, *Christian Thought: Its History and
　　Application*, trans. F. von Hügel (New York: Meridian Books, Living Age Books,
　　1957), pp. 185–186。

這是特氏認為歷史與宗教抵觸之處，也是他思索問題的起始點。[123]
緣此，特氏一生致力於調和歷史知識與宗教信仰之間的關係。

特勒爾奇認為歷史的本質是流動的、是不斷的發展，每一件
史事都有其獨特的意義，甚至整個時代亦具有特殊的風格，這一
點與蘭克並無差異。但是宗教、倫理的考慮因素致使如是的歷史
觀(歷史主義)陷入價值的相對論中。[124] 因此，歷史主義不僅是治
史的方法，同時亦是一世界觀(Weltanschaung)；這種世界觀將人
類的認知與經驗歷史化(historicization)了，而與理性主義有截然
的差異。在此觀點投射之下，任何事物皆置身於形成之流(river of
becoming)，如同毫無限制、連綿不斷的個體，卻又受制於過去與
不可知的未來，所以國家、法律、倫理、宗教、藝術都溶解於歷
史之流，變成歷史發展的一部分。[125]

歷史主義在純史學的範圍，的確是健康無礙，但由於特氏個
人對基督教的關心，頓使歷史主義推演的結果成為非倫理的
(amoral)，原因在於：既然歷史事實具有獨特性，而此一獨特性
乃從整個歷史發展觀察而來，其意義與價值必須和其產生的時代
相對應；是故欲超越歷史之流，取得普遍的真理，繩之萬世，誠
然值得懷疑。但以神學立場，特氏首要的問題便不得不證明並肯
定基督教的絕對性。

---

123 Ernst Troeltsch, *Christian Thought: Its History and Application*, pp. 37–40.

124 蘭德認為歷史主義本身並不導致歷史相對論，僅在歷史主義的概念涉及
宗教、倫理時方致如此。Calvin G. Rand, "Two Meanings of Historicism in
the Writings of Dilthey, Troeltsch, and Meinecke," *Journal of the History of Ideas*,
vol. 25 (1964): 517.

125 Quoted in Carlo Antoni, *From History of Sociology*, p. 75.

特氏晚年的講稿《歷史主義及其超越》(*Der Historismus und seine Überwindung*, 1924；英譯：*Christian Thought, Its History & Application*) 表明了如是的看法：懷疑主義與相對主義誠然為近代知識環境與歷史主義必然的結果，它們可經由倫理觀念，並藉歷史自生的理想力量予以克服。[126]特氏雖是宗教家，可是他不似某些學者以超越歷史的實體為價值標準，以克服歷史主義價值的虛無觀。對他而言，因為價值標準的創設、批評及綿延僅能得自現世生活的結構，如同自然科學對一切運動的測量必以觀測者的位置為基點，所以歷史的判斷必得自歷史之中，而受圍於固定的時空。[127]換句話說，特氏以為上帝的天國超越於歷史之上，即無法干涉或塑造人類的歷史，因此世俗的歷史才是個人行為最終的假設和基礎，人類的價值必定產生於人類的歷史之中，也就是世俗的生活之中。[128]

特氏的貢獻在於放棄超越的價值來解決歷史主義的難題，而尋求價值的標準與判斷於歷史之中——唯有從歷史的經驗和研究過程中，方能克服相對論所引起的困擾。[129]

---

126 Ernst Troeltsch, *Christian Thought Its History and Application*, p. 126.

127 Ibid., p. 93.

128 特氏以「良知的倫理」(morality of conscience) 與「文化的價值」(cultural values) 來節制歷史之流，前者是普遍的真理，為得自斯多葛—基督教 (Stoic–Christian) 的思想與世俗的自然法；後者則繫於歷史和發展之中，以歐洲文明而言，即為柏拉圖與新柏拉圖主義。見Ibid., pp. 105, 123–124。

129 對特勒爾奇解決歷史主義的批評可見Maurice Mandelbaum, *The Problem of Historical Knowledge* (New York: Liveright Publishing Corporation, 1938), pp. 162–165; Carlo Antoni, *From Sociology and History*, pp. 51–54。1922年特勒爾奇出版《歷史主義及其問題》，正式使用"Historismus"這個名詞來討論「歷史主義」核心的問題，引起許多學者的注意與關心，亦是特氏的貢獻之一。

二、邁內克

邁內克是德國正統派史學家，他是普魯士學派（Prussian school）德羅伊森（Johann Gustav Droysen, 1808–1884）、特萊契克（Heinrich von Treitschke, 1834–1896）、西貝爾的得意門生。[130] 比起特勒爾奇，他的歷史思想更能代表德國正統史學對歷史主義的態度。

以學術淵源而言，他一邊能接受蘭克以下，尤其是普魯士學派的政治史觀；一邊又能融合、批評地接受蘭布雷希特的文化史觀，這對於他日後「政治理念史」的研究有甚大助益。[131] 在實質的精神與風格方面，他繼承了洪堡、蘭克一脈的傳統，而與黑格爾的辯證哲學較為疏遠。有關歷史主義的解決，又頗受狄爾泰思想推演的影響。

歷史主義就邁氏看來，是西方文明的知識革命。當時歷史主義是歐洲相當普遍的情緒運動，但至日耳曼的思想家方才集大成，凝結為深邃的思想質素。這種革命臻至日耳曼的歌德等，達於巔峰狀態，是故歷史主義的成就可以與宗教改革媲美。它的本質在於以個體化的觀察過程來替代概化的思考，以便從事歷史事實的考察，但這並不意味歷史方法排斥人類生活中有關通則與類

---

130 普魯士學派的史家，強調德意志民族性，以歷史研究來鼓吹德意志的統一與榮耀霍亨索倫王朝（the Hohenzollerns），因此他們的治史範圍皆偏於政治史、軍事史方面。見 G. P. Gooch, *History and Historians in the Nineteenth Century*, Chap. VIII。

131 邁內克的「理念史」（history of ideas）和一般思想史的含義不太一樣，邁氏的「理念史」只選擇代表性的思想人物來討論他們思想的內容與發展過程，而不甚注意外在環境的因素（例如經濟、社會等），此點頗為學者所非議。

型的尋求。[132]以此度之，歷史主義不僅是一種治史的方法，同時亦是人類對其所處世界新看法、新解釋的人生觀。

第一次世界大戰後，邁氏頗受戰禍的刺激，令他覺察到德國知識界的危機——一種對權力無限度的信心與對前途童驗性的樂觀，這使他注意到權力與倫理的關係。在戰前的著作《世界主義與民族國家》(*Cosmopolitanism and the National State*, 1907) 中，邁氏透露了他對權力、國家偏高的估計，在日耳曼系統的史家與歷史主義者中，這種視「國家為精神的實體」觀念，是相當普遍的。[133]邁氏認為「民族國家」「個體」與「發展」的觀念不僅對倫理–政治運作的發現是必需的，同時可豐富史家對歷史和生活的了解。邁氏試圖證明日耳曼民族從「文化民族」轉化成「政治民族」的過程中，不得不放棄世界的理想以求得國家統一的緣由。[134]在邁氏的眼中，權力並無所謂善與惡，其所以為惡在於持有者的濫用；而國家亦不單是受權力本能的宰制，且必須受倫理原則的約制，因此最理想的情況是權力與倫理、理性與非理性的和諧。[135]但此種想法隨著戰爭的進行而趨於幻滅。

戰後他逐漸體認到「權力」的邪惡性質，雖然他沒有像布克哈特、阿克頓那樣譴責權力的壞處，但他已經感覺到「權力」本身的可非議性了。在《世界主義與民族國家》一書中，他呈現一片樂觀的企望。但在1924年的《國家的理性》(*Machiavellism, The Doctrine of Raison d'État*)，這種心情卻為嚴肅、懷疑的態度所替代。他提出「權力」與「倫理」之間的緊張 (tension)，然而並未得到滿意的答

---

132 Friedrich Meinecke, *Historism*, p. LV.

133 Cf. Georg G. Iggers, "The Decline of the Classical Tradition of German Historiography," *History and Theory*, vol. 6. (1967): 382–412.

134 Carlo Antoni, *From History to Sociology*, pp. 94, 97.

135 Ibid., p. 106; and Georg G. Iggers, *German Conception of History*, pp. 206–207.

案。國家與權力不只是文化價值的一部分，並且是文化的破壞者。「權力」與「倫理」不似黑格爾所想像是一體，相反地，卻是各為一物。因此邁氏不若他的前輩，而為權力－倫理二元論者。但邁氏以「國家理性」(the reason of state) 來緩和與綜合它們之間的衝突，他深信理性不失為政治行為的基本原則，國家必須依之以維持並擴張其本身。「國家理性」並非得自抽象的政治理論，卻是觀察自具體、實際的歷史過程；「國家理性」又與「強權政治」(power politics) 不同，於其中精神與倫理是不可或缺的重要成分。政治家必須去察覺在不同情況下，「倫理」與「權力」的均衡，主動去調整它們之間的聯繫。[136]

總之，邁氏致力於探討倫理和權力的衝突，但從歷史的觀點，邁氏研究的歷程又可顯示出日耳曼史學的轉變與其所遭遇的困難。赫爾德一輩的史家，因受啓蒙思想的影響，將文化的價值置於政治價值之上，普遍主義在他們的思想中仍然存有相當的比重。但是蘭克以下，這種情形倒轉了過來──強調民族國家的重要性，將國家視為最高階層的價值標準，又因為觀念論的影響，他們將歷史視為一有意義的過程 (a meaningful process)，同時預設歷史的背後有一超越的理念作用者 (例如：赫爾德、蘭克的「上帝」，黑格爾的「理性」)；[137] 另一方面，他們關心的對象限於以國家為一特殊的個體，以觀察其間的衝突，無怪乎他們視外交重於內政，而政治、軍事又超於一切文化活動之上。19世紀民族主義的運動，使民族國家本身成為民族活動至高的價值與目標，是故日耳曼史家將日耳曼民族的統一與利益視為一切行為抉擇的前提，

---

136 Georg G. Iggers, *German Conception of History*, pp. 207–208.

137 Cf. Georg G. Iggers, "The Idea of Progress: A Critical Reassessment," *The American Historical Review*, vol. LXXI (1965): 6.

此種結果固然團結並加速了民族國家的實現；從另一角度視之，
由於日耳曼史家放棄普遍式、世界式的思考範疇，而囿於民族式
的關心，不免狹隘了日耳曼史家產生的歷史意識，失去原本在歐
洲史學界的領導地位與向心力。[138]

　　邁內克為德國自由主義分子，在納粹當權時，飽受壓迫，在
國內他無法作實質上的反抗，遂潛心於研究日耳曼的歷史，尋求
日耳曼文化的精神精粹，1936年的《歷史主義的形成》代表他努力
的成果。他主張德國應當恢復歌德時代的精神，這是日耳曼的根
本精神與創造的源泉。在戰後對德國戰禍的反省《德國的巨殃》
（*The German Catastrophe*）一書中，邁氏表示德國文化的前途與復興
在於恢復基督教與歌德時代。這是他對納粹所從事的一種思想
上、精神上的抗議。值得注意的是，邁氏在此一時期，已經從政
治史觀轉化為文化史觀，這種轉變在他對蘭克與布克哈特觀點的
改變上尤為顯著。

　　一般而言，在德國史學界，蘭克側重政治史，象徵日耳曼史
學成就的最高典範；布克哈特則為文化史的代表。就整個德國史

138　Cf. Gerhard Masur, "Friedrich Meinecke: Historian of a World in Crisis," in *The
　　　Origins of Modern Consciousness*, ed. J. H. Weiss (Detroit: Wayne State University
　　　Press, 1965), p. 133. 這種情形至1870年以後，更是每下愈況，因為德國
　　　史學的發展過程與日耳曼民族國家的形成是並行的，不只息息相關，而
　　　且互相提攜，德國史學是日耳曼民族國家運動精神的支持者、推動者，
　　　但一俟德意志帝國建立（1870）起來以後，德國史學頓然失去它繼續發
　　　展下去的理想與現實的指標；因此在19世紀末葉，德國正統派史學便
　　　流於枝葉細節的繁瑣考證，而與歷史的現實脫節。加上德國觀念論的歷
　　　史解釋，更加深德國史家對19、20世紀歷史事實特質的誤解，令德國
　　　文化逐漸脫離西方文化的陣營而自成一格。Cf. Johann Albrecht von
　　　Rantzan, "The Glorification of the State in German Historical Writing," in
　　　German History Some New German Views, pp. 157–174. 並參見徐先堯，〈德
　　　國邁乃克教授的歷史學〉，《大陸雜誌》第15卷，第9、10期。

學來說，布氏的史學並不能造成時代風格的轉變，所以是一孤立的點。邁氏早期浸淫於蘭氏的史學中，對蘭氏推崇備至，雖為顯然之理，但在邁內克知識的成熟過程中，他覺識到單純地信賴蘭氏樂觀的政治史觀，實不如布氏悲觀、預言式的文化史觀來得妥當。邁氏對蘭克及布克哈特的指責與讚揚比重的轉變，是隨著時代而變遷的，尤其是因德國政治情勢和經濟社會的演變而有所差異。[139] 此種因素使邁氏傾向於布克哈特的精神和論點。在一篇講詞〈蘭克與布克哈特〉（Ranke and Burckhardt, 1948）中，他指出德國史學的前途繫於蘭氏與布氏精神的融合，在於適當地、深刻地解決歷史和生活中「權力與文化」「物質與精神」的關聯。[140] 這是他對此二者最後的看法。

此外，邁氏同特勒爾奇一樣受李凱爾特價值哲學的啟示而作抉擇性地改正。他與特氏同樣將價值分為等級：較低的、動物性的價值得自機械、生物性的因果關係，而只有精神、文化的價值方是史家最高企求的目標。[141] 價值本身與因果關係是互相關聯的，沒有價值即沒有因果關係，反之亦然。缺乏價值的要求，則因果關係無論如何嚴謹，亦將流於無生命的工作，但價值若不建基於複雜的因果之上，亦失之空泛武斷。[142]

邁氏認為自然科學的研究過程，固然為了求真可以放棄價值考慮，但是文化科學無法如是。[143] 因為精神的領域和文化的價值

---

139 參見徐先堯，〈邁乃克對於蘭克和布克哈特的觀點的轉變〉，《大陸雜誌》第 28 卷，第 9 期，頁 24。

140 Friedrich Meinecke, "Ranke and Burckhardt," in *German History: Some New German Views*, p. 156.

141 Friedrich Meinecke, "Values and Causalities in History," in *The Varieties of History*, pp. 268, 278.

142 Ibid., pp. 276–277.

143 Ibid., p. 274.

皆是獨特的、個體的與不可替代的，究其由，精神力量是對機
械、生物因果序列的突破。即保存事物的個體性，必須感覺事物
自身的價值，不能僅將它視為因果關係的一個連鎖而已。[144]

因此對人性及超越個人人文結構的深層了解，為這代歷史
主義經由觀念論與浪漫主義醞釀的結果。這種主張糾正演化式
的思維，因為演化式的思維經常被誤解為歷史主義的主要判準
(criterion)：事實上，演化觀點是生物性的、非歷史性的演化，而
歷史主義必須牽涉價值，致使事物成為獨特、個體性的。這種事
物的個體性質，換句話説，可包含於更高一層的個體(例如個人
對國家)，然後在世界史的結構裡，得到最高的體認。[145]因此，邁
氏與特勒爾奇之不同，在於特氏將歷史主義提升至玄學的層次討
論，而其賴以支持的信念乃得自於宗教的信仰；而邁氏則主張歷
史問題的解決，僅能得自於歷史知識的研究。

三、克羅齊

與邁內克相比，克羅齊的思想淵源是十分不同的；他的歷史
思想可以追溯到對維柯、黑格爾的研究。在歷史主義的立場，他
是接近此二者，而拒斥蘭克一脈的承系。

在世紀之交，日耳曼學術界於歷史究竟是一門人文學或者是
科學(自然科學之類)之爭，頗吸引當時才智之士的注意，克羅齊
雖為意籍人士卻不例外。終其一生，克氏皆致力於抵抗科學對歷
史的侵襲，但其思維的過程頗為曲折。早期，他認為科學是群體
的知識，它的工作在於建構普遍的概念，以尋找其中的關聯；但

---

144 Ibid., p. 280.
145 Ibid., pp. 280–281.

藝術卻是對個體性直覺的洞察。藝術並非為人所想像是情緒的活動，卻是認知的行為，它是個體的知識；就因為歷史關心的亦是具體個別的事實，因此歷史是藝術，而非科學的。[146]

克氏認為歷史唯一的目的在於事實的描述，所謂尋找歷史的因果關係，即是更詳密地研究歷史的事實，同時認識它們之間特殊的關係。稱歷史是「描述的科學」(descriptive science)，沒有什麼意義，因為「描述」就使歷史不成為一門科學。所以歷史和藝術是同一回事，它們皆是對個體的直覺與呈現。[147]可是我們不難發現克氏理論的缺陷，假使歷史是藝術的話，則歷史亦僅存於「可能的世界」(possible world)，而非實際已經發生的事實。因此導致克氏幾度修正自己的理論。在此不宜過分討論其中的過程，目前所關心的僅是此種思想結果與歷史主義的關係。[148]

他與德國此一時期的學者在立場上相當不同，文德爾班 (Wilhelm Windelband, 1848–1915)、李凱爾特仍然稱歷史為一門科學，可是卻沒有回答為何一門關於個體的科學是可能的；但克羅齊理論的發展，始終保持一項原則：歷史與科學是兩回事。克氏在排拒科學自然主義時，逐漸將歷史與哲學結合在一起，此種結果使他成為20世紀最哲學化的歷史主義者。此外，他又以論證的清晰凌駕於邁內克和特勒爾奇之上，成為當代歷史主義最周密、最有力的代言者。

克氏理論顯著的特徵在於將哲學歷史化了。他很奇怪許久以來，歷史知識被認為是知識中最低微的形式，而哲學卻高居知識

---

146 R. G. Collingwood, *The Idea of History*, pp. 191–192.

147 Ibid., p. 192.

148 克氏理論的演變可見 *The Idea of History*, pp. 190–204; and Hughes, *Consciousness and Society*, pp. 200–209。

的王座。[149] 依照傳統式的解釋，哲學一向強調其形而上的特色，可是一旦此種超越哲學 (transcendental philosophy) 屈服於歷史的批評，即成為歷史事實的一部分，則哲學所反映的，也不過是起於生活的問題。以此度之，哲學的觀念、理論皆是歷史的一部分。[150]

哲學甚而被克氏界定為「歷史的方法論」(philosophy as methodology of history or methodological moment of historiography)，[151] 為歷史判斷 (historical judgements) 的範疇，為指導歷史解釋的觀念。史學在此關係之下，包容了精神的具體生活，此種生活是想像與思考的，是行動與倫理的，哲學的命題產生於歷史的生活之中，其要務在於解答這些問題。這是將哲學知識整個視為歷史組成的一部分，因此黑格爾以來哲學的優先性被解消了。

從知識形成的觀點出發，克氏說歷史知識是歷史的判斷，而任一判斷皆是歷史的判斷。[152] 此中判斷是「主詞」(subject) 和「述詞」(predicate) 的一種關聯，其中「主詞」即是歷史的事實，是形成的事實，是個體的；而「述詞」即是普遍的概念，是哲學的，因此「主詞」與「述詞」構成的判斷既是普遍的，又是個體的，如此僅有

---

149 Benedetto Croce, *History as the Story of Liberty*, p. 33.

150 克羅齊將歷史與哲學互相等同，或更確切地說，哲學是「歷史方法論的一面」，克氏的含義是：哲學史即是人類精神自我意識的歷史。每一次自我覺識都代表問題與解決問題的「綜合」，即某種特殊哲學的表現；因此如果哲學家關懷某一賦予的哲學，意即他關懷某一特定時空的「綜合」，這種「綜合」象徵了普遍精神的具體化（克羅齊曾說「普遍性」僅能由具體的事物領會），所以哲學即是普遍精神在歷史情境中的特殊覺識，而無所謂有一絕對真理的哲學。可見哲學與歷史是經由形成的媒介結合一起。Robert A. Pois, "Croce and Meinecke on Historicism," *Journal of the History of Ideas*, vol. 31 (1970): 256.

151 Benedetto Croce, *History: Its Theory and Practice*, pp. 151, 153.

152 Benedetto Croce, *History as the Story of Liberty*, p. 30.

的一種判斷即是歷史的判斷，因此可將歷史與哲學結合在一起。換言之，所有事實皆是歷史，所有知識皆是歷史知識，哲學僅是歷史知識組成的元素而已。此種說法發揮到極致，科學知識亦只是歷史的一部分而已。

克氏對歷史知識的思考，非常重視歷史知識與生活的相關性，歷史不同於年表（chronicle），年表是死的歷史知識，歷史是活的年表，二者的區別並非決定於形式的差異，卻是精神態度的不同。也就是說，歷史皆是當代史，而年表卻是過去的歷史。歷史知識主要是思想的行為，是過去史實在人類心靈的再經驗、再體會，只要歷史失去如此的思想，即淪為年表。[153] 因此可以得知，克氏所謂的歷史、年表之區別，決定於閱讀史實的當事者，而非作品的形式內容。

克氏會有如此的想法，導源於他對基本歷史知識形成的認識，即「歷史知識的建構理論」（Construction theory of history）。[154] 他分析歷史知識的形成必須建基於史料與對史料的批評和解釋，可是史料本身並不等於實際的歷史，其內容在質與量上都很難與實際的史實作一忠實的對應，加上過去的史實已無法重現，導致歷史知識無法以實際的事實為驗證的根據，因此懷疑主義者可以輕易地攻擊歷史知識的可靠性與正確性。克氏為了避免此一抨擊，提出歷史知識的目的與功能在求解答生活的問題，在求史家

153　Benedetto Croce, *History: Its Theory and Practice*, p. 19.

154　這個名詞借自Jack W. Meiland, *Scepticism and Historical Knowledge* (New York, 1965), p. 38。邁蘭德（Jack W. Meiland, 1934–1998）對克羅齊理論的解釋，與作者對比爾德、貝克爾歷史相對論的解釋是一致的。參閱 *Scepticism and Historical Knowledge*, pp. 13–38與黃進興〈歷史相對論的回顧與檢討：從比爾德（Beard）和貝克（Becker）談起〉，《食貨月刊》復刊，第5卷，第2期（1975）：63–67。

自身利益、精神的需要；所以文獻資料只不過供給史家心靈的再解釋、再經驗，以為他們解決自己的問題。因此歷史知識並非與史實作某種對應，而是史家內心的重構，以解決史家的需要。這就是所謂「歷史知識的建構理論」。[155]

因此，他不僅批評蘭克與布克哈特對哲學了解的膚淺，同時指責他們的史學為缺乏歷史問題的史學。[156]他尤其不滿蘭克式的普遍史，是源於「物自體」(thing in itself) 的謬誤。真正的「世界史」(universal histories) 是包括了許多的「特別史」(particular histories)，它們之產生源於某種利益的考慮，欲解決某種問題，而非「讓史實為它們自己發言」(let things speak for themselves)。[157]

歷史主義對克氏而言，在於確言生活與實體 (life and reality)即是歷史，而且僅是歷史而已。歷史主義反對實體可以劃分為「超歷史」(super-history) 和「歷史」(history)；或觀念與價值的世界與反映它們的較低級的世界之間的區分。[158]歷史主義主張具體而真正的知識皆是歷史的知識，因為有關一件事物的知識、限制或判斷與它發生的知識不可分離；認知或判斷一件事情，即是去思考它的存在、產生與發展的生活過程。[159]

對邁內克而言，歷史主義的要旨在於承認人類生活的非理性成分，同時把握此中的個體性，並且不忽視連接個體之間的類型與普遍的關聯。這種個體的信念克氏以為得自宗教信仰與宗教神

---

155 Benedetto Croce, *History: Its Theory and Practice*, pp. 12–15; *History as the Story of Liberty*, pp. 103–109.

156 Benedetto Croce, *History as the Story of Liberty*, pp. 80–103.

157 克羅齊如此的史學思想經比爾德、貝克爾的介紹在美國新大陸盛行一時。

158 Benedetto Croce, *History as the Story of Liberty*, p. 63.

159 Ibid., p. 143.

秘的背景。但是真正的歷史主義，必須以更深邃的理性來克服與
批判啓蒙抽象的理性主義；不似啓蒙式的理性主義排斥非理性的
事物，相反地，歷史主義接受非理性的事物，更進一步在它自己
行為的架構中去了解這些非理性的事物，使後者獲得理性的照
耀，以界定後者被誤解或一知半解的特殊形式。[160]

　　對啓蒙思想的看法，邁內克與克羅齊並不完全相似，二者同
樣承認歷史主義發端的緣由在於對啓蒙理性的不滿，但克氏更強
調啓蒙思想對歷史主義的正面影響。例如克氏確言歷史主義是啓
蒙思想的承繼者，具體的例子譬如：歷史主義與啓蒙思想在積極
與實際的生活裡皆傾向於自由的追求，所不同的，後者是抽象分
離的，而前者卻是植根於具體、連貫的社會和歷史生活中。[161]此
外對歷史主義的淵源、師承、強調重點、解決的方法二者皆有相
當的歧見。[162]而克氏又認為特勒爾奇想以道德良心來克服歷史主
義不道德或非道德是不必要的，因為道德良心是歷史主義的基
礎。[163]歷史主義是真正的人文主義（humanism），也就是人文主義
所蘊涵真正的真理。[164]

　　總評克羅齊的歷史理論，與其說他解決了歷史主義的問題，
不如說他闡揚了歷史相對論，而且將之發展至極致。克氏的名言
「任何真正的歷史皆是當代史」[165]成了歷史相對論者的口頭禪。如
果歷史知識僅是史家為了私人或時代的需求，去建構它們，則歷
史知識與宣傳文件的功能相差無幾；一旦歷史知識放棄了「對應

160　Ibid., p. 64.

161　Ibid., p. 77.

162　Ibid.

163　Ibid., pp. 79–80.

164　Ibid., pp. 312–317.

165　Ibid., p. 52.

理論」(correspondence theory，歷史知識與實際史實有某種對應或相關)，則歷史知識的主觀性受到強調，而客觀歷史知識已不復可求，這是克氏理論最為人詬病之處。

克羅齊、邁內克與特勒爾奇是代表了20世紀歷史主義的三位大師，他們的背景、師承、治學重心與風格雖異，但他們對歷史主義的維護與努力則一。可是更洶湧的浪潮實來自反歷史主義(anti-historicism)的抨擊，這象徵了歷史主義的沒落與另一時代的來臨。

四、結 論

在20世紀，歷史主義並不能如上一世紀構成整個史學思潮的主流，其原因是多方面的。18世紀末葉，歷史主義的前驅者由於對啟蒙史學不滿，起而提倡、建構新的歷史思想與方法；維柯和赫爾德代表了此一運動的先鋒，繼而黑格爾大為宣揚其玄學式的歷史主義；蘭克承繼前人的耕耘與醞釀，終於能承先啟後，將歷史主義的理論與實踐結合一起，成為歷史主義的集大成者，他的成就和影響象徵了歷史主義發展的巔峰；布克哈特、狄爾泰敏銳的思慮透露了歷史主義的危機與不安；而在20世紀裡有特勒爾奇、邁內克、克羅齊三位學者試圖克服歷史主義在價值與知識推演上的矛盾，以解決歷史主義的困境。但此究竟屬於歷史主義者自身的修正而已；更巨大的衝擊實來自世紀之交，社會科學突飛猛進的結果。社會科學要求的是建立類型、尋找通則，與歷史主義的強調點恰恰相反。他們對於歷史主義的抨擊有雙重不同的含義：一是對歷史知識的不滿，社會科學家認為歷史方法不能滿足更有效率、更精確的知識要求。這種指控可以涵蓋所有歷史知識

方法論的基設——「起源的解釋」(genetic explanation)，[166]或者僅指涉歷史主義者所提倡的「同情的了解」的方法。社會科學家為了獲得嚴謹與信實的研究成果，通常希望做到「通則式的解釋」，以確保他們研究的客觀性；所以歷史主義「同情的了解」的方法，於他們而言，未免失之一廂情願、過分主觀的弊病。而歷史主義者偏重事實的發展與獨特性的發現，與社會科學家強調事物之間的共通性，以建立描述事物之間的法則，在基本出發點上格格不入，致使後者大力抨擊歷史主義。

　　另一個反歷史主義的浪潮來自歷史理論的發展，克羅齊等的理論只是修正與克服歷史主義的難題，仍然跳不出歷史主義的窠臼，但有些學者是徹底反對歷史主義。1938年曼德爾鮑姆的《歷史知識的問題》(*The Problem of Historical Knowledge*)是第一本有系統地駁斥歷史主義的論著，曼氏指出歷史主義最大的謬誤在於將知識與產生知識的過程相互混淆一起；[167]此外，洛維特在他的《歷史的意義》(*Meaning in History*)中，指陳歷史自身即是一客觀、動態的事實，其自身並無任何意義，如果要說歷史具有意義的話，則指涉的是事實背後超越的目的；[168]此外，某些學者以重申自然法來對抗歷史主義，例如施特勞斯(Leo Strauss, 1899–1973)等。[169]

---

166 「起源的解釋」，是以時間序列前後為事件因果關係的解釋，僅可以用時間居前的事件來解釋時間居後的相關事件，反之則否。

167 Maurice Mandelbaum, *The Problem of Historical Knowledge*.

168 Karl Löwith, *Meaning in History*, p. 5.

169 Georg G. Iggers, *German Conception of History*, pp. 248–252. 又波普爾、海耶克等對歷史主義的用法與本文不一致，但他們對波普爾–海耶克式「歷史主義」的攻擊，亦有甚大的影響。

　　除上述之外，20世紀的歷史經驗亦驅使職業史家起來反對歷史主義的理論，尤以第二次世界大戰後為然。巴勒克拉夫、[170]比特‧格爾（Pieter Geyl, 1887–1966）[171]與年輕一輩亞瑟‧馬威克（Arthur Marwick, 1936–2006）[172]等，皆以20世紀的歷史事實來反駁歷史的連續性，對他們而言，20世紀毋寧為「不連續的時代」（age of discontinuity）較為恰當。二次大戰的巨變，經濟大恐慌，工業、經濟、社會、政治瞬息變化萬端，皆難以令他們相信20世紀的社會僅是前一世紀的延伸而已。這種以史實來駁斥歷史主義的理論，大部分發自史家自身的研究與檢討。

　　歷史主義在19世紀鼎盛的時期，曾經被視為經驗知識認知的唯一途徑，在那個時代裡歷史知識是萬能的，但曾幾何時，史學卻成為危機時代的象徵，其地位真是一落千丈，無以復加。[173]歷史主義受了上述不同思潮的衝擊之後，雖然在德、[174]意，[175]或其他地方，[176]仍然具有相當的影響力，但反歷史主義（anti-historicism）似乎是第二次世界大戰以後更醒目的史學思想。歷史主義從萌芽至成熟，而凋零，歷經一個多世紀的演變，今天在戰後數十年，學者

---

170 Geoffrey Barraclough, *History in a Changing World*.

171 Pieter Geyl, *Debates with Historians* (New York: Meridian Books, 1958).

172 Arthur Marwick, *The Nature of History* (Bristol: Pan Macmillan, 1970).

173 Cf. Morton G. White, "The Attack on the Historical Method," *The Journal of Philosophy*, vol. 42, no. 12 (June 1945): 314–331.

174 Hans Mommsen, "Historical Scholarship in Transition: The Situation in the Federal Republic of German," *Dædlus: Journal of the American Academy of Arts and Sciences,* vol. 100, no. 2 (Spring, 1971), pp. 485–508.

175 Marino Bereno, "Italian Historical Scholarship since the Fascist Era," *Dædlus: Journal of the Academy of Arts and Sciences* (1970): 469–484.

176 A. D. Momigliano, *Studies in Historiography* (New York: Harper & Row, 1966), pp. 221–238.

激盪的情緒已逐漸平息，應該可以用比較客觀的態度，來評估歷史主義在歷史上的功過得失；然而本文的目的僅限於敘述歷史主義的內容與形成的過程，對於更深層的討論，有待進一步的學習與努力。

後 記

這篇論文的完成必須謝謝許多師長與同學的幫助，在寫作的過程中，無論是精神或實質裡他們都給予作者最大的鼓勵與援助；因此這篇論文在增進作者對知識的了解上雖然極為有限，但於人生的旅程上，卻是一個充滿溫情的里程碑。

首先，我要謝謝杜維運老師在大二鼓勵作者從事這方面的摸索與探討；此外，必須謝謝王曾才老師、蔡石山老師、孫同勳老師、徐先堯老師、蔣孝瑀老師等熱心提供了不少珍貴的意見和必要的資料；另外，包斯教授（Professor Baus）、李瑞教授（Professor Leary）、劉元珠、徐雲鵬學長，樓一寧、田肇毅、林筱莉同學，遠從英國、德國、美國替作者複印寶貴的資料，康樂、謝玉琦同學從東海大學蒐集必要的參考論文，於此一併略表作者對他們深深的謝意；徐澄琪同學謄稿、訂正的繁瑣工作與包斯教授對德文的協助，亦是作者不能忘記的。還有我的父母在經濟上的幫助，使作者能購買必要的書籍，以及石守謙、劉錚雲同學的鼓勵，同樣給作者莫大的勇氣，去進行這項困難的嘗試。

最後，我要特別謝謝我的指導老師，陶晉生教授；感謝他在作者求學過程中所給予的教導與勉勵，沒有他的幫助、指導和批評，這篇論文是無法完成的。

1975年5月25日

第二部

歷史的轉向

歷史的轉向 ——
20世紀晚期人文科學歷史意識的再興[*]

　　宣揚歷史的重要性，對原本就浸潤於歷史意識的族群，[1]不免有著多此一舉的感覺；尤其出自一位史學工作者的口中，更是有「老王賣瓜，自賣自誇」的嫌疑。可是拙文所要析論的「歷史的轉向」（The Historical Turn），乃係攸關西方現代學術史甫進行中的轉折，其深刻的意涵或許對中國學術的發展，亦將有所啓示。

　　依字面的意思，「歷史的轉向」不外重新認領歷史知識的價值或歷史探討的重要性。令人詫異的是，西方19世紀方號稱係「歷史的時代」（Age of History）或「歷史主義的時代」（Age of Historicism），克萊歐這位歷史女神才以學術盟主之姿，睥睨天下，甚至被冠以

[*]　拙稿係台灣師範大學主辦「全球視野下的歷史思維教學與研究」歷史教育國際學術研討會（2015年5月22–23日）之專題演講。北京大學人文社會科學研究院專題演講（2016年9月14日）增訂稿。

[1]　中國與西方向來被視為兩個最具歷史意識的文明，彼此的交流，史不絕書，但卻各自發展了別有特色的史學。Herbert Butterfield, *Origins of History* (New York: Basic Books, 1981), pp. 138–139. 另可參閱杜維運師，《中西古代史學比較》（台北：東大圖書公司，1988），第1章，頁2。

「學問女王」的榮銜；蓋自啓蒙運動之後，歷史的原則和歷史的思考，取代了宗教和哲學在傳統思想的位置，主導了學術的發展。[2] 反觀19世紀的其他社會科學，尚在孕育當中、嗷嗷待哺。試舉史學大宗師蘭克的英國代言人阿克頓為例，他在晚年仍滿懷自信地宣稱：

> 歷史不僅是一門特殊的學問，並且是其他學問的一種獨特的求知模式與方法。[3]

又説：

> 每一門學科必須有自己的方法，除此之外，它們必須擁有一種可以應用到它們全部而且又相同的方法：歷史的方法。[4]

阿氏的觀點乃是歷史學派回應新興社會科學共通的説辭，例如，蘭克學派在法國的追隨者——瑟諾博司（Charles Seignobos, 1854–1942）也適時刊行了《應用於社會科學的歷史方法》（*La Méthode historique Appliquée aux sciences sociales*, 1901），強力推銷社會科學應採用歷史方法，而致「方法論帝國主義」（methodological imperialism）之譏。[5]

---

2 攸關「歷史主義」的中文介紹，或可參閱拙作〈歷史主義：一個史學傳統及其觀念的形成〉，收入黃進興，《歷史主義與歷史理論》（台北：允晨文化公司，1992；西安：陝西師範大學出版社，2002），允晨版在頁11–116，陝師大版在頁3–82。亦收入在本書第一部「歷史主義」。

3 Lord Acton, *Essays in Religion, Politics, and Morality: Selected Writings of Lord Acton*, ed. J. Rufus Fears (Indianapolis, Ind.: Liberty Fund, 1988), vol. III, p. 621.

4 Quoted by Herbert Butterfield, in his *Man on His Past: The Study of the History of Historical Scholarship* (Cambridge: Cambridge University Press, 1955), p. 1, n. 1.

5 Pim Den Boer, *History as a Profession: The Study of History in France, 1818–1914*, trans. Arnold J. Pomerans (Princeton: Princeton University Press, 1998), pp. 298–299.

　　顯然對阿氏和瑟氏而言，歷史的思考遠溢於具體的歷史知識。他們的說辭復傳達了下列兩項信息：其一，在世紀之交，史學仍擁有不可忽視的分量。但更重要的弦外之音，卻是道出新興社會科學業已羽毛豐滿，足以振翅長飛。要知19世紀，醞釀中的人文科學皆有所謂的「歷史學派」(historical schools)，例如法律學、經濟學等等，無一例外。但阿氏言說的時間點，適是其他學科趨於圓熟自信、紛紛開展出本門學科的研究取徑，而亟與傳統史學作出區隔的前夕。[6]

　　約略其時 (1880s–1890s)，西方學術界方剛爆發著名的「方法論戰」(Methodenstreit)。若取史學當作思考的主軸，對內則是蘭布雷希特和蘭克史學的對決，前者標榜文化史，以寬廣的研究取向、結盟其他學科，對抗專注政治史、制度史的蘭克學派；[7]對外，則是新興的經濟學與歷史學派的競逐。代表歷史學派的施穆勒於忍無可忍之際，猛烈反擊古典經濟學派門格爾百般的挑釁。雙方纏鬥多時，牽連甚廣，直迄20世紀韋伯的時代，方告落幕；[8]然而該時的激辯卻已敲響歷史學派頹勢的警鐘。

　　值此風雲變化的分水嶺，阿克頓雖力圖重振史學的餘威，但趨勢顯然對新興的「社會學」(sociology) 有利。[9]而蘭布雷希特又另

6　Lord Acton, *Essays in Religion, Politics, and Morality: Selected Writings of Lord Acton*, pp. 626–627.

7　Karl J. Weintraub, *Visions of Culture* (Chicago and London: University of Chicago Press, 1966), chap. 4.

8　Frederick C. Beiser, *The German Historicist Tradition* (Oxford: Oxford University Press, 2011), pp. 521–528. 起初，新崛起的奧地利經濟學派 (Austrian school) 的門格爾大肆貶抑「歷史方法」於解決經濟問題的有效性，他推崇「公理演繹的進路」(axiomatic-deductive approach)，強調「理論」的重要性；反之，代表歷史學派的施穆勒亟欲維護「歷史方法」的價值，重視經驗的歸納性。

9　Lord Acton, *Essays in Religion, Politics, and Morality: Selected Writings of Lord Acton*, pp. 626–627.

外主張「心理學必須是所有科學史學的基礎」。[10]這點，連蘭克學派的欽茲 (Otto Hintze, 1861–1940) 都咸表認同。[11]他發現晚近新開發的經濟史、社會史皆非系出同門 (傳統的史學)，而是來自新興的經濟學。[12]迄此，連蘭克學派的集大成者伯倫漢 (Ernst Bernheim, 1850–1942)，於其史學方法論巨著的晚期修訂版，都不得不引進社會學的研究方法，並且承認史學是社會科學的一種。[13]時風易勢，由此可以窺見。[14]尤其邁入20世紀初期，史學恍若一部中國近代史的縮影，節節敗退、割地賠款。反觀社會科學不僅取得獨立自主的地位，並且群起圍攻史學固有的疆域，道是烽火四起亦毫不為過。

　　首先揭竿而起的，便是美國以魯濱遜 (James Harvey Robinson, 1863–1936) 為首的「新史學」(The New History)。[15]他亟倡導史學

10　Quoted in Donald R. Kelley, *Fortunes of History: Historical Inquiry from Herder to Huizinga* (New Haven and London: Yale University Press, 2003), p. 309.

11　Felix Gilbert ed., *The Historical Essays of Otto Hintze* (New York: Oxford University Press, 1975), p. 397.

12　Ibid., p. 377.

13　伯倫漢的《史學方法論與歷史哲學》(*Lehrbuch der historischen Methode und der Geschichtsphilosophie*) 初版於1889年，一直到1908年止，曾陸續出版過多次的修改與增訂版。Hans Schleier, "Ranke in the Manuals on Historical Methods of Droysen, Lorenz, and Bernheim," in Georg G. Iggers and James M. Powell eds., *Leopold von Ranke and the Shaping of the Historical Discipline* (Syracuse, New York: Syracuse University Press, 1990), p. 122.

14　Quoted in Donald R. Kelley, *Fortunes of History: Historical Inquiry from Herder to Huizinga*, p. 309.

15　James Harvey Robinson, *The New History: Essays Illustrating the Modern Historical Outlook* (New York: Free Press, 1965), chap. 3. 魯濱遜此書初版於1912年。至於西方不同樣式的「新史學」，則可參閱Donald R. Kelley, *Fortunes of History: Historical Inquiry from Herder to Huizinga*, chap. 12。

與社會科學的結盟，認為社會科學乃劃時代的「新盟友」(the new allies of history)，涵括人類學、社會學、經濟學、心理學、地理學等等，都是史學研究的新利器。而魯濱遜之所以稱謂「社會科學」為「新盟友」，無非欲與傳統治史的「輔助科學」(auxiliary sciences)有所分辨。[16]魯濱遜發覺，即使是當時最了不起、學識淵博的大史家孟森，只緣他對史前考古和人類學一無所知，竟連「冰河期」或「圖騰」均聞所未聞，遑論其他閉塞不敏的傳統史家了。[17]此事宛如民初名家錢穆遭受「不通龜甲文，奈何靦顏講上古史」之譏。[18]又國學大師章太炎(1869–1936)一度懷疑甲骨文是騙子造假的假古董，竟難以置信有「甲骨文」一事。[19]最終亦非得屈服時勢，私下取閱甲骨文。

對應地，該時在中國承西學遺緒者，便是梁啓超的「新史學」。[20]梁氏坦承：「史學，若嚴格分類，應是社會科學的一種。」[21]

16　「輔助科學」乃是傳統史學治史的輔助工具，例如：錢幣學、訓詁學、版本學等等。「輔助科學」與「社會科學」之基本差別，前者為史學之工具，幫助辨偽、考訂與解讀文獻；後者則提供史學解釋的理論和方法。

17　James Harvey Robinson, *The New History Essays Illustrating the Modern Historical Outlook*, p. 91.

18　錢穆，《師友雜憶》(台北：東大圖書公司，1992)，頁142。

19　參見李濟，〈安陽的發現對譜寫中國可考歷史新的首章的重要性〉，收入張光直、李光謨編，《李濟考古學論文選集》(北京：文物出版社，1990)，頁790–791。

20　請參閱拙作〈中國近代史學的雙重危機──試論「新史學」的誕生及其所面臨的困境〉，初載於《中國文化研究所學報》(香港中大)，新第6期(1997)：263–285；後收入黃進興，《後現代主義與史學研究：一個批判性的探討》(台北：三民書局，2006、2009；北京：三聯書店，2008)，「附錄」，三民版在頁229–267，三聯版在頁217–255。

21　梁啓超，〈中國歷史研究法補編〉，《飲冰室合集‧專集》第23冊(上海：中華書局，1936)，頁151。

乍聽之下，恍若迫不得已的城下之盟；但稍加推敲，未嘗不可解作梁氏企圖使中國史學擺脫傳統「四部」之學的糾纏，[22] 進而加盟西學的陣營。這種覺醒不止限於個別史家，在教育制度亦有所變革。在教學上，1920年起，北京大學史學系即明訂「社會科學，為史學基本知識，列於必修科」。[23]

而留美歸國的何炳松 (1890–1946) 更是鼓吹史學與社會科學聯盟不遺餘力，何氏一生的治史信念，可以從他對魯濱遜《新史學》的譯文中求索。《新史學》裡有一小段話恰可作為答案，何氏是這樣翻譯的：

> 歷史能否進步、同能否有用，完全看歷史能否用他種科學聯合，不去仇視他們。[24]

這連從未踏出國門的呂思勉 (1884–1957) 亦深表同感，於評斷乾嘉時期的章學誠 (1738–1801) 與當今史家的高下時，呂氏如是評道：

> 他 (章學誠) 的意見，和現代的史學家，只差得一步。倘使再進一步，就和現在的史學家相同了。但這一步，在章學誠是無

---

22 傳統中國的學問分類為「經、史、子、集」，目錄學特謂之「四部」。

23 朱希祖，〈北京大學史學系過去之略史與將來之希望〉，《北京大學卅一週年紀念刊》(國立北京大學卅一週年紀念會宣傳股編印，1929)，頁70–71。又見其為何炳松譯《新史學》所作之〈序〉，頁1–2。

24 魯濱遜著，何炳松譯，《新史學》(北京大學叢書10；上海：商務印書館，1924年初版)，頁76。原文見 James Harvey Robinson, *The New History: Essays Illustrating the Modern Historical Outlook*, p. 73. 該書在美國的社會與學術意義，可參閱 Richard Hofstadter, *The Progressive Historians Turner, Beard, Parrington* (New York: Knopf, 1968) 的相關章節。

法再進的。這是為什麼呢？那是由於現代的史學家，有別種
科學做他的助力，而章學誠時代則無有。[25]

　　要知有清一代的章氏，乃是沉寂多時而晚近方才當令的大史
家；可是依呂氏之見，其史學造詣較諸現代史學，仍未免略遜一
籌。其故無他，現代史學的進步實拜別種科學之賜。[26]而在諸多
科學之中，社會科學尤為「史學的根基」。[27]同理，在西方，中古
史名家赫伊津哈 (Johan Huizinga, 1872–1945) 竟敢冒天下之大不
韙，去貶抑不世出的文化史家——布克哈特，只因渠無法取資當
今的人類學和社會學，以闡釋希臘文明的特質。東西兩相輝映，
真是件無獨有偶的趣事！[28]

　　事後回顧，自魯濱遜以降，史學門戶大開，社會科學長驅直入
史學領域，坐收漁翁之利。況且時值社會更革，歷史的實用性遂受
到無比的重視，在美國致有「進步史學」(progressive historiography) 之
稱。[29]在歐洲，則是由「年鑑學派」(Annales school) 擔綱，其與「社
會科學」有近乎天衣無縫的結合。年鑑學派的兩位創始人費弗爾

25　呂思勉，《歷史研究法》(收入《民國叢書》第1編第73冊；上海：上海書
　　店據上海永祥印書館1945年版影印，1989)，頁24–25。

26　同上。

27　呂思勉著有〈社會科學是史學的根基〉(1941) 一文。見李永圻，《呂思勉
　　先生編年事輯》(上海：上海書店，1992)，頁225。

28　Johan Huizinga, *Homo Ludens: A Study of the Play Element in Culture*, trans. R. F.
　　C. Hull (London and Boston: Routledge and Kegan Paul, 1949), pp. 71–72.

29　請參閱拙著〈歷史相對論的回顧與檢討：從比爾德 (Beard) 和貝克
　　(Becker) 談起〉，原刊《食貨月刊》復刊，第5卷，第2期 (1975年5月)：
　　60–75；後收入《歷史主義與歷史理論》，允晨版在頁161–191，陝師大
　　版在頁117–145。另可參見Richard Hofstadter, *The Progressive Historians
　　Turner, Beard, Parrington*.

(Lucien Febvre, 1878–1956) 及布洛赫 (Marc Bloch, 1886–1944) 均是
涂爾幹 (Émile Durkheim, 1858–1917) 社會學的信徒。布洛赫甚至
勸勉學生「放棄史學，而改習法律、攻讀考古學位，或學德文與
其他」，[30] 而且該學派非常重視「比較方法」和「量化技術」。[31]

但是，上述魯濱遜等這般標榜「新史學」者，卻未曾意識到
「社會科學」與「史學」潛在的緊張性，似乎仍以「輔助科學」的模
式去理解「社會科學」；他們不僅從未覺察出「社會科學」存有鯨吞
蠶食的野心，並且無緣目睹日後馬克思 (Karl Marx, 1818–1883) 唯
物史觀對史學入主出奴的態勢。作為社會科學的分支，馬克思史
學宰制中國大陸史學多年，已廣為人知。[32] 同時，帶有鮮明目的
論色彩的「近代化」理論 (modernization)，亦席捲西方及台灣史學
界對歷史進程的解釋，使得中、西史學只能朝同一目標邁進：
「普遍的 (西方) 合理性」。[33]

簡言之，20世紀人類學與社會學的「功能論」(functionalism)
與「結構論」(structuralism) 側重系統的分析，時間因素不受到重

30　引自 Donald R. Kelley, *Fortunes of History: Historical Inquiry from Herder to Huizinga*, p. 321。

31　Emmanuel Le Roy Ladurie, *The Territory of the Historian*, trans. Ben and Siân Reynolds (Chicago and London: University of Chicago Press and Harvester Press, 1979), pp. 17–18. François Furet, "Quantitative History," in his *In the Workshop of History*, trans. Jonathan Mandelbaum (Chicago: University of Chicago Press, 1984), pp. 40–53.

32　早期馬克思史學進入中國，可參閱 Arif Dirlik, *Revolution and History: The Origins of Marxist Historiography in China, 1919–1937* (Berkeley: University of California Press, 1978)。

33　例如：Marion J. Levy, *Modernization and the Structure of Societies: A Setting for International Affairs* (Princeton, N. J.: Princeton University Press, 1966)。

視，歷史的縱深與變遷遂不得凸顯。[34]社會科學則是以喧賓奪主之姿出現，因此，受其影響的歷史分析，自然缺乏歷史感。該時的史學則呈現「歷史無意識」（historical unconsciousness）的狀態。

尤其在1960年代，「行為科學」（behavioral science）乃是西方的顯學，以布浩士・史基納（Burrhus F. Skinner, 1904–1990）的「行為心理學」作為表率，他大肆推廣及宣揚「行為主義（behaviorism）並非人類行為的科學，而是那類科學的哲學」，一時鼓動風潮，造成另番社會科學的變革。[35]而史學界大力鼓吹運用「行為科學」者，無過於伯克豪爾（Robert F. Berkhofer, Jr., 1931–2012），他的《以行為進路進行歷史分析》（*A Behavioral Approach to Historical Analysis*, 1969）一書，曾流行一時。伯氏將該書獻給「我的歷史女神」（To my Clio），別有開展另一頁「新史學」的意味。[36]其實，無論倡導同

34　請參較Tom Bottomore and Robert Nisbet eds., *A History of Sociological Analysis* (New York: Basic Books, 1978), chap. 9, chap. 14; 以及Adam Kuper, *Anthropology and Anthropologists: The Modern British School* (London and New York: Routledge, 1983 rev. & expanded edition), chap. 1–3；還有Mark Moberg, *Engaging Anthropological Theory: A Social and Political History* (London and New York: Routledge, 2013), chap. 9, chap. 10。結構人類學落實到史學實踐，最具體的代表便是羅伊德（Christopher Lloyd）的《歷史的結構》。見Christopher Lloyd, *The Structures of History* (Oxford, UK: Blackwell Publishers, 1993)。筆者偶然翻閱1975年9月10日所做的讀書札記，記載閱讀社會學結構功能派大將莫頓（Robert K. Merton, 1910–2003）的巨著 *Social Theory and Social Structure* (New York: Free Press, 1968 enlarged edition)，其中有一條案語寫道：「function（功能）的概念將會偏於當代社會的分析，而略於歷史淵源的探討。」當時出自一個歷史學徒的直覺，今日回顧，不覺荒爾。

35　B. F. Skinner, *About Behaviorism* (New York: Vintage Books, 1976), p. 3.

36　台灣1960至1970年代攸關行為科學與史學的討論，請參考該時在台灣復刊的《食貨月刊》（1971–1988）與1963年創刊的《思與言》。

社會科學(social sciences)結盟,或後來奉行以科學為師,均不脫史學科學化的窠臼。[37]居間,伯克豪爾尤為激進,他主張當前的史學問題不在於該否援用社會科學,而是如何去運用它。他說:

> 人作為分析的單元,只能透過某些概念架構去研究,一旦取得了人類行為的知識,其他史學的問題自然迎刃而解。[38]

他又斬釘截鐵地表示:

> 此時此刻,「行為主義」提供史學研究最佳的答案,因為它汲取了人類行為的嶄新知識。換言之,史學必須借重社會科學中的基礎科學,若心理學、社會學、人類學,加上科學哲學裡方法論的自覺。[39]

遵此,

> 史家對社會科學最好的服務,便是挖掘事實……供給正確、可靠的事實。[40]

37　簡略的回顧,參閱Lawrence Stone, "History and the Social Sciences in the Twentieth Century (1976)," in his *The Past and the Present Revisited* (Boston: Routledge and Kegan Paul, 1987 revised edition), pp. 3–44; Georg G. Iggers, *Historiography in the Twentieth Century: From Scientific Objectivity to the Postmodern Challenge* (Hanover and London: Wesleyan University Press, 1997), part II。

38　Robert F. Berkhofer, Jr., *A Behavioral Approach to Historical Analysis* (New York: Free Press, 1969), p. 5.

39　Ibid.

40　Terrence J. McDonald ed., *The Historic Turn in the Human Sciences* (Ann Arbor: University of Michigan Press, 1996), p. 103.

　　另方面，史家又必須藉著指涉架構（frame of reference），方得尋得事實。是故，無論就哪一方面而言，史家只能是事實的供給者。而史學的最終下場，只能將詮釋權拱手讓給社會科學而淪落為資料服務的副手，更不被容許置喙理論的創新。換言之，史學與社會科學僅存有單向的主從關係。

　　尤有過之，復經紛至沓來的後現代主義思潮的洗禮，傳統的歷史概念已被解構得體無完膚。[41]美國的懷特甚至明言：

> 毋論「歷史」（history）僅是被視為「過去」（the past）、或攸關過
> 去的文獻記載、或經由專業史家所考訂攸關過去的信史；並不
> 存在一種所謂特別的「歷史」方法去研究「歷史」。[42]

這種觀點對19世紀末葉曾經宣稱歷史「是其他學問的一種獨特的求知模式與方法」的阿克頓，純是茫然無解的。

　　況且，社會科學的流行步調變化萬千，稍縱即逝。1950年代的史家，建議我們可以借用「馬克思、韋伯、帕森思（Talcott Parsons, 1902–1979）的社會學，社會、文化、象徵人類學，古典、凱恩斯（John Keynes, 1883–1946）、新馬克思的經濟學，佛洛伊德（Sigmund Freud, 1856–1939）、埃里克森（Erik Erikson, 1902–1994）、榮格（Carl Jung, 1875–1961）的心理學」。[43]1970年代的史家，則鼓勵我們取資「格爾茨（Clifford Geertz, 1926–2006）的文化人類學、

41　請參閱拙作〈後現代史學的報告〉，收入《後現代主義與史學研究：一個批判性的探討》，第7章，三民版在頁211–228，三聯版在頁199–215。

42　Hayden White, "New Historicism: A Comment," in *The New Historicism*, ed. H. Aram Veeser (New York: Routledge, 1989), p. 295.

43　參閱 Lawrence Stone, "History and the Social Sciences in the Twentieth Century," p. 20。

傅柯 (Michel Foucault, 1926–1984) 的論述理論、德希達 (Jacques Derrida, 1930–2004) 或保羅‧德曼 (Paul de Man, 1919–1983) 的解構主義、索緒爾 (Ferdinand de Saussure, 1857–1913) 的符號學、拉岡 (Jacques Lacan, 1901–1981) 的心理分析理論、雅各布森 (Roman Jakobson, 1896–1982) 的詩學」，[44] 睽隔未為久遠，所列科目已全然相異，令史家目眩神搖，無所適從。

是故，中、西史學為了迎合「苟日新、日日新」的潮流，便恓恓惶惶，無所安頓。這由1920年代社會科學的引進，到歷史唯物論 (大陸)、行為科學 (台灣) 的盛行，居中除了夾雜美、蘇文化霸權的驅策，都只能看作是時尚的差異。兩岸史家 (尤其大陸) 幾乎到了言必稱馬克思、韋伯的地步。值得警惕的，當1960年代末葉，西方史家正熱烈擁抱社會學時，社會學界卻開始質疑起本門學科的信度；[45] 這種危機意識像瘟疫般地蔓延到其他學科，[46] 令得滿懷虛心、登門求教的史家茫然不知所措。若喻「社會科學」為實，史家在感到絕望之餘，遂捨實就虛，一股躍進「語言的轉向」

44　參閱 Hayden White, "New Historicism: A Comment," p. 295。

45　舉其例：Alvin W. Gouldner, *The Coming Crisis of Western Sociology* (New York: Basic Books, 1970)。又 Raymond Boudon, *The Crisis in Sociology: Problems of Sociological Epistemology*, trans. Howard H. Davis (London: Macmillan Press, 1980)。法文版1971年刊行。

46　例如：心理學與人類學。參見 G. R. Elton, *The Practice of History* (London and Glasgow: Methuen, 1967), pp. 36–56; Gertrude Himmelfarb, *The New History and the Old* (Cambridge, Mass.: Belknap Press of Harvard University Press, 1987), pp. 33–46。史東亦挺身指出：當前經濟學、社會學、心理學似乎瀕臨知識崩解的邊緣，史家必得做出對自己最有利的選擇。Lawrence Stone, "History and the Social Sciences in the Twentieth Century," p. 20.

(linguistic turn)，[47]亟盼遁入後現代主義的空門，一了百了。殊不知這又是一場陷入不知所終的輪迴。

誠然，社會科學入侵史學的現象，史家並非一味叫好，有些保守的史家更是痛心疾首、呼天搶地地哀嚎。澳洲史家所撰的《歷史的謀殺》(*The Killing of History*) 便對社會科學及後現代主義侵入歷史園地深惡痛絕，猛烈反擊。[48]之前，另位法裔美國史家巴任 (Jacques Barzun, 1907–2012) 極道近來心理歷史 (psycho-history) 和量化歷史 (quanto-history) 的不是，並且質疑其發展方向弊遠大於利，亟與社會科學劃清界線。[49]恰如夏蒂埃 (Roger Chartier, 1945–) 在跟社會學家布爾迪厄 (Pierre Bourdieu, 1930–2002) 1988年的對話中，抱怨道：「包括我們歷史學在內的其他學科都把社會學視為令人不安的百變怪獸，並與它處於交鋒狀態。」[50]尤有過

47　Roger Chartier, *On the Edge of the Cliff: History, Language, and Practices*, trans. Lydia G. Cochrane (Baltimore and London: Johns Hopkins University Press, 1997), p.18. 但亦有學者解作「歷史的轉向」發生於「語言的轉向」之內，但加上「貫時」(diachronic) 的向度。參見William H. Sewell, Jr., *Logics of History: Social Theory and Social Transformation* (Chicago and London: University of Chicago Press, 2005), pp. 358–359。科澤勒克 (Reinhart Koselleck, 1923–2006) 主張：所有的歷史與語言都相互制約 (conditioned)，但卻不能全然化約到對方。見 Reinhart Koselleck, "Linguistic Change and the History of Events," *Journal of Modern History* (Univ. of Chicago), no. 61 (December 1989): 649–666。

48　Keith Windschuttle, *The Killing of History: How a Discipline is Being Murdered by Literary Critics and Social Theorists* (Paddington, Australia: Macleay Press, 1996 revised edition).

49　Jacques Barzun, *Clio and the Doctors Psycho-history, Quanto-history and History* (Chicago: University of Chicago Press, 1974), chap. 5.

50　布爾迪厄、夏蒂埃合著，馬勝利譯，《社會學家與歷史學家：布爾迪厄與夏蒂埃對話錄》(北京：北京大學出版社，2012)，頁23。

之，社會學一度受史家嘲諷為「假科學」(pseudo-science)，其出路唯有向歷史靠攏。[51] 此一迎拒的轉變，若與20世紀之初，史學熱烈擁抱社會學的狀況相比，其冷暖不啻水火之別。至此，史學對社會科學片面的倚賴，遂畫上休止符。[52]

然而，危機即是轉機。適時，我們望見「歷史的轉向」的一縷曙光。要之，「歷史的轉向」並非史學一科可以矩矱或道盡。它乃是發生在人文及社會科學「重新發現歷史」的共通現象。

出乎預料地，歷史考察的重要性，初起竟是發自科學史的探討。科學原是最具普遍性且跨越時空的知識，但孔恩的《科學革命的結構》(The Structure of Scientific Revolutions) 對科學的發展及其性質，帶來不同凡響的洞見。孔恩的核心觀念「典範」(paradigm，或譯「範式」) 以及「不可共量性」(incommensurability)，不止重新解釋了「科學革命」，並且衝擊學界對人文與社會科學的了解。孔恩這本書的影響力，在之後三十年無出其右者，他無疑為鬱悶不發的史學注入一股新血，堪稱劃時代的經典之作。[53]

廣義的「歷史的轉向」，包括歷史的向度再次受到重視，必然連帶涉及對歷史知識的認知。原初，社會學只關注當代的社會，如今則將研究展延至前現代的社會。以色列的艾森斯塔德(S. N. Eisenstadt, 1923–2010) 所著《帝國的政治制度》(The Political Systems

---

51 Paul Veyne, *Writing History Essay on Epistemology*, trans. Mina Moore-Rinvolucri (Middletown, Conn.: Wesleyan University Press, 1984), chap. XII. 法文版1971年初版。

52 法國史家勒高夫 (Jacques Le Goff, 1924–2014) 認為縱使社會科學陷入危機之際，史家固然難以像之前那般信任它們，但依舊應該與社會科學對話，觀其變化。Jacques Le Goff, *History and Memory*, trans. Steven Rendall and Elizabeth Claman (New York: Columbia University Press, 1992), p. x.

53 Thomas S. Kuhn, *The Structure of Scientific Revolutions* (Chicago: University of Chicago Press, 1962).

of Empires) 以比較的眼光探索歷史上不同王朝的科層組織，[54] 渠一向被視為歷史社會學的泰斗。此外，政治學與社會學雙棲的史可波 (Theda Skocpol, 1947–) 所著《國家和社會革命》(*States and Social Revolutions*)，[55] 以比較的架構探討了法國、俄羅斯與中國的革命，也是此方面的傑作。簡言之，艾森斯塔德、史可波等穿越歷史上的現象，均帶來令人耳目一新、且極具啓發性的成果。諸此歷史社會學的出現，可比擬韋伯學的延伸。[56]

另方面，社會科學的崛起一度逼使傳統的敘事史學節節敗退。例如：年鑑學派的布洛赫即抱怨傳統史學塞滿了傳奇與事件，總是留滯在浮華的敘事層面，而無法進行理性的分析，所以史學尚處於科學的萌芽期。[57] 他的追隨者 —— 布勞岱爾 (Fernand Braudel, 1902–1985) 便呼籲以長時段的「結構史」(structural history) 取代「事件史」(history of events)，結合社會科學而貶抑敘事技巧。[58] 他們力推以「問題取向的史學」(problem-oriented history) 取代「敘事史學」(narrative history)。[59] 可是年鑑學派逮至第三代 (例

---

54 S. N. Eisenstadt, *The Political Systems of Empires: The Rise and Fall of the Historical Bureaucratic Societies* (New York: Free Press, 1963).

55 Theda Skocpol, *States and Social Revolutions: A Comparative Analysis of France, Russia, and China* (Cambridge and New York: Cambridge University Press, 1979).

56 韋伯的社會學原本即具有濃厚的歷史意味，在前一階段 ——結構功能學派的吸納，此一面向反而隱而不顯。歷史社會學有時被視為「左派韋伯學」(Weberian-left)。

57 Marc Bloch, *The Historian's Craft*, trans. Peter Putnam (New York: Knopf, 1953), p. 13.

58 Fernand Braudel, "History and the Social Science," in *On History*, trans. Sarah Matthews (Chicago: University of Chicago Press, 1980), pp. 25–54.

59 François Furet, "From Narrative History to Problem-Oriented History," in *In the Workshop of History*, pp. 54–67.

如布勞岱爾的高足勒華拉杜里〔Emmanuel Le Roy Ladurie, 1929-〕），
這種學風翻轉了，他們改以「事件」的敘述，來烘托生活底層的
「結構」。[60]迄第四代（例如夏蒂埃），「敘事回歸」（return of the
narrative）的口號遂響徹雲霄。[61]

　　究其實，凡是史學必涉及布局的技巧，因此無所逃避於「敘
事」的運用；是故，擯棄以事件為主的歷史，並不就等同無有「敘
事」一事。[62]攸關「敘事的復興」（The Revival of Narrative），英裔美
籍史家史東（Lawrence Stone, 1919-1999）曾於1979年發表專文，
省思一種「既新且舊的史學」（a new old history），頗引起專業史家
的同感。[63]史東覺察到晚近有一股伏流湧出，即以敘述手法取代
結構分析（structural analysis）或量化技巧，著重描述甚於解析。它
的來源相當多元，或以斯金納（Quentin Skinner, 1940-）為首的新

60　Emmanuel Le Roy Ladurie, "The 'Event' and the 'Long Term' in Social History:
　　The Case of the Chouan Uprising," in *The Territory of the Historian*, pp. 111-
　　131. 至於年鑑學派的發展，可參閱 Peter Burke, *The French Historical
　　Revolution: The Annales School, 1929-1989* (Cambridge: Polity Press, 1990)。

61　Roger Chartier, *On the Edge of the Cliff: History, Language, and Practices*, p. 7. 敘
　　事則必須不限於個人，而需有所擴充與增益。又 Philippe Carrard, *Poetics
　　of the New History: French Historical Discourse from Braudel to Chartier* (Baltimore
　　and London: Johns Hopkins University Press, 1992), pp. 62-74。

62　Ibid., p. 7. 查提所徵引者，係法國學者德・塞爾托（Michel de Certeau,
　　1925-1986）以及保羅・利科（Paul Ricoeur, 1913-2005）兩人；其實，最
　　具代表性的「敘事轉向」標竿人物，應是海登・懷特。請參閱拙著《後現
　　代主義與史學研究：一個批判性的探討》的第3章〈「歷史若文學」的再
　　思考：海登・懷特與歷史語藝論〉，三民版頁57-98，三聯版頁55-93。
　　當然，法國羅馬史家韋納（Paul Veyne, 1930-）亦是「敘事史學」的同調。
　　Paul Veyne, *Writing History: Essay on Epistemology*.

63　Lawrence Stone, "The Revival of Narrative: Reflections on a New Old History,"
　　Past and Present, no. 85 (November 1979): 3-24; then included in his *The Past
　　and the Present Revisited*, pp. 74-96.

政治思想史、或法國年鑑學派所衍生的「心態史」(history of mentalities)、或師法意大利的「微觀歷史」(micro-history)、或受人類學家格爾茨啓發的「稠密敘述」(thick description)等等，不一而足。其基本特色即恢復史學敘事的功能，而拋棄往日宏觀或結構性的解釋模式。有趣的是，曾幾何時，史東方才放聲表揚「新史學」的特徵首重分析 (analytical)，而揚棄西方近代史學的「敘事」(narrative) 傳統。[64] 前後相較，史東判若兩人，葉落知秋，於此盡見。

總之，即使「事件史」重獲青睞，但其中所涉的「敘事」，理應嘗試新的敘述技巧，而非一味承襲昔時的敘事手法。在中國史方面，漢學家史景遷 (Jonathan Spence, 1936–) 獨樹一幟。他廣受歡迎的中國史書寫，布局精巧，文采斐然，生動易讀，遂被推許為圭臬之作。[65]

但最具標竿意義的代表作，卻是人類學家薩林 (Marshall Sahlins, 1930–) 的《歷史之島》(*Islands of History,* 1985)。薩林別具慧眼，重新將歷史分析聚焦於「事件」(events) 之上。他以庫克船長 (Captain James Cook, 1728–1779) 造訪夏威夷瞬間，將夏威夷推向世界體系的舞台，並且從當事者的觀點，勾勒出夏威夷土人對庫克船長的主觀認知。[66] 正如薩林所說：「不同文化涵蓋著不同的歷史真實 (different cultures, different historicity)。」前因社會科學重

---

64 Lawrence Stone, "History and the Social Sciences in the Twentieth Century," in *The Past and the Present Revisited*, p. 21.

65 Peter Burke, "History of Events and the Revival of Narrative," in Peter Burke ed., *New Perspectives on Historical Writing* (University Park, PA: Pennsylvania State University Press, 1992), pp. 242–243.

66 Marshall Sahlins, *Islands of History* (Chicago: University of Chicago Press, 1985), p. x.

視「分析」(analysis) 與「概化」(generalization)，未免忽略事物的獨特性，導致「事件」與「歷史敘述」備受壓抑。然而，在薩林的撰述裡，它們重新回到歷史分析的場域 (fields)，不但調和了社會科學裡長久存在的「結構」(structure) 與「行動者」(agency 或譯載體) 之間的矛盾，並且釐清了彼此互動的真相，而這正是困擾社會科學多時的難題。[67] 簡言之，「事件」於薩林眼中，不啻是「結構」的轉化，而「結構」正是以往「事件」積累所致。循此，「事件」遂得以洗刷污名，並取得理論範疇的地位。[68]

不止於此，在文學領域，文學批評於注重形式的「新批評」(new criticism) 和「結構主義」(structuralism) 之後，再次聚焦多樣的歷史 (histories) 實相，甚至有「新歷史主義」(new historicism) 流派的出現。[69] 此外，連長久為量化分析所主導的經濟學，也開始注意到經濟史研究的重要性；並且，之前為量化與模型所主導的經濟史研究，也不斷擴充其關注至實質的社會、文化與制度的探討。[70] 而素為邏輯實證論及分析哲學所籠罩的哲學界，也恍如大夢初醒一般，意識到哲學史的回溯，有助於繼往開來，為以後哲學的發展釐清一個新方向。換句話說，缺乏歷史層次的哲學構作

67　舉其例：英國社會學家吉登斯 (Anthony Giddens, 1938–) 即嘗試以「結構化」(structuration) 來融通「結構」與「載體」的對立。見 Anthony Giddens, *Central Problems in Social Theory Action, Structure and Contradiction in Social Analysis* (Berkeley: University of California Press, 1979)。

68　William H. Sewell, Jr., *Logics of History: Social Theory and Social Transformation*, chap. 7 and 8.

69　Frank Lentricchia, *After the New Criticism* (London: Methuen, 1983); and H. Aram Veeser ed., *The New Historicism* (New York: Routledge, 1989).

70　Barry Supple, "Economic History in the 1980s: Old Problems and New Directions," in *The New History The 1980s and Beyond-Studies in Interdisciplinary History*, eds. Theodore K. Rabb and Robert I. Rotberg (Princeton, N. J.: Princeton (doing philosophy) 注定要貧瘠不沃。因此，哲學也必須進行激進的歷史轉向 (radical historical turn of philosophy)，[71] 例如詮釋學 (hermeneutics) 的再興。由於德國哲學家伽達默爾 (Hans–Georg Gadamer, 1900–2002)《真理與方法》(*Wahrheit und Methode*) 的英譯本於1975年適時推出，[72] 使得原本隱而未顯的「狄爾泰–海德格」一系含有濃郁時間向度的哲學，再次受到重視，恰似一帖甦醒歷史意識的清涼劑。[73] 一如昆廷‧斯金納在觀察「人文科學大理論的歸來」時所説的：歷史的研究近來變得愈形重要，它提供靈感與證據的豐盛泉源。這方面，科學史家孔恩和系譜學家傅柯均功不可沒。[74] 法國社會學家布爾迪厄也現身説法：社會學與歷史學的分隔，是項災難性的分工，完全缺乏知識論的依據。依他而言，「所有的社會學都應具有歷史性，反之，所有史學都應具有社會學的性質」。布爾迪厄堅信，偉大的史家必然是偉大的社會學家，反之亦然。他對於晚近社會學方高調放言「發現歷史」，頗不

University Press, 1982), pp. 199–205; and in the same book, Peter Temin, "Economic History in the 1980s: The Future of the New Economic History," pp. 179–197.

71 請參閱 Richard Rorty, J. B. Schneewind and Quentin Skinner eds., *Philosophy in History: Essays on the Historiography of Philosophy* (Cambridge and New York: Cambridge University Press, 1984)。特別是第四章：Lorenz Krüger, "Why do we study the history of philosophy?"

72 伽達默爾的德文原著 *Wahrheit und Methode* 初版於1960年，但因1975年英譯本的刊行，方大為流行。Hans-Georg Gadamer, *Truth and Method* (New York: Continuum, 1975; London: Sheed & Ward, 1975).

73 另位鼓吹詮釋學的大家，係法國的利科，將伽達默爾的《真理與方法》法譯。

74 Quentin Skinner ed., *The Return of Grand Theory in the Human Sciences* (Cambridge and New York: Cambridge University Press, 1985), p. 11.

以為然。可見歷史學在布爾迪厄構作理論之際，佔有不可或缺的分量。[75]

有一點必須特別提示的，「歷史的轉向」並非單純回歸到 19 世紀的「歷史主義」，蓋「歷史主義」所強調的「發展性」和「獨特性」，[76] 在後現代的氛圍，兩者均需再經審慎的檢驗。而除卻喚醒「歷史的真實性」(historicity)，[77]「歷史的轉向」需要對以往的史學進行一連串的反思。

「反思」的對象包括上至國家、民族、社會、階級等客體，下抵學者自我的省察，甚至觸及時間 (time)、空間 (space)、時序 (temporality) 的範疇。這些概念往昔均被視為理所當然、不證自明的分析單元，但只要梳理其底蘊，卻都是特定時空情境所造成，是故得予重新解析，考鏡其源流。例如安德森 (Benedict Anderson, 1936–2015) 質疑民族主義的客觀性，[78] 在此氛圍之下，我

75　Pierre Bourdieu and Loc J. D. Wacquant, *An Invitation to Reflexive Sociology* (Chicago: University of Chicago Press, 1992), p. 90, n. 74.

76　Friedrich Meinecke, *Historism: The Rise of a New Historical Outlook*, trans. J.E. Anderson and a foreword by Sir Isaiah Berlin (London: Routledge & K. Paul, 1972), pp. liv–lxi.

77　"historicity"（德文 *geschichtlichkeit*）一詞，原為海德格 (Martin Heidegger, 1889–1976) 在《存在與時間》(*Sein und Zeit*) 中的核心概念。在史學上，特指歷史的真實性或確切感。David Couzens Hoy, "History, Historicity, and Historiography in *Being and Time*," in *Heidegger and Modern Philosophy: Critical Essays*, ed. Michael Murray (New Haven and London: Yale University Press, 1978), pp. 329–353; and David Carr, *Time, Narrative, and History* (Bloomington: Indiana University Press, 1986), chap. 4.

78　近年「民族」的形成偏向主觀論者，最具代表性便是 Benedict Anderson, *Imagined Communities: Reflections on the Origin and Spread of Nationalism* (London and New York: Verso, 1983)。

的同學杜贊奇 (Prasenjit Duara, 1950–) 倡議「從民族國家拯救出歷史」,[79] 而台灣史家沈松僑、王明珂解構了「黃帝」的民族神話,均獲得不少回響。[80]

　　而傳統對「時序」的觀念,亦難逃「反思」的法眼,必須重新接受考核。例如從「時序」的視角度之,傳統史觀目的論 (teleological) 的單線發展,必須予以修正。取而代之的,則是多元與在地的 (local) 時序觀。[81] 而傳統以朝代或世紀的分期法,或動輒涵蓋廣袤無垠的疆域 (例如「中國」一詞),疏闊無當、大而化之,難以照料事物時空 (或流行用語「場域」) 的異質性,故需逐案估量,方能定奪。簡而言之,試以「過去」、「現在」、「未來」三者的關係,來界定「史學」的性質,傳統、近代及當代史學各自呈現不同特色:「傳統史學」旨在鑒古知今,乃由「過去」凝視「現在」;而「近代史學」

79　Prasenjit Duara, *Rescuing History from the Nation: Questioning Narratives of Modern China* (Chicago: University of Chicago Press, 1995).

80　沈松僑,〈我以我血薦軒轅:黃帝神話與晚清的國族建構〉,《台灣社會研究季刊》第28期 (1997年12月):1–77。王明珂,〈論攀附:近代炎黃子孫國族建構的古代基礎〉,《歷史語言研究所集刊》第73本第3分 (2002年9月):583–624。

81　比較概念的討論,舉其例,請參見:(1) Paul Ricoeur, *Time and Narrative*, trans. Kathleen McLaughlin and David Pellauer (Chicago and London: University of Chicago Press, 1984), vol. 1; (2) Reinhart Koselleck, *Futures Past: On the Semantics of Historical Time*, trans. and with an introduction by Keith Tribe (New York: Columbia University Press, 2004); (3) Reinhart Koselleck, *The Practice of Conceptual History: Timing History, Spacing Concepts*, trans. Todd Samuel Presner and others (Stanford, Calif.: Stanford University Press, 2002)。綜合討論則見: (4) Robert F. Berkhofer, Jr., *Beyond the Great Story History as Text and Discourse* (Cambridge, Mass. and London: Harvard University Press, 1995)。

著重以今觀古，則由「現在」投射 (回溯)「過去」；晚近的「當代史學」卻反其道，擬由「未來」定位「現在」與「過去」。[82]

　　總之，21世紀初，概仍推演上世紀末的學術風氣，崇尚「反思」(reflexivity)，[83] 毋怪西方學術刻正對現代史學進行深刻的反思。一如布爾迪厄所強調的：「我們用來思考歷史的所有觀念、詞彙、概念，都是在歷史中建構的。而奇怪的是，歷史學家所犯的時代錯誤無疑是最多的。因為，或是為了造成現代感，或是想使研究顯得更有趣，或是由於麻痺大意，他們用當今通行的詞語去闡述歷史現實，而這些詞語在當時尚未出現或另具他意。因此我認為，這種反觀性是極為重要的。」[84] 布氏的說辭無非在呼應尼采 (Friedrich Nietzsche, 1844–1900) 的論調：歷史與文化的知識，不似自然的事物，而具有時空的約制，必得因時制宜，方能蒙其益而不受其害。[85]

　　尤其，後現代史家傅柯更佩服尼采的過人之處，乃在揭露歷史意識 (historical sense) 並非凌空環顧，而是受限於一定的視野；所以，歷史意識難免局限、傾斜，甚至釀成系統的偏頗。而19世紀史學所標舉的客觀性 (objectivity) 的理想，只是遙不可及的神

82　試比較 Marc Bloch, *The Historian's Craft*, chap. 1 和 Jacques Le Goff, *History and Memory*, pp. 1–19。

83　例如：社會學家布爾迪厄提倡的「反思社會學」。參見 Pierre Bourdieu and Loc J. D. Wacquant, *An Invitation to Reflexive Sociology*。另外，又有所謂「反思人類學」(reflexive anthropology)。參見 *Writing Culture: The Poetics And Politics of Ethnography,* eds. James Clifford and George E. Marcus (Berkeley and Los Angeles: University of California Press, 1986)。

84　布爾迪厄、夏蒂埃合著，《社會學家與歷史學家：布爾迪厄與夏蒂埃對話錄》，頁33。

85　Friedrich Nietzsche, "On the Uses and Disadvantages of History for Life," in *Untimely Meditations*, ed. Daniel Breazeale and trans. R. J. Hollingdale (New York: Cambridge University Press, 1997), pp. 59–123.

話。[86]相形之下，中國的反思史學方剛起步，於今之計，唯有急起直追，才能令中國史學超拔於「歷史的無意識」！

86　Michel Foucault, "Nietzsche, Genealogy, History," in *Language, Counter-memory, Practice: Selected Essays and Interviews*, ed. Donald F. Bouchard and trans. Donald F. Bouchard and Sherry Simon (Ithaca, N. Y.: Cornell University Press, 1977), pp. 152–157.

論「方法」及「方法論」
——以近代中國史學意識為系絡[*]

近年西方史學對歷史及社會科學關係的研討相當普遍，這一系列的論戰可從英、美、法、德等延伸至蘇聯。據筆者的觀察，其中主要的原因並不在提倡社會科學與歷史的結合，而是這些學科與歷史結合後，所生結果的檢討。這種不憑口號，而根據實際研究成果的討論，無疑是比較具體及成熟的。

大致而言，美國史學界接受社會科學在時間方面比其他國家稍早，在範圍方面也較廣泛，這些可溯至20世紀初期魯濱遜等提倡的「新史學」，在此一風氣裡，他們提供了十分有利於歷史與其他學科結合的思想環境，其中所涉及的歷史及文化因素，拙作〈歷史相對論的回顧與檢討〉[1]略有疏解，於此不再贅述。近三十年

[*] 這篇文章的寫作過程曾受到余英時教授、林毓生教授的鼓勵及批評，謹此致謝。此外，康樂先生亦提供了許多寶貴的意見，他對拙文的潤飾工作，不僅澄清了一些模糊之處，而且增加拙文的可讀性。

[1] 〈歷史相對論的回顧與檢討：從比爾德 (Beard) 和貝克 (Becker) 談起〉，《食貨月刊》復刊，第5卷，第2期 (1975)：72，註6；後收入黃進興，《歷史主義與歷史理論》(台北：允晨文化公司，1992)，頁165–166。

社會科學急遽發展，給予歷史研究極大的衝擊，但此中得失尚難論定。

以接受社會科學與否，來斷定一個史家是前進或保守，是相當危險的論斷。一個史家可能基於深思熟慮及豐富的研究經驗，來否定某些學科對他研究領域的影響，這項「真理」可能得自他切身的經驗，而非先驗所能決定。1980 年 9 月史坦納 (George Steiner, 1929–2020) 到哈佛大學演講，題目為「史家的真理與藝術家的真理」(The Historian's Truth and Artist's Truth)，他即非常懷疑社會科學給予歷史研究正面的影響；法國的年鑑學派首當其衝，遭受猛烈抨擊。他認為歷史研究應該回到米什萊、麥考萊 (Thomas Babington Macaulay, 1800–1859) 等的寫作傳統，他不認為社會科學能帶給我們更真切的歷史知識。當然我們可以了解他的整個論點是建立在亞里士多德的觀點上：詩比歷史更具有普遍的內涵。在這種情況下，文藝的寫作傳統比社會科學的方法更能把握歷史的真相及本質。

另外一位出色的學者巴任也具有類似想法。他十分批評晚近心理歷史及量化歷史的發展方向，甚至說「歷史是反方法及反抽象」。[2] 史坦納及巴任的這些言論，與他們的研究及他們對歷史知識性質的預設息息相關，因此可說是持之有故、言之成理。不問究竟、盲目地排斥社會科學，固然不免失之以蔽；反而言之，人云亦云、逐新競異以擁抱提倡社會科學為高，則除了表示沉浸於社會習尚不自覺外，實與追求學術真理無甚關聯。

究竟史學與社會科學的關係如何？至今仍是一個值得討論的問題，並無現成一致的答案可以憑據。這種關係可能因研究者及研究題目而異，也就是說「史無定法」，「運用之妙，存乎一心」。

2　Jacques Barzun, *Clio and the Doctors: Psycho-history, Quanto-history and History* (Chicago: University of Chicago Press, 1974), chap. 5.

在今日「方法」意識濃厚的氣氛籠罩下，說「史無定法」委實聳人聽聞。近年來中文有關「史學方法」或「史學方法論」書籍的刊行相繼而出，而「方法」一課又已列為歷史系學生共同必修課。可是學生和讀者一般仍無法確定到底「史學方法」與實際研究之間的關係為何。不少人精讀了一些「史學方法」的著作，自以為已經取得打開歷史知識寶藏的萬能鑰匙，然而碰到實際研究卻仍茫然無頭緒，不知從何著手。真正的關鍵在於這些書籍可能由於作者一時的疏忽而沒有將此中關係交代清楚。在下文中我希望把「歷史及社會科學的關係」也放到這個層面來思考，並作簡單扼要的討論。

平常我們說「方法」，在英文中大致相對於「method」；「方法論」則相對於「methodology」。如果套句邏輯術語，「方法」屬於「對象語言」（object language，即「第一層次的語言」〔first-order language〕），指涉的是演繹法、歸納法、比較法、統計法，等等；而「方法論」則是以這些「方法」為對象，來研究它們的功能與由之得來知識的性質，因此為「後設語言」（metalanguage，即「第二層次的語言」〔second-order language〕）。二者顯然屬於不同層次的知識。

中國史學對「方法」的提倡及重視為時甚早，以近代為言，梁啓超的《中國歷史研究法》(1922)與《中國歷史研究法補編》(1933)，可謂蓽路藍縷之作。梁氏的基本動機即在改造中國傳統史學，以符合現代世界的需要。[3]他以當時西方史學為希企的目標，一方面希望藉著闡揚中國固有對傳統史學理論的檢討，來轉化傳統史學為現代史學，在此一觀點的投射之下，劉知幾(661–721)、鄭樵(1104–1162)、章學誠的學說與著作受到特別的褒揚，因為他們「故所論與近代西方之史家言，多有冥契」。[4]另方面，他試圖綜合

3　梁啓超，〈中國歷史研究法〉，載《飲冰室合集‧專集》(上海：中華書局，1936)，第16冊，專集73，頁3–7。民國十一年(1922)發表。

4　同上書，頁25。

傳統治史的優點，作為與現代史學接榫之用。例如史料方面，他說：「其所用研究法，純為前清乾嘉諸老之嚴格的考證法，亦即近代科學家所應用之歸納研究法也。讀者舉一反三，則任研究若何大問題，其精神皆若是而已。」[5] 此中牽涉到他對西方史學的了解，但最重要的是，他代表某些意識到傳統中國史學的不足，亟需以講究史學、講究方法來彌補舊有史學的先覺者。

稍後的胡適亦助長了此一趨勢，由於胡適是杜威(John Dewey, 1859–1952)的門徒，在這方面更具影響力。其實他所了解的杜威，在科學方面也僅止於方法的層面，至於科學所牽涉的複雜問題，在胡適的著作中卻無從得見。胡適主張「整理國故」，但怎麼整理呢？他說：

> 新思潮對於舊文化的態度，在消極一方面是反對盲從，是反對調和；在積極一方面，是用科學的方法來做整理的工夫。[6]

他又說：

> 科學的方法，說來其實很簡單，只不過「尊重事實，尊重證據」。在應用上，科學的方法只不過「大膽的假設，小心的求證」。在歷史上，西洋這三百年的自然科學都是這種方法的成績；中國這三百年的樸學也都是這種方法的結果。[7]

胡適對「科學」本身了解的真確與否，並不是本文關心的重點；重要的是上述所引的文字透露了他把「科學方法」當作獲得正確知識的保證，這種觀點在他的朋友丁文江(1887–1936)與張君勱

5　同上書，頁80。

6　胡適，〈新思潮的意義〉(1919年11月1日)，收入《胡適作品集·胡適文選》(台北：遠流出版公司，1990)，第2冊，頁49。

7　胡適，〈治學的方法與材料〉(1928年9月)，收入《胡適文選》，頁346。

(1887–1969) 進行「人生觀論戰」時，表面上又得到有力的支持。[8]
在科學主義的涵蓋之下，「科學方法」無所不能、無遠弗屆；歷史
研究顯然屬於「國故」的一部分，同樣應該講求「方法」，尤其是
「科學方法」。

　　在這期間，除了國人的著作，例如何炳松的《歷史研究法》、[9]
李泰棻 (1896–1972) 的《史學研究法大綱》、[10] 楊鴻烈 (1903–1977)
的《歷史研究法》[11] 等外，兩本代表西方實證史學的著作亦譯成中
文，廣受當時史家的徵引：陳韜 (生卒年不詳) 譯了德國伯倫漢的
《史學方法論》，[12] 李思純 (1893–1960) 譯了法國朗格諾瓦 (Charles-
Victor Langlois, 1863–1929) 和瑟諾博司合著的《史學原論》，[13] 亦甚
有影響。而 1920 年代末期，馬克思主義傳入中國，一些左派史家
開始以唯物史觀解釋歷史，以唯物辯證法處理歷史問題，從不同
的方向助長了此一「強調方法優先性」的史學意識。因此，中國社
會史研究的開山者 ── 陶希聖先生 (1899–1988) 回憶當年的「社
會史論戰」，描述此次論戰的參與者把「社會史」視作史學的研究
方法，而非史學研究的分門別支。這種觀點對於今天已經習慣於
學科分類的人們，似乎十分奇特，但倘若我們把此一觀點放入長
遠以來「方法意識」的潮流，則其中的真切含義便能凸顯出來。

　　這些是長遠以來「方法意識」高漲的潛在因素。如以台灣而
言，1960 年代末期「行為科學」的介紹及輸入，不僅加強此一意

8　Charlotte Furth, *Ting Wen-chiang: Science and China's New Culture* (Cambridge, Mass.: Harvard University Press, 1970), chap. 5.

9　何炳松於 1927 年初版《歷史研究法》(上海：商務印書館)。

10　李泰棻在 1920 年出版了三卷《史學研究法大綱》(北京：中華印刷局發行，武學書館發售)，1921 年再版。

11　楊鴻烈，《歷史研究法》(長沙：商務印書館)，1939 年。

12　陳韜譯出伯倫漢的簡本《史學方法論》(上海：商務印書館)，大約 1926 年出版。

13　李思純翻譯法國朗格諾瓦、瑟諾博司合著的《史學原論》(上海：商務印書館)，首次出版於 1926 年。

識，而且添入新血。「行為科學」的優點及缺點，並非我們的主題，在此我們只關心它為「方法意識」注入什麼樣的新血。以往學者專家固然動輒以講求「方法」為高，卻不甚具體，亦欠周密，但這次「行為科學」的引進，背後卻有一整套哲學理論的支撐。從布律茲曼 (P. W. Bridgman, 1882–1961) 的「運作定義」(operational definition) 到整個邏輯實證論關於「意義判準」(criterion of meaningfulness) 的探究，其中雖有小大出入，其基本的目的卻在為經驗科學 (empirical sciences) 的客觀性與有效性提供理論的辯解。從基本的假設、字彙、語句、意義判準、檢證假説到理論建構層層扣緊，條理井然，頗似謹密。

在西方受此種思潮的影響，產生了一門新的學問即「分析式歷史哲學」，以討論這些論點對歷史知識的作用。[14] 而在一般「史學方法」或「史學方法論」的書籍中，不論中、西著作，這門新學問也佔了相當的篇幅。以中文書籍為例，最近甚為膾炙人口的杜維運教授 (1928–2012) 的《史學方法論》[15] 即採納了不少「分析式歷史哲學」的研究，其內容不論在質或量都較舊著要完備許多。另外一本稍早的著作，許冠三 (1924–2011) 的《史學與史學方法》亦把這些影響表現得十分顯明，他説：

> 可是，我們今日的要求可就是嚴格了。除開所治領域的歷史知
> 識而外，史學家還得具有其他許多科學知識，「常識」是不夠的。
> 史學家的「共同必修科學」可以多到有如下各科：
>
> 1. 邏輯學與方法論。

14　拙作〈分析歷史哲學的形成與發展〉，《中華文化復興月刊》，總87期，第8
　　卷，第6期 (1975年6月)：31–34；又見杜維運與黃俊傑編，《史學方法論
　　文選集》(台北：華世出版社，1979)，頁379–389。而1920年代馬克思史
　　學的討論，可參閱 Arif Dirlik, *Revolution and History: The Origins of Marxist
　　Historiography in China, 1919–1937* (Berkeley: University of California Press, 1978)。

15　杜維運，《史學方法論》(台北：華世出版社，1979)。

2. 社會科學(或稱行為科學),最主要的有人類學、社會學、心理學、政治學、經濟學等。

3. 自然科學。

4. 哲學。[16]

因為1項及2項是本文的主題,我們就從這裡談起。

邏輯實證論基本上是反對形上學的,這從卡納普(Rudolf Carnap, 1891–1970)和艾耶爾(Alfred Jules Ayer, 1910–1989)的兩篇駁斥形上學的著名論文即可得知:前者的〈從語言的邏輯分析祛除形上學〉,[17]和後者的〈證明形上學的不可能〉,[18]皆曾傳誦一時。他們所關心的是方法論與認識論的研究,整個發展意向在試圖建立「形式原則」(formal principles)以判定「實質問題」(substantial problems)的「意義與否」(meaningfulness)和「有效性」,而分別發展出「意義理論」(theory of meaning)和「檢證理論」(theory of verification),二者互有關聯。

對邏輯實證論的基本假設,第一個提出質疑的便是與他們私交及思想上過從甚密的奎因(W. V. Quine, 1908–2000),在他的〈經驗主義的兩個獨斷〉中,他說:

> 近代的經驗主義大致由兩項教條所塑成,其中一項便是相信:「分析」(analytic)真理與「綜合」(synthetic)真理之間有根本的差別;因前者的「真」可獨立於事實,而後者的「真」卻得建立於事實之上。另一項教條便是「化約論」:認為每一個有意義的

16　許冠三,《史學與史學方法》(香港:自由出版社,1963),下冊,頁207。

17　Rudolf Carnap, "The Elimination of Metaphysics through Logical Analysis of Language," in *Logical Positivism*, ed. A. J. Ayer (New York: The Free Press, 1959), pp. 60–81.

18　A. J. Ayer, "Demonstration of the Impossibility of Metaphysics," *Mind: A Quarterly Review of Philosophy*, vol. 43 no. 171 (July 1934): 335–345.

句子必須相等於建立在指涉直接經驗（immediate experience）詞彙上的某種邏輯建構。但我認為此二獨斷都是站不住腳的。如下所示，此二項教條必須被放棄的理由之一是，玄思形上學和自然科學之間的預想界限是模糊不清的；另一個理由即轉向實用主義。[19]

奎因的論證十分細密，以上所引的只不過點出他論文的主旨。總之，他對邏輯實證論的批評實屬一針見血之論。這篇文章對邏輯實證論的發展極具制衡作用，而後任何此派學者若想毫無限制地推展原來的哲學構想與計畫，都得仔細考慮奎因的論點。但迄今仍無較滿意的答案出現。

　事實上，邏輯實證論的整個趨向也就是想把理論盡量「形式化」（formalization），也因此形式邏輯（formal logic）變成極重要的一環。可是即使我們真能把一切經驗理論完全形式化，就如數學理論一樣，而卻不能把已經形式化的「理論」和我們欲研究的實質內容或我們的「非形式化」「非數學」的經驗牽連在一起，則這些形式化的理論將空無所指、一無用處。[20]晚近普南（Hilary Putnam, 1926–2016）以「缸中之腦」為模型，來說明「指涉理論」（theory of reference）中的實質脈絡實不可或缺；他想證明的道理亦只有一點：形式原則無法決定實質問題的內涵。[21]而「方法」及「方法論」卻屬於形式問題的範疇。

19　W. V. Quine, "Two Dogmas of Empiricism," in *From a Logical Point of View: 9 Logico-philosophical Essays* (Cambridge, Mass.: Harvard University Press, 1961), p. 20. 進一步的討論可參閱 James F. Harris, Jr. and Richard H. Severens, eds., *Analyticity: Selected Readings* (Chicago: Quadrangle Books, 1970)。

20　Michael Polanyi, *Knowing and Being: Essays*, ed. Marjorie Grene (Chicago: University of Chicago Press, 1974), p. 179; Ludwig Wittgenstein, *Philosophical Investigations*, trans. G. E. M. Anscombe (New York: Macmillan, 1968), p. 20.

21　Hilary Putnam, "Mind and Body," *Reason, Truth and History* (Cambridge: Cambridge University Press, 1981).

　　除了這個哲學傳統之外，還有其他不同學派的學者起來糾正邏輯實證論專注方法論的弊病。例如：德國的伽達默爾企圖以本體論為論域，來取代方法論作為一個「闡釋理論」的不足與缺陷。[22] 他主張讀者與作品之間的關係就像兩個本體的接觸，非方法論可以道盡。他的說法在本體論的層次的確頗有說服力，卻難以克服在方法論裡一連串的問題，其中之一即無法說明何以某一作品比另一作品要來得好。[23]

　　另方面，法蘭克福學派 (Frankfurt school) 的哈貝馬斯 (Jürgen Habermas, 1929–) 繼續闡揚伽達默爾的論點，他指出實證論以「科學哲學」來替代「知識論」(epistemology)，然而卻局限於研究既成科學知識的性質和成果，致使傳統知識論裡的「認知者」(knowing subject) 失去應有的指涉立足點，從而亦消除了對「知識本有的利益」(或譯「知識內攝的利益」，knowledge-constitutive interests) 應具的認識。[24] 值得注意的是，哈貝馬斯基本的動機在建立批判社會的理論，而非知識論；他對伽達默爾學說的過分推廣，受到後者嚴厲的指責。[25] 尤其奇怪的是，哈貝馬斯在「精神上」是反實證論的，但他對科學的理解卻無法跳出實證論的窠臼，他仍然相信精確科學所具有的獨特「客觀性」，此點只要把他的著作與以下將述及的孔恩和費耶阿本德 (Paul Feyerabend, 1924–1994) 的著作作一對比，即可顯出哈貝馬斯仍舊沒有完全脫離實證論與科學主義的

22　Hans-Georg Gadamer, *Truth and Method*, trans. Garrett Barden and John Cumming (New York: Continuum, 1975).

23　Richard E. Palmer, *Hermeneutics: Interpretation Theory in Schleiermacher, Dilthey, Heidegger, and Gadamer* (Evanston: Northwestern University Press, 1969), chap. 4.

24　Jürgen Habermas, *Knowledge and Human Interests*, trans. Jeremy J. Shapiro (Boston: Beacon Press, 1971), pp. 67–69.

25　Hans-Georg Gadamer, "On the Scope and Function of Hermeneutical Reflection," in *Philosophical Hermeneutics*, ed. and trans. David E. Linge (Berkeley: University of California Press, 1977), pp. 18–43.

陰影，[26] 雖然他自己時常用這些名詞（實證論、科學主義等）來批評其他學者（如波普爾）。簡單説來，哈貝馬斯理論的潛在用意，在支持他自己「一種」特殊的意識形態、「一種」對西方社會現狀不滿的觀點。在學術史上，類此自己塑造一個「思想的稻草人」然後施以猛烈抨擊，雖然不是很新鮮的事情，[27] 但並不意味著這就是知識創獲的最佳途徑。[28]

_____

26　Thomas Kuhn, "The Structure of Scientific Revolutions," in *Foundations of the Unity of Science: Toward an International Encyclopedia of Unified Science*, ed. Otto Neurath, Rudolf Carnap and Charles Morris (Chicago: University of Chicago Press, 1971), vol. 2, pp. 53–272; Paul Feyerabend, *Against Method: Outline of an Anarchistic Theory of Knowledge* (London: Verso, 1979).

27　譬如：黑格爾對康德的誤解，還有摩爾（G. E. Mooe, 1873–1958）對密爾的誤解。

28　「批判理論」（critical theory，法蘭克福學派的社會理論）近年在台灣逐漸流行，它的優點及缺點，有必要比較均衡地介紹。自從接觸西學以來，由於國人特殊的歷史環境及心態的影響，對任何外來新説，往往不是全盤擁抱、照單全收，便是不問究竟、盲目拒斥，這些態度都不是健康與合理的，追根究柢，其基本癥結在於缺乏真正的自信。今天對外來文化要做到不卑不亢的省視態度，並非易事；但桑塔耶拿（George Santayana, 1863–1952）曾説：「不知道從歷史取得教訓，是注定要重蹈覆轍的。」("Those who cannot remember the past are condemned to repeat it." In Santayana's *The Life of Reason*, 1905.) 如果在本文中，筆者不強調社會科學、方法及方法論的用處，其基本假設是別人已經談得很多，因此不再去重複而已，而非否定它們。就像在這裡只論及「批判理論」的弱點，其假設為：此理論最精彩的地方，他人必已有所闡明。就我個人的看法，哈貝馬斯並不是「批判理論」最富原創力的人。他著作的表現方法傾向旁徵博引，行止多家，然後萬宗歸一。這種富麗堂皇的寫法很容易使外行人目眩神搖，為之傾倒不已。事實上，他最大的弱點之一也就根源於此。這種過分的雄圖大志，給他自己的學説帶來不必要的負擔而呈現支撐不住、搖搖欲墜的險象。曾經有位丹麥學者開玩笑説，如果哈貝馬斯去上維根斯坦（L. J. J. Wittgenstein, 1889–1951）的課，一定不及格。哈貝馬斯援用分析語言哲學的方式，整個本末顛倒，不禁令人懷疑他閱讀此方面文獻的能力，或換個方式説，可能出於「非常獨特」的念法以支持他預設的意識形態。哈貝馬斯對語言哲學的誤解與扭曲，可參閱一位以色列學者在芬蘭出版的文章：Yehoshua Bar-Hillel, "On Habermas' Hermeneutic Philosophy of

　　總之，就個人所知，最有力批評邏輯實證論的，反而是來自他們自己的哲學傳統 (但不必然為邏輯實證論者)，如奎因、普南

Language," *Syntheses*, 26 (1973): 1–12。我覺得哈貝馬斯把維根斯坦以來語言哲學發展的整個意義誤解了。維根斯坦最重要的貢獻之一，在指出當我們考慮人類語言的時候，行為係不可缺少的參考點；到哈貝馬斯手裡變成：當我們思考人類行為時，語言變成「焦點」所在。這真是差之毫釐，失之千里。哈貝馬斯最大的弊病，是在不自覺地把「社會理論」化約成「心的哲學」(philosophy of mind)，這在他借用伽達默爾的「省思」(reflection) 這個觀念的方式，可獲得相當的證明。有趣的是，這正是他所極力抨擊的現象。另外，他把佛洛伊德也簡化得不成形象，至少他疏忽了晚期的佛洛伊德思想。當佛氏想把自己的學說從整體心理學延伸到解釋社會及文化現象時，也覺察到一個精神病人只靠對自己病因的察識，並不保證他就能痊癒，其他外在因素以及對病因的了解與克服的過程，亦為關鍵所在。就此點而言，哈貝馬斯卻把「社會」及「個人」的比喻過分地推廣；他認為個人心理病徵的解除端賴病因的察覺，社會病徵也端在人們去發覺它們。問題是誰來釐定病徵的情況與標準？再則，即使社會病徵已經被發覺，誰來負責解決？此皆非「病人」及「醫生」的簡單模型可以道盡。另外，哈貝馬斯對其他學者不公平的地方，有興趣的讀者只要把他的書與他所抨擊的作品仔細對照，即不難發覺。否則不免因為不熟悉或未接觸原典，只按照他鋪陳的理路去理解，很容易人云亦云、積非成是。舉例而言，哈貝馬斯指責韋伯只注意「工具性的理性」(instrumental rationality)，韋伯是否真是如此？我的答案是否定的。請比較Jürgen Habermas, "Technology and Science as 'Ideology'," in *Toward a Rational Society: Student Protest, Science, and Politics*, trans. Jeremy J. Shapiro (Boston: Beacon Press, 1970), pp. 81–122; Max Weber, "Politics as a Vocation," in *Max Weber: Selections in Translatio,* ed. W. G. Runciman, trans. Eric Matthews (Cambridge: Cambridge University Press, 1978), pp. 212–225。波普爾對此一學派的批評亦相當中肯。請參閱 Karl Popper, "Reason or Revolution," in Theodor W. Adorno et al., *The Positivist Dispute in German Sociology*, trans. Glyn Adey and David Frisby (New York: Harper & Row, 1976), pp. 288–300。簡而言之，筆者認為「批判理論」最大的錯誤在於相信「自然論」(naturalism) 缺乏「批評」的層面或功能；亞里士多德是個「自然論者」，他的自然論包含了「潛能發揮說」(a theory of potentiality)，只要有類似此種質素存在，「自然論」就會有批判的作用 (此點啓發自施克萊〔Judith N. Shklar, 1928–1992〕教授講授西方古代政治理論的演講)。而整個「批判理論」的弊病，也就在於把他人的學說作過分「意識形態」的解說。學者的理論並不必然為社會既得利益說詞，也不必然反映當時社會的情狀，其中關係須依「個例」為定。例如他們喜歡攻擊帕森思的理由之一，即是認為帕氏的學說為美國社會中的利益團體

等。因此，作為形式範疇的「方法」及「方法論」在指導、尋求或規範實質問題的解決上，是有一定的限度的。雖然我們不必完全

提供理論上的辯護；事實上並沒有明顯的證據可以支持如是的想法 (不管從學說本身的闡釋還是個人意圖上)。非「批判理論」的學者有時亦患有同樣的毛病，如 Alvin W. Gouldner, *The Coming Crisis of Western Sociology* (New York and London: Basic Books, 1970)，這種以思想外在因素決定思想內容或模式的說法，完全忽略思想自主性的「一面」。拙文並不在有系統地檢討「批判理論」的得失，哈貝馬斯的優點亦少述及，例如他所提出的「超越利益」(transcendental interests) 或可彌補卡爾·曼海姆以來，知識社會學以「經驗利益」(empirical interests) 為解釋模式的弊病，此點仍待深思。有關曼海姆的問題，可參閱拙作〈評卡爾·曼罕的「相關論」(relationism)〉，《食貨月刊》復刊，第7卷，第6期 (1977)：43–48；其修訂稿見拙著《歷史主義與歷史理論》(台北：允晨文化公司，1992)，頁237–251。然而，哈貝馬斯對「超越利益」的理解在某些地方太僵硬，譬如他把三類科學與三種「知識本有的利益」看得過分呆板：他把「經驗和分析科學」(empirical-analytical sciences) 與「技術的認知利益」(technical cognitive interest)，「歷史和詮釋科學」(historical-hermeneutic sciences) 與「實踐利益」或「溝通利益」(practical or communicative interest)，以及「批判理論」與「解脫的認知利益」(emancipatory cognitive interest) 分別對應起來。見 Jürgen Habermas, *Knowledge and Human Interests*, pp. 301–317。問題是這些學科所涵蘊的意義與所發揮的影響，常超出此一嚴格對應的格式，例如：從科學史可以得知牛頓理論在19世紀之前，除了推動科學理論外，其主要影響卻在於改變西方人的世界觀，而非技術的實際效用；就此點而言，牛頓理論是否可視為「歷史和詮釋科學」呢？又就牛頓理論把西方從中古神學的宇宙觀解脫出來，它是否亦具有「批判理論」的「力量」呢？更極端的例子，譬如：生理的異常也會引起行為的突變及錯亂的臆想，設若身體內某種質素的缺乏，甚或因腦部器官的生理疾病，照哈貝馬斯的分類，不知將把研究此類現象的科學劃入何類？另方面，哈貝馬斯這種說明方式並不就窮盡「知識」及「利益」的關係，這有點像心理學對「本能」(instincts) 的探討，從最初一個「本能」的發現增至上百個之多。前承陳忠信先生函示，最近另有一位德國學者又添補兩個「超越利益」以補充哈氏理論的不足，惜仍未見原著，不知這位學者如何增補原有的理論？但整個趨向令人未免有如托勒密 (Ptolemy, 約90–168) 以後的學者拚命加「周轉圓」來彌補托勒密理論缺陷的疑問。以上的批評大部分取材自1977年筆者的讀書報告 "Comments on Habermas' Knowledge and Human Interests"。此外，一般認為「批判理論」缺乏提供有關社會正面、積極的理論構作 (a positive theory of society)。事實上，在實際批判的運作中，批

同意費耶阿本德那樣反對「方法」及「方法論」，[29]但過分執著於已成的理論或方法，一方面不可避免將束縛創造的活力，另方面則蹈

評者不管意識與否，總是預設了「理想的社會」以之為據，即使這個「理想社會」在概念層次並不十分明顯。然而，目前我們只能說「批判理論」除了實質上揭露西方社會工業化後意識形態的糾結，對未來社會的憧憬仍相當模糊不清；這點倒與馬克思無法勾勒「無產階級社會」的真實情況有幾分類似。此外，即使作為批評實質社會的一般形式理論，「批判理論」仍有待努力及補充。而對歷史學者來說，「批判理論」照理「應」含有濃厚的「歷史意識」及「歷史了解」，實際上卻無由得見，未免覺得遺憾。究竟「應然」(ought)在邏輯上不涵蘊著「實然」(is)。在實際的討論中，我們很難發現「批判理論」的「歷史層面」。舉個實例，在當代學術辯論中，不批評一下實證主義的老祖宗孔德，似乎不合潮流，「批判論者」亦不例外。當哈貝馬斯論及孔德時，僅止於「觀念的推移」，而忽略了孔德思想在具體社會情狀及歷史脈絡中所發揮的作用。如果稍微涉獵西方近代思想史，不難發現孔德思想的意義在於「批評」當時的迷信、神學及教會，是股重要的進步力量。20世紀的今天，要在純粹理論層次批評孔德的缺失，並非難事，但其主要根據並非「觀念的推移」，而是這些觀念在此時此地的實際影響；也就是說，孔德的思想與孔德以後的歷史互相衝擊的結果。「觀念」本身並無多大意義，重要的是「觀念」在具體情況下的作用。從中國近代思想史，我們可以獲知梁啟超等運用社會達爾文主義作為要求改革的理論依據；然而在同時期的美國，社會達爾文主義卻被保守分子用來支持他們的既得利益。同樣內容的觀念，在不同的社會情狀，作用可能十分相異。而且孔德思想是否一如「批判論者」所認為的那麼淺陋？仍值得辯論。這種情形讓我們想起以具有「同情的了解」著稱的浪漫派史家，他們極力主張對一切事物應具有同情的了解，但面臨對「啟蒙史學」作估價時，卻十分「反歷史」而對前期史學攻擊不遺餘力，導致無法有持平之見。見 Ernst Cassirer, *The Philosophy of the Enlightenment*, trans. Fritz C. A. Koelln and James P. Pettegrove (Princeton, N. J.: Princeton University Press, 1951), pp. 197–198。

29　費耶阿本德在《反對方法》一書中，視「方法」及「方法論」為科學或任何知識進步的障礙，主張應該讓知識往各方面自由發展；該書1979年出版，當時頗引起爭議。Paul Feyerabend, *Against Method: Outline of an Anarchistic Theory of Knowledge*, pp. 17–33. 羅爾斯 (John Rawls, 1921–2002) 亦曾自道，他所以能逐漸發展自己的「正義論」，原因之一在於放棄平常分析哲學的討論方式，避免為「字義」的「釐清」糾纏不已。John Rawls, *A Theory of Justice* (Cambridge, Mass.: Belknap Press of Harvard University Press, 1977), p. xi. 這種自闢蹊徑的態度，有時候反而是追求知識的終南捷徑。

襲舊規、無所創新。從歷史上來看，知識的發展突破既成理論的
藩籬和方法的成規，並不是很稀罕的事情。

　　但由於邏輯實證論過分強調「形式」、「方法」、「方法論」的重
要性，不免帶來原先意料不到的弊端。因為他們不均衡地誇張
「形式探討」(formal approach)的功用，導致某些深信此一觀點的
學者將注意力凝聚至「形式問題」的研討。例如：當一門學科滯止
不前時，此輩學者首先歸咎於缺乏有效的「方法」可以使用，缺乏
正確「方法論」的指引，然而卻忽略了實質問題的研究及突破。實
際上，一門學科之進步與拓展，真正的關鍵端賴實質問題的解
決，而重要實質問題的解決經常又帶來「方法」的改革或創新，然
後才輪到「方法論」對這些成果加以「事後先見之明」式的理論說明
及辯護。這種先後程序在科學發展史上一再得到證明。而過分固
執方法意識的學者，卻把次序弄顛倒了。近年孔恩對17世紀「科
學革命」的精湛研究，徹底打破了以往教科書上所說明的「培根神
話」，這個神話長久以來令人們誤信17世紀「科學革命」是奠基於
培根所提倡的「歸納法」。事實的真相是此一「革命」實源自科學知
識內在邏輯的發展，而非來自其他外在因素或「方法」上的突破。[30]

　　「方法」之所以被誤解為實際研究所涉及的程序，其根源或在
於誤解或過分理想化我們現有對「方法」的知識。事實上，書本上
所談的「方法」是屬於「重建的邏輯」(reconstructed logic)，而非實

30　參閱 Thomas Kuhn, "The Structure of Scientific Revolutions" 以及他的另兩
　　篇文章 "The Relations between History and the History of Science," in
　　Historical Studies Today, eds. Felix Gilbert and Stephen R. Graubard (New York:
　　W. W. Norton, 1972), pp. 159–192; "Mathematical versus Experimental
　　Traditions in the Development of Physical Science," in Thomas Kuhn, *The
　　Essential Tension: Selected Studies in Scientific Tradition and Change* (Chicago and
　　London: University of Chicago Press, 1977), pp. 31–65。

際研究過程中的「應用邏輯」(logic in use)。[31] 所謂「重建的邏輯」即是從著作中整理出來的邏輯，我們可以確定某人的「太平天國之亂」是用統計法或其他方法寫出來的，因為我們可從他成形的著作釐出這樣的線索。可是對研究者而言，在他未接觸任何有關「太平天國」的資料之前，極可能對「太平天國」一點概念也沒有。他只有從閱讀資料的過程，或肯定、或否定某些預存的假設，才會逐漸形成明確的觀念架構。今天很少人會相信實證史學所一度標榜的說法：歷史（或史料）會為自己說話。史家及史料的關係是辯證的，而非機械式的對應，這種現象在史家由敘述層面移向解釋層面時尤其表露無遺。

但是反過來說，史家若無資料可憑據，就將陷入巧婦難為「無米之炊」這樣的困境。因此只有對資料有了適度的熟悉及較清楚的觀念架構之後，研究者才能暫時決定用什麼樣的「方法」（不限於一種）來探討，過程中又可能有「嘗試與錯誤」(trial and error)的波折，其結果甚至可能與原先假設完全相反。史家的研究工作就如工匠雕琢一塊玉石，首先工匠必須根據以往的經驗及知識來研判此塊玉石的種類與性質，測驗它的硬度，對它的形狀作最大的利用和切割；例如：它能否作成一個玉鐲子，或者單取綠色部分切成若干戒面，牟利較高；或者它僅是一塊軟質青山玉，適合雕刻成一尊佛像，或一隻鳳凰，或其他形象。在接觸這塊石頭之前，工匠無法預先決定要刻成什麼形狀（就如史家的觀念架構），應用何種工具（就如史家可用的方法）。

當然某些極權國家的史學，因受特定意識形態的控制和影響，執著某一固定方法或史觀的使用，其結果就像把一塊只能刻

---

31 Abraham Kaplan, *The Conduct of Inquiry: Methodology for Behavioral Science* (San Francisco: Chandler, 1964), pp. 5–11.

成佛像的玉石，硬刻成「四不像」。而利益階層的御用學者，亦犯有同樣的弊病。此外，史家個人的偏執有時亦會產生類似的癥結，就如有些玉匠不論任何東西一律刻成兔子，唯一可能的變化是或大、或小、或站、或跳而已。

由此可知，光有「重建邏輯」的「方法」並無濟於事。不可諱言，理想上我們亟望「重建邏輯」能與「應用邏輯」合而為一，如此則可省卻許多工夫（雖然歷史研究的樂趣可能因為過分規律化而遞減許多）。不幸的是，作為實際研究的「應用邏輯」與由之而建立的「重建邏輯」間的差距仍然甚大，[32] 特別是目前的「重建邏輯」絕大部分以「前端科學」（例如物理學等）已獲得的知識為模式，其產生的假說不論在描述或規範的功能上，仍有許多爭論，何況應用至人文學及社會科學呢？伯恩斯坦（Richard J. Bernstein, 1932–）批評美國主流社會科學家無法把「理論」（theory）與「實踐」（practice）互相協調配合，[33] 此一批評亦可適用在耽溺於「方法意識」而不自覺的歷史學家。這種過分強調「方法」及「方法論」的觀點，很可能把波蘭尼（Michael Polanyi, 1891–1976）所謂涉及知識創造所預存的「隱含認知」（tacit knowing）質素[34] 整個抹殺掉了，而使複雜的智力運作過程簡化為機械的平面圖，更糟糕的是可能就此瘦瘠不育了。

是故社會科學與歷史的關係，如果只限於提供「方法」或「方法論」的指導，則它們對歷史的貢獻是相當受限制的。即使它們能提供一些觀點或理論架構供史家觀察歷史事實、組織事實，史家仍然必須十分審慎地使用它們，因為這些觀念及理論往往得自

32　波普爾曾經嘗試探討「應用邏輯」，結果並不理想，後繼乏人。參閱 Karl R. Popper, *The Logic of Scientific Discovery* (New York: Harper & Row, 1959)。

33　Richard Bernstein, *The Restructuring of Social and Political Theory* (Philadelphia: University of Pennsylvania Press, 1978), pp. 45–54.

34　Michael Polanyi, *Personal Knowledge: Towards a Post-critical Philosophy* (New York and Evanston: Harper & Row, 1964).

於特定時空的脈絡，它們的應用範圍需要接受仔細的檢驗。研究
工業社會的流動力是很時髦的，但如果拿這組觀念去研究傳統農
業社會，則因材料的性質及保存狀況，在方法或理論上相對地都必
須有所修正。例如，由於材料的稀少，隨意取樣（random sampling）
則必得改為窮舉法。

　　此外，當談起社會科學，我們似乎假設每一門學科已經匯歸
成一套公認確切的理論可供史家隨心使用；殊不知每門學科內部
的理論亦非常分歧，互有長短。譬如：佛洛伊德學派及其修正派
（Freudian and neo-Freudian schools）的概念及其分析法較常被借用
來處理歷史人物，但這並不意味著它們和心理學之間的關係是個
簡單的等號。事實上，佛洛伊德學派僅是心理學的一支，其理論
經常遭受其他學派的批評和挑戰。

　　社會學亦是百家爭鳴，從演化派（evolutionalism）、結構功能
學派（structural functionalism）、交換理論（exchange theory）、衝突
學派（conflict school）、現象社會學（phenomenological sociology）、
批判理論到後結構主義等琳琅滿目，利弊互見。其中結構功能學
派的帕森思是第一個想超越涂爾幹和韋伯的社會現象的分類語
言，而試圖建立起普遍的社會分析語言的學者。他自認為其所創
造的「模式變項」（pattern variables）可使用至各種人類的社會現
象，[35] 然而他的努力卻受各方激烈的抨擊，這些批評之公允與否是
另外一個問題，[36] 但至少到目前為止，並沒有一套大家所公認「放諸
四海而皆準」的經驗理論，可供史家不經省察、不經檢證而放心
使用至他所感興趣的領域。

35　Talcott Parsons, *The Social System* (New York: Free Press, 1951), pp. 46–51, 58–
　　67.

36　參閱 Theodore Abel, *The Foundation of Sociological Theory* (New York: Random
　　House, 1970), pp. 165–173。見埃布爾對帕森思批評者的批評。

最後讓筆者重述並歸納本文之重點：

1. 歷史及社會科學的關係是項開放的問題，因研究者與研究題目而異。我們期望有較成熟的方式運用社會科學至歷史領域裡來。幾年前曾偶讀一位年輕史家的著作，一開頭便道：「帕森思有五個概念……」讀完以後，還是弄不清楚帕森思的理論與他文章的關係為何，這未免有生吞活剝、囫圇吞棗之嫌。在行文中作者盡量避免衍發不必要的子題去討論新康德主義（neo-Kantianism）津津樂道的「人文學」（歷史學包括在內）與「自然科學」的歧異，這種以「獨特性」與「普遍性」作區分標準的探討，並沒有帶來什麼有益的結果，反而徒然加深不同學科間的壁壘，阻止雙方可能的溝通。

2. 本文的主旨並不在否定社會科學，或反對方法及方法論。只是指出目前的社會科學知識，套句理學家的用語，並非「至當歸一，精義無二」，可以讓史家作為安身立命的憑依。史家不能迷信方法及方法論，因為它們既不是實際歷史研究的充分條件，也不是必要條件；它們的用處，借用卡布蘭（Abraham Kaplan, 1918–1993）的比喻，頂多只是足球場的教練，而非裁判，更非制定規則的委員，它們的好壞端賴於是否能有效地贏球而定。[37]韋伯說得最妥切：

> 方法論只能幫助我們把研究中證明具有價值的方法，從思考的了解提升至明顯的意識層面。它並非豐富智力工作的先決條件，就如解剖知識不是正確步行的先決條件一樣。[38]

37　Abraham Kaplan, *The Conduct of Inquiry: Methodology for Behavioral Science*, p. 25.

38　Max Weber, *The Methodology of the Social Sciences*, trans. and eds. Edward A. Shils and Henry A. Finch (New York: Free Press, 1949), p. 115.

英國史家阿克頓在他晚年曾經充滿自信地說：

> 每一門學科必須有自己的方法，除此之外，它們必須擁有一種
> 可以應用到它們全部而且又相同的方法：歷史的方法。
>
> 歷史不僅是一門特殊的學問，並且是其他學問的一種獨特的求
> 知模式與方法。[39]

巴任卻在他1974年出版的書中說「歷史是反方法」。[40]這兩位學者的想法直截形成強烈的對比，同時透露出史學研究及思想轉移的消息。我們不難了解此中的變遷，因為20世紀初期，歐洲歷史學界已經有了相當的轉變。原先，自法國大革命以來，歷史原則和概念的思考，取代了宗教和哲學在傳統歐洲思想的位置，克萊歐歷史女神以學術盟主的姿態雄霸天下，這是所謂「歷史主義」的時代。其他社會科學在這期間，則致力於吸收歷史的泉源，以豐富本身的方法和概念，例如：法律有歷史學派，經濟也有歷史學派的出現等。但到了19世紀末葉至20世紀初期，其他學科急遽發展，自然科學突飛猛進，社會科學也羽毛豐滿，紛告獨立，人們不再認為歷史是萬能的，史學頓然被棄之若敝屣，甚至飽受敵視。史家受此重大打擊，不得不努力開創新局面，以挽回以往的聲譽。[41]

今天史家正是處於開創新局面的時刻。對中國史家而言，還多一層負擔，即如何將傳統史學創造性地轉化為現代史學。除了

---

39 Quoted by Herbert Butterfield, in *Man on His Past: The Study of the History of Historical Scholarship* (Cambridge: Cambridge University Press, 1955), p. 1, n. 1 and p. 97.

40 見本文注2。

41 參見拙作，〈歷史相對論的回顧與檢討：從比爾德(Beard)和貝克(Becker)談起〉，收入黃進興，《歷史主義與歷史理論》，頁161–167。

吸收固有史學的優點外，西方史學的介紹與了解亦不可缺乏。三十年來，西方史學界在接受社會科學衝擊之後，目前已開始重新反省檢討歷史學與社會科學這一段交涉的結果。國內史學界近年來應用社會科學的風氣方興未艾，「他山之石，可以攻錯」，本此原則，我們特別選譯了一些這方面的作品介紹給國內。在取捨之際，我們不特別強調那些一味鼓吹應用社會科學的文章，而著重於介紹一些檢討、批判社會科學應用到歷史研究，其有效性及局限性的討論。這些文章一個共通的特點是其作者大半皆為卓具聲譽的史家，具有豐富的實際研究經驗。佛家說「如人飲水，冷暖自知」，史學研究的曲折奧妙之處，實非一些空洞的理論所能一語道盡。只有從實際研究工作中逐漸累積經驗，才能真正掌握其間的奧秘。這些選文正代表了史學工作者的「經驗之談」。透過這些史學家的「現身說法」，對於這個問題的了解或許將不再只限於一些空泛的理論性的探討。

唐代的玄奘 (602–664) 至今仍是留學生最佳的典範。他遊學異域十七年，深造自得，辯難群哲，但他歸國後卻潛心於譯經的工作，從而奠定了佛教深植於中國文化的基礎。能夠精確地理解外來文化，才能談到批判或接受外來文化。翻譯是達成此項理想的第一步。研究中國近代思想史的學者經常指出，留學生之介紹某種西方學說到中國，往往出於非常偶然的因素（例如他們的個人關懷與學習環境），他們把某些學說抽離出西方文化特定的系絡，不顧思想的歷史及社會環境，在祖國竭力提倡。[42]固然傳統文化因此變得更豐富，但其弊端則為增加了思想的混亂（思想的

42　例如：Benjamin Schwartz, *In Search of Wealth and Power: Yen Fu and the West* (Cambridge, Mass.: Belknap Press of Harvard University Press, 1964) and Charlotte Furth, *Ting Wen-chiang: Science and China's New Culture*。

混亂並不意味思想多元性）。人們經常看到一些洋菩薩的代言
人，攻訐互起，爭論不休，卻見不到原始經典可資諮詢或案對是
非。甚至於他們對所宣傳的西方學術的了解程度，都還是一個問
題。法國當代現象學家利科曾感嘆説：「我的美國門徒大都誤解
我的學説。」[43]假如把西方文化相對於中國文化作一巨視的對比，
則同屬於西方文化範疇中的學者，彼此了解都還可能產生這麼大
的差距，那麼來自一個異文化的東方學者在介紹這些學術思想時
是否更應謹慎小心呢？五四運動以來，一知半解式地介紹西方文
化，只不過給自家的學術界多了一些談助材料，其情況正如清代
史學家章學誠批評其當時的學術風氣：

> （而）自來門户之交攻，俱是專己守殘，束書不觀，而高談性天
> 之流也。則自命陸王以攻朱者，固偽陸王；即自命朱氏以攻陸
> 王者，亦偽陸王，不得號為偽朱也。同一門户，而陸王有偽，
> 朱無偽者，空言易，而實學難也。[44]

玄奘當年的光輝事跡，對今天的留學生而言，已退化得近似
神話，章學誠的批評「空言易而實學難」又正切中時下學術風氣的
弊病，每念及此，不由心慚不已。

我們希望這本譯著能有助於讀者思考此類問題，我們不僅期
望讀者本著「求經溯源」的態度，去閱讀更深刻的原典，同時本著
「實事求是」原則，從實際研究工作中去體會這些問題。正如程顥
（1032–1085）所説：「吾學雖有所授受，天理二字，卻是自家體貼
出來。」

43　1977年12月筆者與利科在波士頓的談話。
44　章學誠，《文史通義》（台北：世界書局據道光壬辰十月版排印，1962），
　　內篇〈朱陸〉，頁54。

後現代主義與中國新史學的碰撞[*]

真實乃是歷史的靈魂。[1]

——皮埃爾·培爾（Pierre Bayle, 1647–1706）

歷史乃是西方的神話。[2]

——文森特·德貢布（Vincent Descombes, 1943–）

中國與西方向來被視為兩個最具歷史意識的文明，彼此的交流史不絕書，但卻各自發展了別有特色的史學，隔絕竟達數千年之久。[3]這種情形直迄清代末年方有改觀。

---

[*] 初刊於《歷史研究》2013年第5期，總345期（2013年10月15日）：24–32。

[1] Pierre Bayle, *Mr. Bayle's Historical and Critical Dictionary* (London: Routledge/Thoemmes Press, 1997), vol. IV, p. 863a. (Translation of *Dictionnaire historique et critique*. Reprint. Originally published: 2nd ed. London: J. J. and P. Knapton, 1734–1738.)

[2] Vincent Descombes, *Modern French Philosophy*, trans. L. Scott-Fox and J. M. Harding (Cambridge: Cambridge University Press, 1982), p. 110.

[3] Herbert Butterfield, *The Origins of History* (New York: Basic Books, 1981), pp. 138–139. 另可參閱杜維運師，《中西古代史學比較》（台北：東大圖書公司，1988），第1章，頁2。

　　始自上世紀之初，凡是志在打倒固有史學、開闢新局的史家，均資「新史學」為名號，以正當化其揭竿起義的事為；這種文化現象，在中、外均層出不窮，殊值留意。不料於此，中西史學終於有了一個匯聚點。1902年，梁啓超所發表的〈新史學〉一文，[4]直可視作近代中國史學發展的里程碑。[5]而在西方，則有魯濱遜的《新史學》一書，相互輝映。[6]世紀之際的中、西「新史學」各有根源，內容亦不盡相同，[7]但是「新史學」的「新」字，除了標示時間的序列，本身即是價值所在，而至於內容為何，似無關緊要。蓋自上一世紀以來，新史學運動在中、西均前仆後繼，此起彼落，迄21世紀，西方猶有人標示「新史學」，大談最新的歷史動向。[8]

4　梁啓超，〈新史學〉，《飲冰室文集》（台北：台灣中華書局，1960），第2冊，文集之九，頁1–32。

5　梁氏完備成熟的論述則見諸《中國歷史研究法》(1922)、《中國歷史研究法補編》(1926–1927)（《飲冰室合集・專集》第16冊、第23冊；上海：中華書局，1936），頁1–128及頁1–176。

6　James Harvey Robinson, *The New History: Essays Illustrating the Modern Historical Outlook* (New York: Free Press, 1965). 該書初版於1912年 (New York: The Macmillan Company)，收集魯氏自1900年起所發表的文章，在20世紀初期影響並帶動美國的歷史研究甚巨。首篇的標題 "The New History"，發表於1900年。請參閱拙著〈歷史相對論的回顧與檢討：從比爾德 (Beard) 和貝克 (Becker) 談起〉，收入黃進興，《歷史主義與歷史理論》（台北：允晨文化公司，1999），頁163–169。

7　在西方1890年代，即倡議必須開創一種別出心裁的「新史學」，與傳統史學（以蘭克史學為首）區隔。在德國有蘭布雷希特，法國則有布爾 (Henri Berr, 1863–1954)，美國則有特納 (Frederick Jackson Turner, 1861–1932) 等，其主張不盡相同。參見 Ernst Breisach, *Historiography: Ancient, Medieval, and Modern* (Chicago: University of Chicago Press, 2007), pp. 313–318。又「新史學」一詞，當時在史學界應相當流行。

8　Maria Lucia G. Pallares-Burke, *The New History: Confessions and Conversations* (Cambridge: Polity Press, 2002). 而1990年代，台灣即有一群中研院年輕的歷史同仁創辦《新史學》，以求開風氣之先，開拓史學的新視野。

在中國方面，「新史學」經梁氏登高一呼之後，傳統史學洞門大開，積極迎納西方思潮。自此，中國史家為求改造傳統史學的企圖，始終未曾動搖。而後現代主義恰巧代表晚近西方一股嶄新的思潮，其遭遇甚值觀察。

需知毋論中、西新史學，無時無刻不在變動之中。所以，於討論二者之間可能的關係之前，首先必得先了解中國新史學的趨向，尤其與傳統史學的區隔。其次，方敘及後現代主義大致的論旨，特別是對新史學的衝擊。

析言之，梁啓超鼓吹的「史學革命」，雖發生於百年之前，但其所釐定的方向，卻有變、有未變。有變的是：該時為了應付時局所引介的進化史觀、民族主義史學，在當時確實引起軒然大波，然今皆時過境遷，需要改弦更張。原本於中國舊學問當中，便有「崇經黜史」的傾向，史學並非全然自主。惟清季以降，經學不敵強勢西學，其解釋典範日趨式微。史學在無所憑依的狀況下，只得汲汲尋求外援。梁氏之熱衷引介進化史觀，便是極佳的先例。王國維（1877–1927）也見證到：「自進化之論出，學子益重歷史。」[9] 稍後的傅斯年（1896–1950）也承認「史學外的達爾文論，正是歷史方法之大成」。[10]

但進化史觀在20世紀淪為帝國主義的工具，復經兩次大戰嚴峻的考驗，業已搖搖欲墜；民族主義在後現代的語境，其客觀性大受質疑，「想像的共同體」（imagined community）之說反而甚囂

9　王國維，〈重刻《支那通史》序〉，收入周錫山編校，《王國維集》（北京：中國社會科學出版社，2008），第4冊，頁469。

10　傅斯年，〈歷史語言研究所工作之旨趣〉，收入《傅斯年全集》（台北：聯經出版事業公司，1980），第4冊，頁253。

塵上。[11] 舉中國史為例，我的同學杜贊奇倡議「從民族國家拯救歷史」，便獲得不少回響。[12]

但梁啓超的新史學，未變而影響深遠的仍然有二：其一，是「史料」基本概念的確立；其二，史學與其他學科的關係，尤其是與社會科學的結盟。[13]這兩項預設徹底轉化了傳統史學的性質，致使今日中國史學得以加入近代史學的行列，而與之禍福與共。

首先，梁氏在《中國歷史研究法》費了絕大篇幅，反覆闡釋「史料」這個概念。史學之有別於玄學或神學，其立論不可端賴窮思冥想，卻必得立在具體的證據——史料之上。

依照數據形成之早晚先後，梁氏將史料分為「直接史料」與「間接史料」兩大類別。[14]在史學論證過程，「直接史料」最具分量，不得已方退而求諸「間接史料」。近史學之父——蘭克在自己的作品《宗教改革時期的日耳曼史》現身說法道：

11　近年「民族」的形成偏向主觀論者，最具代表性的便是 Benedict Anderson, *Imagined Communities: Reflections on the Origin and Spread of Nationalism* (London and New York: Verso, 1983)。

12　Prasenjit Duara, *Rescuing History from the Nation: Questioning Narratives of Modern China* (Chicago: University of Chicago Press, 1995). 中譯本：杜贊奇著，王憲明等譯，《從民族國家拯救歷史：民族主義話語與中國現代史研究》(北京：社會科學文獻出版社，2003)。

13　梁氏「新史學」的來源，顯然有取自當時日本引介的西方史學，也有徑取西方史學的地方。但正本溯源，西方史學方是最終的源頭，因為當時日本史學亦是取資西方。參較杜維運師，〈梁著《中國歷史研究法》探原〉，《歷史語言研究所集刊》，第51本，第2分 (1980年6月)：315–323。又鄔國義，〈梁啓超新史學思想探源 (代序言)〉，收入浮田和民講述，李浩生等譯，鄔國義編校，《史學通論四種合刊》(上海：華東師範大學出版社，2007)，頁1–49。

14　梁啓超，《中國歷史研究法》，第5章，頁80。

我見到這個時代的來臨，吾人不復將近代史（modern history）建
立在間接的報導之上，甚而同時代的史家除非擁有一手的知
識，亦不予採信。我們寧可把史學從目擊的敘述與最真實及直
接的史源中建立起來。[15]

要之，史料的分辨在中西傳統史學均相當模糊，但在西方17世紀
以下則獲得前所未有的釐清，最終變成現代史學研究的基本預
設。循此，「直接史料」（或謂「原始數據」）與「間接史料」（或謂「二
手資料」）的分辨，正是奠定西方近代史學的基石。[16]

　　而梁氏接受了如是的史料概念，可預料地對傳統史學必起了
莫大的顛覆作用。首當其衝的，便是動搖傳統史學經典的權威形
象。譬如：帝制時代尊為「正史」的「二十四史」，在梁氏新觀點的
審視之下，只是卷帙浩繁的「史料」而已；於印證個別論點，其價
值反不如金石銘刻、地方誌、文集筆記來得直接，來得信實可
靠。這種觀點徹底轉化了中國近代史學的評斷。柳詒徵（1880–
1956）謂「吾國諸史僅屬史料，而非史書」，[17]便是明證。尤有進
之，梁氏更將章學誠的「六經皆史」的觀點，疏通成「六經皆史
料」，以方便銜接西方史學。

15　Leopold von Ranke, *History of the Reformation in Germany* (*Deutsche Geschichte im Zeitalter der Reformation*), trans. Sarah Austin (London: George Routledge & Sons, 1905), p. xi.

16　Arnaldo Momigliano, "Ancient History and the Antiquarian," in *Studies in Historiography* (New York: Harper & Row, 1966), pp. 1–39.

17　柳詒徵，〈國史要義〉，收入《民國叢書》（上海：上海書店據商務印書館 1948年初版影印，1991），第3編，第61冊，頁110。

　　上述的「史料」概念，實為中國新一代史家所共享。胡適在他
的聲名大噪之作《中國哲學史大綱‧卷上》(1919) 裡，批評「中國
人作史，最不講究史料」，職是，特別強調：

> 審定史料乃是史學家第一步根本工夫。西洋近百年來史學大進
> 步，大半都由於審定史料的方法更嚴密了。[18]

反過來他批評傳統的中國史書：

> 神話、官書都可作史料，全不問這些材料是否可靠。卻不知道
> 史料若不可靠，所作的歷史便無信史的價值。[19]

　　值得點出的，在《中國哲學史大綱》參考書目當中，攸關「史
料審定及整理之法」，胡適建議閱讀的，正是同樣為梁氏所取資
的朗格諾瓦與瑟諾博司合著的《史學原論》(*Introduction aux Études
historiques*) 英譯本。[20] 要知《史學原論》與伯倫漢的著作在西方史學
具有同等分量，均代表蘭克史學於世紀之際的再興。[21]

18　胡適，第一篇〈導言〉「審定史料之法」，《中國哲學大綱‧卷上》(台北：
　　里仁書局，1982)，頁 19。

19　同上書，第一篇〈導言〉「史料的審定」，頁 15。

20　同上書，第一篇〈導言〉，頁 33。《史學原論》法文原版出版於 1897 年；
　　英譯本初次發行於 1904 年。Charles-Victor Langlois and Charles Seignobos,
　　Introduction to the Study of History, trans. G. G. Berry, (London: Duckworth;
　　New York: Henry Holt and Company, 1912)。

21　19、20 世紀之交，西方廣受歡迎且最具分量的兩本史學方法巨著，一為
　　德國史家伯倫漢於 1889 年發表的《史學方法論與歷史哲學》；另一係法
　　國史家朗格諾瓦與瑟諾博司 1897 年合著刊行的《史學原論》。二書紹述
　　蘭克史學，並予以發揚光大。參見 Ernst Breisach, *Historiography: Ancient,
　　Medieval, and Modern*, p. 281。

　　此外，受業於胡適、復為蘭克史學的踐行者傅斯年，[22]更直截了當地宣稱「近代的歷史學只是史料學」，[23]他認為「史的觀念之進步，在於由主觀的哲學及倫理價值論變作客觀的史料學」，[24]換言之，「史學的對象是史料，不是文辭，不是倫理，不是神學，並且不是社會學」。[25]傅氏對「史料」極致的重視，毋怪後人逕以「史料學派」標示他所領導的「史語所」。[26]

　　世紀之際，梁氏諸賢敞開胸懷，迎納西方史學，不料卻讓自身陷入中、外史學的雙重危機。一方面，傳統史學固不敷應付世變日亟的時局，而必須引進西方史學，然而後者復逢西方新興社會科學的挑戰，窘態乍露。[27]故梁氏乃不得已移樽就教，言道「史

22　傅斯年固然直接提到蘭克（他謂之「頓克」）之處不多，但其史學主張，就內容分析，卻與盛行於世紀之交的蘭克史學相當類似。經查歷史語言研究所傅斯年圖書館藏書，攷關傅斯年私人藏書，則赫然可見集蘭克史學大成的伯倫漢 *Einleitung in die Geschichtswissenschaft* (Berlin: Gruyter, 1920)（按，該書為伯倫漢前述經典的流行簡本），遑論復藏有其他為數不少論及蘭克的史學史與史學專著，傅對蘭克史學想必相當熟稔。按，蘭克極少從事史學本身的論述，有則常見諸專史的序言。傅斯年圖書館早年藏有不少蘭克的德文原著，應與傅斯年有關。

23　傅斯年，〈歷史語言研究所工作之旨趣〉，頁253。他説：「史學便是史料學。」見傅斯年，〈史學方法導論〉，《傅斯年全集》，第2冊，頁6。傅氏主張染有蘭克史學的色彩。請參閱拙作〈「文本」與「真實」的概念：試論德希達對傳統史學的衝擊〉及〈中國近代史學的雙重危機：試論「新史學」的誕生及其所面臨的困境〉，收入黃進興，《後現代主義與史學研究》（台北：三民書局，2006；北京：三聯書店，2008），三民版在頁135–144、246–253；三聯版在頁129–137、234–241。

24　傅斯年，《史學方法導論》，頁5。

25　同上。

26　許冠三，《新史學九十年》（香港：香港中文大學出版社，1986），上冊，第7章。當然今日的史語所，氣象更新，研究多元，不可同日而語。

27　請參閱拙著〈中國近代史學的雙重危機：試論「新史學」的誕生及其所面臨的困境〉，《中國文化研究所學報》（香港中文大學），新第6期(1997)：263–285；另收入《後現代主義與史學研究：一個批判性的探討》，三民版在頁229–267；三聯版在頁217–255。

學，若嚴格的分類，應是社會科學的一種」，[28] 決心將中國史學帶離傳統的「四部」（經史子集）之學，正式加盟西學的陣營。

早在〈新史學〉一文，梁氏便批評中國史學「徒知有史學，而不知史學與他學之關係」。[29] 他認為與史學有「直接關係」的學科，相當於今日的社會科學；有「間接關係」的就是哲學與自然科學。與傅斯年同為蘭克史學代言人的姚從吾（1894–1970），也認識到其他科學對歷史研究的益處，他說：

> 覺 Ranke 及 Bernheim 的治史，實高出乾嘉一等。他們有比較客觀的標準，不為傳統所囿。有各種社會科學自然科學的啟示、指導，可以推陳出新。[30]

這種認知在當時的歷史學界相當普遍，舉其例，清代的章學誠在民初獲得極高的評價，備受中外名家諸如日人內藤湖南（1866–1934）、胡適等所推崇，但呂思勉於比較章學誠與今日史家的異同時如是評道：

> 他（章學誠）的意見，和現代的史學家，只差得一步。倘使再進一步，就和現在的史學家相同了。但這一步，在章學誠是無法再進的。這是為什麼呢？那是由於現代的史學家，有別種科學作他的助力，而章學誠時代則無有。[31]

28　梁啓超，《中國歷史研究法補編》，第4章，「丑、史學史的做法」，頁151。

29　梁啓超，〈史學之界說〉，《新史學》，頁10。

30　王德毅編著，《姚從吾先生年譜》（台北：新文豐出版公司，2000），頁20–21。要之，蘭克史學善用「輔助科學」幫助史學的研究，但僅著眼其工具性（例如語文學、金石學等）；不若20世紀新興的「社會科學」往往喧賓奪主，視史學為史料學，而「社會科學」方是主導解釋的理論。

31　呂思勉，〈歷史研究法〉，收入《民國叢書》（上海：上海書店據上海永祥印書館1945年版影印，1989），第1編，第73冊，頁24–25。

換言之，依呂氏之見，章學誠的史學造詣與現代史學所差無幾，惟現代史學的進步乃拜別種科學之賜。[32] 而在諸多科學之中，社會科學尤為「史學的根基」。[33]

簡言之，踵繼梁氏而起的新史學，大致遵循「史料優先」及「以客（社會科學）為尊」的兩大方向發展。前者固可強化傳統學術，尚不致威脅正規的歷史研究；然而迎門接納代表西學的社會科學，卻是地道的城下之盟，極大地斲傷了史學的自主性。鑒諸而後大陸所奉行的馬克思史學，[34] 與台灣六七十年代流行的行為科學，[35] 在在證明所言不差。試舉倡導以行為科學治史的伯克豪爾為例，他便明白主張：

> 人作為分析的單元，只能透過某些概念架構去研究，一旦取得了人類行為的知識，其他史學的問題自然迎刃而解。[36]

觀此，史學遂恍若失去半壁江山，只得拱手讓出解釋權，淪為資料整理的工具；而先前一味遵行唯物辯證法的大陸史家，更不用細說了。[37]

---

32 同上。

33 呂思勉著有〈社會科學是史學的根基〉(1941) 一文。見李永圻編，《呂思勉先生編年事輯》（上海：上海書店，1992），頁 225。

34 中國馬克思史學的形成，可參閱 Arif Dirlik, *Revolution and History: The Origins of Marxist Historiography in China, 1919–1937* (Berkeley: University of California Press, 1978)。

35 台灣 1960 至 1970 年代攸關行為科學與史學之間的討論，請參閱該時的《食貨月刊》(1971 至 1988 年在台灣復刊) 與《思與言》(1963 年於台北創刊)。馬克思主義和行為科學均可視為「社會科學」的一種類型。

36 Robert F. Berkhofer, Jr., *A Behavioral Approach to Historical Analysis* (New York: Free Press, 1969), p. 5.

37 參見中國社會科學院近代史研究所編，《范文瀾歷史論文選集》（北京：中國社會科學出版社，1979）；翦伯贊著，王學典編，《史學理念》（重慶：重慶出版社，2001）。

再者，無論是馬克思史學、抑或行為科學，均是延續並強化民初以降高漲的「方法意識」，視「方法」和「理論」優於一切，而有過之而無不及。[38] 細言之，梁啓超係清末民初方法論運動的先行者；他倡導凡欲發達一種學術，「其第一要件，在先有精良之研究法」，民國以後，他愈發推演此說。[39] 梁氏大肆鼓吹用科學方法去研究國學中的文獻學問，而《中國歷史研究法》正是他所謂科學方法的實踐。這種「方法」意識，稍後愈演愈烈。例如：胡適在民初主張「整理國故」，但怎麼整理呢？他說：

> 新思潮對於舊文化的態度，在消極一方面是反對盲從，是反對調和；在積極一方面，是用科學的方法來做整理的工夫。[40]

胡適在晚年便追述道：「我治中國思想與中國歷史的各種著作，都是圍繞著『方法』這一觀念打轉的。『方法』實在主宰了我四十多年來所有的著述。」[41] 而後現代主義基本上卻是「反方法」(anti-method) 意識的。[42]

38　請參閱拙作〈論「方法」及「方法論」──以近代中國史學意識為系絡〉，收入黃進興，《歷史主義與歷史理論》，頁261–285（已收入本書）。拙文撰於1981年，雖別有學承與脈絡，但與「後現代主義」之「反方法」的精神卻是一致的。

39　梁啓超，〈清代學術概論〉，《飲冰室合集·專集》，第10冊，專集之三十四，第9節，頁22。

40　胡適，〈新思潮的意義〉(1919年11月1日)，《胡適文存》(台北：遠東圖書公司，1953)，第1集，卷四，頁736。

41　胡適口述，唐德剛譯注，《胡適口述自傳》(台北：傳記文學出版社，1981)，第5章「哥倫比亞大學和杜威」，頁94。又，胡適逕言，清代「樸學」確有科學的精神，有清代學者的科學方法出現，是中國學術史的一大轉機；參見胡適，〈清代學者的治學方法〉(1921年11月3日)，《胡適文存》，第1集，卷二，頁390–391。

42　見Jacques Derrida, *Of Grammatology*, trans. Gayatri Chakravorty Spivak (Baltimore and London: Johns Hopkins University Press, 1997), pp. 158–159。

　　總之，20世紀「史學」與「社會科學」的關係，大概只能用「夸父追日」，堪以道盡其中原委。中國史學結盟社會科學，不意令自身陷入西學的輪迴，而無法自拔。而西方的社會科學在1960年代之後突然弊病叢出，危機重重；[43]其反思的結果，竟是後現代主義的產出。這對恓恓惶惶的中國新史學，不啻雪上加霜。並且就在1980年代之後，由於大陸的開放，兩岸驟然必須同時面對西潮嶄新一波的衝擊，此無他，便是後現代主義的來臨。

　　簡言之，「後現代主義」的來源不一，最早見諸1950年代西方的文學與建築評論，1960年代方在哲學與思想園地發榮滋長，1970年代以降，便席捲社會科學，史學則殿其後，方受波及；而中國史學則尤在其後。

　　顧名思義，後現代主義旨在顛覆或取代「現代主義」，而中外「新史學」恰是「現代性」所孕育的智識產物，遂成為其所攻訐的對象。後現代史學的追隨者動輒大放厥詞：

　　歷史乃是西方的神話。[44]

或者放聲喧嚷：

　　歷史的死亡。[45]

43　典型的例子，請參見Alvin W. Gouldner, *The Coming Crisis of Western Sociology*所論西方社會學即將面臨的危機（New York：Basic Books, 1970）。老牌史家史東也挺身指出：當前經濟學、社會學、心理學似乎瀕臨知識崩解的邊緣，史家必得做出對自己最有利的選擇。Lawrence Stone, *The Past and the Present Revisited* (New York: Routledge & Kegan Paul, 1987), p. 20.

44　Vincent Descombes, *Modern French Philosophy*, p. 110.

45　Niall Lucy, "The Death of History," in *Postmodern Literary Theory: An Introduction* (Oxford: Blackwell Publishers, 1997), pp. 42–62.

　　必須點出的是，他們所謂的「歷史」，意指一切非經由後現代
程序所製造出來的史著。

　　要知後現代史家採取的正是「彼可取而代之」的態勢。後現代
史學的祭酒──傅柯於1969年刊行了《知識考古學》(*The
Archaeology of Knowledge*)，該時的書評者立謂「敲響了歷史的喪
鐘」，[46] 似乎語不驚人誓不休。這對正規史家而言，卻是是可忍，
孰不可忍；縱使他們刻意排斥或迴避後現代主義的挑釁，但是
後現代主義的語彙業已充斥坊間的歷史寫作。 舉其例：「文
本」(text，巴特) 取代了「作品」(work)，「論述」(話語〔discourse〕，
傅柯) 取代了「解釋」(explanation)，「空間」(space) 取代了「時
間」，「間斷性」(discontinuity) 取代了「連續性」(continuity)，「解
構」(deconstruction，德希達) 取代了「結構」(structure)，「修辭」
(rhetoric，懷特) 取代了「論證」(argument)，「書寫」(writing，德
希達) 取代了「闡釋」(interpretation)，諸如此類，俯拾即是。可見
後現代主義的滲透力無遠弗屆。

　　尤有過之，後現代主義對史學研究正面的衝擊，仍然有二：
其一，解消「後設敘述」；其二，「語言的轉向」。[47] 後現代哲學家

46　François Dosse, *History of Structuralism*, trans. Deborah Glassman (Minneapolis, Minn.: University of Minnesota Press, 1997), vol. 2, p. 245.

47　按史學的語言轉向和哲學的語言轉向是兩回事，實質內容亦甚有出入。
「語言哲學」漸趨式微，乃為不爭的事實。參閱 Richard Rorty, "'Ten Years After' and 'Twenty-Five Years After'," in *The Linguistic Turn: Essays in Philosophical Method*, ed. Richard Rorty (Chicago: University of Chicago Press, 1992)。後現代主義的「語言的轉向」另有思想的泉源，乃是索緒爾的語言學，尤其是 Ferdinand de Saussure, *Course in General Linguistics*, trans. Wade Baskin (New York, Toronto, and London: McGraw-Hill, 1966)。

利奧塔 (Jean-François Lyotard, 1924–1998) 釐定「後現代」乃是對「後設敘述」的質疑，[48]其界義適可運用到史學領域。「後設敘述」，在史學上又可謂之「大敘述」(grand narrative)，諸如民族史觀、進步史觀、馬克思史觀等等。它們均難脱本質論 (essentialism) 或基礎主義 (foundationalism) 的色彩，而具有線性發展與目的論的特徵。[49]職是，受後現代主義所影響的史學，動輒推崇「小敘述」的「微觀史學」，「大敘述」則受到貶抑。[50]直接衝撞的，便是法國年鑑學派所鼓吹的「整體史」(total history) 了。而在中國史領域，前述杜贊奇力圖從民族國家的神話拯救歷史；便與俞旦初 (1928–1993) 所闡揚的愛國主義的民族史學，形成鮮明的對比。[51]而台灣

---

48 Jean-François Lyotard, *The Postmodern Condition: A Report on Knowledge*, trans. Geoff Bennington and Brian Massumi (Minneapolis: University of Minnesota Press, 1984), pp. xxiii–xxiv.

49 對「基礎主義」或「本質論」的反駁，參閱 Richard Rorty, *Philosophy and the Mirror of Nature* (Princeton: Princeton University Press, 1979)。

50 金茲堡 (Carlo Ginzburg, 1939–) 的名著《奶酪與蟲子》被認為是利奧塔「小敘述」的範作。Carlo Ginzburg, *The Cheese and the Worms: The Cosmos of a Sixteenth-Century Miller*, trans. John and Anne Tedeschi (New York: Penguin Books, 1982). 反諷的是，金茲堡卻是堅決反對後現代史學。他所遵行的是法官判斷的「證據典範」(evidence paradigm)。參閱 Carlo Ginzburg, *History, Rhetoric, and Proof* (Hanover and London: University Press of New England, 1999)。有關微觀史學，則請參閱 Giovanni Levi, "On Microhistory," in *New Perspectives on Historical Writing*, ed. Peter Burke (Cambridge: Polity Press, 1991), pp. 93–113; and Georg G. Iggers, "From Macro -to Microhistory: The History of Everyday Life," in *Historiography in the Twentieth Century: From Scientific Objectivity to the Postmodern Challenge* (Hanover and London: Wesleyan University Press, 1997), chap. 9。

51 試比較俞旦初，《愛國主義與中國近代史學》(北京：中國社會科學出版社，1996)。

史家沈松僑、王明珂受此氛圍的啟示，解構了「黃帝」的民族神
話，均是這方面別開生面的代表作。[52]

　　換言之，後現代史家強調分歧（diversity）與異質性
（heterogeneity）；遂將整體的大歷史（History），裂解為多元分化的
小歷史（histories）。

　　又，「後現代史學」一反實證史學，遂行了「語言的轉向」。[53]
從史學方法的角度觀察，「語言的轉向」促使史學進行一系列的回
歸，從史實至語言，從語言至文本，最後從文本至符號（sign）。
其結果則是將語言和經驗完全隔絕。巴特（Roland Barthes, 1915–
1980）就說：「事實無它，僅是語言性的存在。」[54]德希達亦附和
道：「文本之外，別無他物。」[55]封閉的文本論，令歷史不再指涉過
去；而失去對外的指涉性，歷史變成自成一格的符號遊戲。[56]

52　沈松僑，〈我以我血薦軒轅：黃帝神話與晚清的國族建構〉，《台灣社會
　　研究季刊》第28期（1997年12月）：1–77。王明珂，〈論攀附：近代炎黃
　　子孫國族建構的古代基礎〉，《歷史語言研究所集刊》，第73本，第3分
　　（2002年9月）：583–624。

53　Richard T. Vann, "Turning Linguistic," in *A New Philosophy of History*, eds. Frank
　　Ankersmit and Hans Kellner (Chicago: University of Chicago Press, 1995), pp.
　　40–69.

54　Roland Barthes, *The Rustle of Language*, trans. Richard Howard (New York: Hill
　　and Wang, 1986), p. 138.

55　Jacques Derrida, *Of Grammatology*, p. 158.

56　請參閱Pauline Marie Rosenau, *Post-Modernism and the Social Sciences: Insights,
　　Inroads, and Intrusions* (Princeton: Princeton University Press, 1992), pp. 62–65；
　　Andreas Huyssen, "The Search for Tradition: Avant-Garde and Postmodernism in
　　the 1970s," in *New German Critique*, no. 22 (winter 1981): 35。

　　從解讀的角度，巴特「作者之死」（The Death of the Author）的觀點，[57] 迥異於往昔閱讀文本的取徑，令「讀者」的詮釋凌駕於「作者」與「作品」之上。無獨有偶，德希達的「解構」及「書寫」概念，進而摧毀了「史源中心觀點」，標榜獨樹一幟的歷史進路。

　　上述的觀點如果落實至史學操作，便是測試史料與歷史解釋的限度。倘純依循讀者觀點，師心自用似乎難以避免。試舉近年中、西史學中喧騰一時的爭論，環繞《魏瑪共和國的崩潰》[58] 和《懷柔遠人》[59] 兩部著作的論辯，便代表「現代」與「後現代」史學兩種截然不同的解讀策略。而後現代的解讀似逃脫不了望文生義的指控。

57　Roland Barthes, "The Death of the Author," in *The Rustle of Language*, pp. 49–55.

58　《魏瑪共和國的崩潰》係亞伯拉罕（David Abraham, 1946–）所著。David Abraham, *The Collapse of the Weimar Republic: Political Economy and Crisis* (Princeton: Princeton University Press, 1981). 書中運用數據，由於不同於傳統的觀點，疑竇甚多，引起正統派史家的撻伐，遂成現代史學與後現代史學的交鋒之地。論戰之熾烈甚至上了《紐約時報》（*New York Times*, December 23, 1984）。

59　《懷柔遠人》係何偉亞（James Louis Hevia, 1947–）攸關馬嘎爾尼使團的研究，在史料運用上甚受傳統史家質疑。James L. Hevia, *Cherishing Men from Afar: Qing Guest Ritual and the Macartney Embassy of 1793* (Durham; London: Duke University Press, 1995). 雙方的論辯，參閱周錫瑞（Joseph W. Esherick）,〈後現代主義：望文生義，方為妥善〉,《二十一世紀》44（1997年12月）：105–117；艾爾曼（Benjamin Elman）和胡志德（Theodore Huters）,〈馬嘎爾尼使團、後現代主義與近代中國史〉,《二十一世紀》44（1997年12月）：118–130；張隆溪,〈什麼是「懷柔遠人」? 正名、考證與後現代史學〉,《二十一世紀》45（1998年2月）：56–63；羅志田,〈夷夏之辨與「懷柔遠人」的字義〉,《二十一世紀》49（1998年10月）：138–145；范廣欣,〈「懷柔遠人」的另一種詮釋傳統〉,《當代》第59卷,第177期（2002年5月）：64–83。

「望文生義」，析言之，即是符號學家艾柯 (Umberto Eco, 1932–2016) 所謂的「過度詮釋」(overinterpretation)。[60]「過度詮釋」肇自解釋漫無準則，以致言人人殊，背離了語言「溝通」(communication) 的基本宗旨。嚴格言之，上述兩部著作連德希達所提示的「文本注疏」(commentary) 和「批判閱讀」(critical reading) 的程序，都難以通過。[61] 推其極致，甚至有「語言決定論」(linguistic determinism) 之虞！

舉其例：劉禾在開發「跨語際實踐」(translingual practice) 的文化現象上，甚有建樹，[62] 但她把帝國的實質衝突歸諸語言詮釋的問題，則未免不太相稱 (out of proportion)！她在解釋中、英〈天津條約〉的交涉時，說道：

> 通過挖掘這個衍指符號誕生的軌跡，我們會看到語詞的衝突絕非小事，它凝聚和反映的是兩個帝國之間的生死鬥爭，一邊是日趨衰落的大清國，另一邊是蒸蒸日上的大英帝國。誰擁有對「夷」這個漢字最後的詮釋權，誰就可以躊躇滿志地預言這個國家的未來。[63]

觀此，語言不只是「存有的殿堂」(the temple of being)，並且變成「牢房」(the prison-house of language)。[64]

60　艾柯等著，柯里尼編，王宇根譯，〈過度詮釋文本〉，《詮釋與過度詮釋》(香港：牛津大學出版社，1995)，第2章。

61　參見 Jacques Derrida, *Of Grammatology*, pp. 158–159。

62　Lydia H. Liu, *Translingual Practice: Literature, National Culture, and Translated Modernity-China, 1900–1937* (Stanford: Stanford University Press, 1995).

63　Lydia H. Liu, *The Clash of Empires: The Invention of China in Modern World Making* (Cambridge, Massachusetts and London, England: Harvard University Press, 2004), p. 40. 劉禾著，楊立華等譯，《帝國的話語政治：從近代中西衝突看現代世界秩序的形成》(北京：三聯書店，2009)，頁52。

64　Fredric Jameson, *The Prison-House of Language: A Critical Account of Structuralism and Russian Formalism* (Princeton: Princeton University Press, 1974), chap. 3.

攸關歷史知識的性質，後現代史學係持「建構論」(constructivism)
的立場。意即：史家旨在擬構歷史，而非發現歷史。「逝者已矣！」
(What is past is past!) 後人已無法再知曉真實的過去，所謂的「歷史」
也不過是人類心智當下意識的產物。毋怪懷特會借道「語藝學」
(poetics)，拋出「歷史若文學」(history as literature) 的論點。[65] 而歷史
既然允納虛構，史實的客觀性與可知的過去遂成過眼煙雲！

不止西方後現代史學有此現象，[66] 連中國史亦受到此類觀點的
滲透。漢學名家史景遷的《胡若望的疑問》(The Question of Hu,
1988)，[67] 固以敘事著稱，馳騁於史料與想像之際，極盡文藝之能
事。然而傳統史家卻拒之於千里之外，視該書僅與「小說」相埒，
竟未得入列「歷史小說」之林。[68]

總之，「文史不分」或者允納「虛構性」(fictionality)，皆是與
歷史的實在論 (historical realism) 大唱反調，更與中國傳統的「秉筆
直書」及西方「陳述事實」的史學精神大相逕庭。[69] 況且，後現代史

65　海登‧懷特所代表的「敘事的轉向」(narrative turn)，請參閱拙作〈「歷史
　　若文學」的再思考：海登‧懷特與歷史語藝論〉，收入黃進興，《後現代
　　主義與史學研究》，第 3 章，頁 53–94。

66　例如：戴維斯 (Natalie Zemon Davis, 1928–)、夏瑪 (Simon Michael Schama,
　　1945–) 的名作。

67　Jonathan D. Spence, *The Question of Hu* (New York: Knopf, 1988).

68　Bruce Mazlish, "The Question of The Question of Hu," *History and Theory*, vol.
　　31, no. 2 (May 1992): 143–152.

69　「秉筆直書」的紀實精神尤為中國新史學所繼承。參見梁啓超的《中國歷
　　史研究法》、《中國歷史研究法補編》，甚至柳詒徵的《國史要義》。西方
　　近代史學則以蘭克為典範。他的名言：「歷史僅是陳述過去的事實。」
　　Leopold von Ranke, "Preface to the First Edition of Histories of the Latin and
　　Germanic Nations (October 1824)," in *The Theory and Practice of History*, eds.
　　Georg G. Iggers and Konrad von Moltke (Indianapolis and New York: The Bobbs-
　　Merrill Co., 1973), p. 137. 惟進入 20 世紀，蘭克的史學精神頻受質疑。

學祛除歷史知識的指涉作用，不啻就瓦解了自身鑒古知今的功能；因此除了美學的意義，歷史則變為無用論。[70]

歸根究柢，後現代史學呈現有「語言迷戀」(linguistic obsession)[71]或「文本崇拜」(the fetishism of text) 的傾向。[72]後現代的閱讀觀點只著重符號或文本的「示意作用」(signification)，而鮮少措意「溝通」與「效度」(validity) 的問題。典型的示例，便是克莉斯蒂娃 (Julia Kristeva, 1941–) 的文本觀。[73]他們但求其異而略其同，似乎遺忘了維根斯坦長久以來的教誨：莫讓語言對我們的智力產生迷惑。[74]完全自足的文本論就彷彿「缸中之腦」(brains in avat) 無所指涉 (non-referentiality)，因此就不具有任何經驗的意義。[75]

晚近語言哲學的探討復指出，「語言」得以指涉實在 (reality) 乃吾人知曉任何語言的先決條件 (precondition)。[76]是故，在「語言的

70　Ernst Breisach, *On the Future of History: The Postmodernist Challenge and its Aftermath* (Chicago: University of Chicago Press, 2003), pp. 153–165.

71　Ihab Hassan, "Making Sense," in *The Postmodern Turn: Essays in Postmodern Theory and Culture* (Columbus: Ohio State University Press, 1987), p. 202.

72　Hayden White, "The Absurdist Moment," in *Tropics of Discourse Essays in Cultural Criticism* (Baltimore: Johns Hopkins University Press, 1978), p. 265.

73　舉其例：Julia Kristeva, "Prolegomena to the Concept of 'Text'," in *Literary Debate: Text and Context,* eds. Denis Hollier and Jeffrey Mehlman, trans. Arthur Goldhammer and others (New York: New Press, 1999), pp. 303–304。

74　Ludwig Wittgenstein, *Philosophical Investigations*, trans. G. E. M. Anscombe (New York: Macmillan, 1958), p. 109.

75　「缸中之腦」為哲學家普南著名的「思想實驗」，道出經驗知識的產出必須仰賴指涉外在的實質脈絡。見 Hilary Putnam, "Brains in a Vat," in *Reason, Truth and History* (Cambridge: Cambridge University Press, 1981), pp. 1–21。

76　例如：普南、戴維森 (Donald H. Davidson, 1917–2003)。參閱 Antony Easthope, "Postmodernism and Critical and Cultural Theory," in Stuart Sim ed., *The Routledge Companion to Postmodernism* (London; New York: Routledge, 2001), p. 24。

轉向」後，即激起一股返歸經驗的浪潮，他們固然承認語言的媒介作用，但堅持「經驗的不可化約性」(irreducibility of experience)。[77] 毋怪晚近的「後－後現代主義」(post-postmodernism) 不少人出自重視「硬事實」(hard facts) 的馬克思陣營。[78] 也因此，後現代史學只能著力於思想史與文化史的言說層面，而難以逾越雷池 (若經濟史) 半步。

況且，後現代史學經常陷入自我矛盾，一方面他們攻訐「後設敘述」，另方面在分期上，他們卻口口聲聲斷定當前正由「現代主義」邁入「後現代主義」，這難脫「後設敘述」之嫌。人類學家李維史陀 (Claude Lévi-Strauss, 1908–2009) 說得好：過去原為雜亂無章的素材 (data)，本身並無任何意義，而史書的敘述輪廓悉由史家所施加。[79] 換言之，歷史的敘述總是因時制宜的權宜之計，故只要符合實情，大、小敘述皆宜。若由實在論出發，則敘述之大小固與實存經驗攸關，非全由史家片面所能決定。[80]

77　例如John E. Toews, "Intellectual History after the Linguistic Turn: The Autonomy of Meaning and the Irreducibility of Experience," *The American Historical Review*, vol. 92 no. 4 (October 1987): 905–906。比較理論的陳述則見C. Behan McCullagh, *The Truth of History* (London and New York: Routledge, 1998), p. 143。

78　舉其例：Alex Callinicos, *Against Postmodernism: A Marxist Critique* (New York: St. Martin's Press, 1990)；Terry Eagleton, *The Illusions of Postmodernism* (Oxford: Blackwell Publishers, 1996); Eric Hobsbawm, *On History* (New York: The New Press, 1997)；John O'Neill, *The Poverty of Postmodernism* (London and New York: Routledge, 1995)。

79　Claude Lévi-Strauss, *The Savage Mind* (Chicago: University of Chicago Press, 1966), pp. 258–262.

80　David Carr, "Narrative and the Real World" and "Getting the Story Straight," in *The History and Narrative Reader*, ed. Geoffrey Roberts (London and New York: Routledge, 2001), chap. 9 and 12.

　　套句詹明信 (Fredric Jameson, 1934-) 的說辭，後現代主義，說穿了，也只是「後期資本主義的文化邏輯」，[81] 自然有其局限。海德格復曾經如此開示過：

　　每一種主義都是對歷史的誤解與死亡。[82]

　　總之，後現代主義雖有其偏頗之處，但絕非一無是處，譬如它能激發史家的省思，重新去思考文本與史實之間的關聯；再者，它開發新的史學領域尤功不可沒。例如：後現代史學的祭酒——傅柯，其開發歷史議題的能量（諸如醫療史、法政史、心理史等等），無人可望其項背；連他的敵對者都不得不稱讚他，乃是近三十年社會史的泰山北斗。是故，不可一概抹殺。

　　至於中國新史學與後現代主義，究竟又是一次短暫的流行際遇，或者會散葉開花，留下較恆久的結果，吾人則可拭目以待。

81　詹明信著，吳美真譯，《後現代主義或晚期資本主義的文化邏輯》（台北：時報文化出版公司，1998）。

82　Martin Heidegger, *What is a Thing?* trans. W. B. Barton, Jr., and Vera Deutsch (South Bend, Indiana: Gateway Editions, Ltd., 1967), pp. 60–61.

敘事式歷史哲學的興起[*]

　　羅逖 (Richard Rorty, 1931–2007) 於其1992年重印的《語言轉向》(*The Linguistic Turn*) 中，收入兩篇回顧的文章，評估彼時的哲學動向，他坦承：60年代他一度熱衷「語言哲學」，甚至為之鼓吹不遺餘力。惟求諸今日思想界，不復存有一種哲學方法與語言解析密不可分。而語言哲學亦緣日久無功，漸次凋零，不再盤踞哲學的要津了。撫今追昔，慚愧有加。[1]

　　要知羅逖感慨係之，並非毫無憑據，另位科學哲學的健將——哈京 (Ian Hacking, 1936–) 對語言哲學的邊緣化，業已指證

[*] 初刊於丘慧芬主編，《自由主義與人文傳統：林毓生教授七秩壽慶論文集》(台北：允晨文化公司，2005)，頁459–491。復收入拙著《後現代主義與史學研究：一個批判性的探討》(台北：三民書局，2006、2009；北京：三聯書店，2008)，三民版在頁173–209，三聯版在頁165–198。

[1] 羅逖《語言轉向》的選集，首次刊行於1967年，正值語言哲學的巔峰，風靡一時。其回顧文章，其一撰於十年之後，另一撰於二十五年之後。Richard M. Rorty, "Ten Years After" and "Twenty-five Years After," in *The Linguistic Turn*, ed. Richard Rorty (Chicago and London: University of Chicago Press, 1992).

歷歷。[2]總之，羅逖和哈京所經歷的窘境，個人感同身受。回憶70年代，邏輯實證論與行為科學席捲了台灣學術界；「方法論的意識」尤為高漲。[3]卡布蘭的《研究指南》廣為傳誦，由其副題特標明：「替行為科學所籌設的方法論」，即可見證其時的風尚。[4]

在風吹草偃之下，個人遂勤習符號邏輯 (symbolic logic) 和數理邏輯 (mathematical logic)，希望藉此分析利器，作為進階語言哲學與科學哲學之用。由於主業修習史學之故，注意的焦點自然落在「分析式歷史哲學」。是故，於此領域，略有塗墨。[5]

按「分析式歷史哲學」原係「科學哲學」的衍生物，而「科學解釋」(scientific explanation) 向為「科學哲學」研議的主題；依此，「歷史解釋」(historical explanation) 遂成「分析式歷史哲學」的核心項目。[6]舉其例：1942年，亨普爾 (Carl G. Hempel, 1905–1997) 所刊行〈史學中的通則功能〉不只是典型的代表作，且被目為「分析式歷史哲學」的里程碑。[7]

亨普爾堅稱「歷史解釋」與「科學解釋」在邏輯結構上彼此一致，「闡釋端」(explanans) 均需含有通則，方構成完整的解釋。這

---

2 「語言哲學」專注研討「意義理論」，罕有建樹，哈京曾致微詞。參見Ian Hacking, *Why Does Language Matter to Philosophy?* (Cambridge: Cambridge University Press, 1988), chap. 13。本書初版為1975年。

3 請參閱拙著〈論「方法」及「方法論」──以近代中國史學意識為系統〉，《歷史主義與歷史理論》(台北：允晨文化公司，1992)，頁261–285。已收入本書。

4 其時的代表作：Abraham Kaplan, *The Conduct of Inquiry: Methodology for Behavioral Science* (San Francisco: Chandler, 1964)。

5 相關的習作和譯作均收入拙著《歷史主義與歷史理論》。

6 「分析式歷史哲學」尚檢討歷史知識的方法論及價值判斷，惟仍以「歷史解釋」最具特色。簡要的中文評介，請參閱拙作〈「分析歷史哲學」的形成與發展〉，收入《歷史主義與歷史理論》，頁119–132。

7 Carl G. Hempel, "The Function of General Laws in History," in *Aspects of Scientific Explanation* (New York: The Free Press, 1966), pp. 231–243.

即是著名的「涵蓋法則假說」(covering law thesis)。[8]哲學上，亨普爾的觀點顯然是「統一科學運動」(the unity of science movement)的延伸。[9]但就歷史而言，則是為「科學史學」(scientific history)張目，爭議在所難免。

回顧當時的狀況，頗是蹊蹺。由於「科學主義」當道，而亨普爾復先聲奪人，早為定調。專業史家即使心不以為意，惟拙於概念論辯，大都緘默不語，希圖明哲保身。但史家的緘默，無意中卻助長亨普爾的聲勢。所幸猶有少數哲人，挺身而出，陳述異見。在其時雖無大作用，然以今日的眼光回溯，仍別具意義。

居中最重要的三位哲學家為莫頓・懷特 (Morton White, 1917–2016)、丹托 (Arthur Danto, 1924–2013) 和葛利 (W. B. Gallie, 1912–1998)。依序論述於下：

原則上，莫頓・懷特接納亨普爾對「解釋」一詞所下的判準，但他堅持「歷史解釋」必須具有本門學科的特性。[10]鑒於分析式歷史哲學過度簡化歷史述句 (historical statements)，他不憚其煩去剖析「歷史敘事」(historical narration)，以彰顯歷史敘述的多樣性。[11]丹托則力圖調和「敘事模式」與「解釋模式」，認為「敘事」本身即

8　詳細的討論請參閱拙作〈歷史解釋和通則的關係：韓培爾觀點之檢討〉，收入《歷史主義與歷史理論》，頁 133–157。

9　「統一科學運動」的背景及精神，參見 Charles Morris, "On the History of the International Encyclopedia of Unified Science"；與 Otto Neurath, "Unified Science as Encyclopedia Integration"，均收入 *Foundations of the Unity of Science*, eds. Otto Neurath, Rudolf Carnap, and Charles Morris (Chicago and London: University of Chicago Press, 1969)。亨普爾曾為此套百科全書撰寫專文。

10　Morton White, "Historical Explanation," in Patrick Gardiner, *Theories of History* (New York: Free Press, 1959), pp. 359–372.

11　Morton White, *Foundation of Historical Knowledge* (New York: Harper & Row, 1965), chap. VI.

是「解釋」的一種形式，二者相輔相成。由於史學的職責繫於世變
(change) 的交代，所以即使故事 (story) 淪為「通則」的個例，人們
所感興趣的仍是過去細節的描述；就如十四行詩固然有一定的格
律，讀者欣賞的，依然是內涵的詩意創造，而非外在確定的形
式。[12] 較諸莫頓・懷特，丹托對「敘述語句」與「敘事」角色的分析，
尤為細膩與深刻。

　　葛利則聲言：歷來的歷史哲學誤將「解釋」當作考察的重點，
而忽略「歷史敘事」的重要性。他主張：每部真實的歷史作品皆是
故事的亞類 (species to genus)，唯一的不同是，歷史的敘事必須植
基於證據之上。從剖析故事的理解下手，可以得知歷史理解
(historical understanding) 與理解故事並無兩樣，而「解釋」唯有在
故事頓挫或曖昧不明之際，方派得上用場。因此在歷史敘述的過
程中，「解釋」只能扮演輔助的功能，而不能喧賓奪主成為要
角。[13] 他逕稱：歷史研究不得偏廢故事，恰似物理科學不可須臾
少缺理論，蓋故事與理論，各是兩大學科的解密之鑰。[14]

　　值得注意的是，相較於亨普爾的主張——任何正確的歷史敘
述理應涵蘊有效的解釋模型，葛利卻宣稱所有的歷史敘述均可發
展成完整的故事。二者的思路顯然背道而馳。

12　Arthur Danto, *Analytical Philosophy of History* (Cambridge: Cambridge University Press, 1965), pp. 233–256.

13　確切地說，葛利的「歷史哲學」，指的是狄爾泰以下的「批判式歷史哲學」 (critical philosophy of history)，並涵蓋「分析式歷史哲學」。葛利的觀點濃縮於〈敘事與歷史理解〉一文，見 W. B. Gallie, "Narrative and Historical Understanding," in *The History and Narrative Reader*, ed. Geoffrey Roberts, chap. 2。完整的看法則參見其專著：W. B. Gallie, *Philosophy and the Historical Understanding* (London: Chatto & Windus, 1964)。

14　W. B. Gallie, *Philosophy and the Historical Understanding*, p. 72.

　　倘從學術史予以評估，上述三氏的論點在其時只是異議，至多僅能視為「敘事式歷史哲學」的先驅，並無法撼動解釋模型的主流地位。例如與亨氏同一陣營的曼德爾鮑姆即認為將歷史看作敘事，實偏離解釋的正軌，其態度令人憂心，必須予以糾正。[15] 況且，當時的歷史寫作仍以「分析史學」為尊，「敘事史學」猶遭歧視。

　　細言之，歷史寫作以「論證」為主，以「敘事」為輔，實有段曲折的歷程。蘭克雖被目為近代史學的鼻祖，猶以敘事見長。[16]他的史著不止受到標榜「文史合一」的麥考萊極大的讚揚，[17]稍後的狄爾泰甚至將蘭克與修昔底德（Thucydides, 約 460–400 BC）、圭恰爾迪尼（Francesco Guicciardini, 1483–1540）、吉本、麥考萊列為同一等級的敘事天才。[18]蘭克主張史學兼具科學與藝術的雙重性格，意即於研究的階段，史學依循科學的方法，而於寫作的過程，史學則展現藝術的技巧。[19]因此，以「論證」為主軸的「分析史

15　Maurice Mandelbaum, "A Note on History as Narrative," in *The History and Narrative Reader*, ed. Geoffrey Roberts (London and New York: Routledge, 2001), chap. 3.

16　Lord Acton, "German Schools of History," in *Essays in the Study and Writing of History* (Indianapolis: Liberty Classics, 1985), pp. 331–332; and G. P. Gooch, *History and Historians in the Nineteenth Century* (Boston: Beacon Press, 1968), p. 97.

17　舉其例，麥考萊對蘭克的名著《教皇史》（*Hisotry of the Popes*）稱頌備至。參閱 Thomas Babington Macaulay, *Critical and Miscellaneous Essays* (New York: D. Appleton and Company, 1895), vol. III, pp. 303–340。

18　Wilhelm Dilthey, *Selected Writings*, ed. and trans. H. P. Rickman (Cambridge: Cambridge University Press, 1976), p. 188.

19　Leopold von Ranke, "On the Character of Historical Science," in *The Theory and Practice of History*, ed. Georg G. Iggers and Konrad von Moltke (Indianapolis and New York: Bobbs-Merrill Company, 1973), pp. 33–34.

學」必另有淵源。依個人的揣測，此恐與「科學史學」的崛起脫不了關係。[20]

「科學史學」的形成，原因多端，諸如史學研究的專業化，史料考證的講究，史學專刊的創立，步步為營的腳注規格，等等，但最關鍵的卻是實證主義的推波助瀾。實證主義的奠基者——孔德亟想建立一門歷史的科學，以摒除敘事闡釋，迎合科學解釋為宗旨。[21]這種意向於日後創辦的歐洲史學期刊中獲得廣泛回響。

舉其例：創刊最早且引領史壇風騷的德系《歷史學報》(*Historische Zeitschrift*, 1859)，在其發刊詞便宣稱：

> 本刊擬是，且最重要的是一種科學的刊物。它首要的任務即是展現史學研究的真方法，且凸顯其他歧出。[22]

接踵創刊的法國《史學評論》(*Revue historique*, 1876)，不但再次強調運用原始資料 (original sources)，進行基礎研究 (basic research) 的重要，且嚴格要求投稿者「以科學方法加以表達，務必作到言必有據，並注明出處及引言」，除兼顧可讀性之外，「務須

---

20 蘭克與「科學史學」的關係錯綜複雜，他甚至被推為「科學史學之父」。近年此種誤解漸獲消融。比較詳細的討論，請參閱拙著〈歷史相對論的回顧與檢討〉，收入《歷史主義與歷史理論》，頁165–166。晚近對「腳注」的研究，亦可旁證此一問題複雜性。Cf. Anthony Grafton, *The Footnote: A Curious History* (Cambridge, Massachusetts: Harvard University Press, 1997), chaps. 2–3.

21 Gertrud Lenzer ed., *Auguste Comte and Positivism: The Essential Writings* (New York: Harper & Row, 1975), pp. 66–67; and Haskell Fain, *Between Philosophy and History* (Taipei: Rainbow-Bridge Book Co., 1970), p. 281.

22 "Preface: Historische Zeitschrift," in *The Varieties of History*, ed. Fritz Stern (New York: Meridian Books, 1956), p. 171.

袪除含混的概括與修辭」。[23]尾隨其後的《英國歷史評論》(*English Historical Review*, 1886)則再三重申「本諸科學精神，追求歷史真理」，乾脆定位讀者群為同行的「專業史學工作者」，而將一般讀者視為次要。[24]可見「分析式的論證」與「科學史學」的形成，存有亦步亦趨的關係。

相應地，法國「科學史學」的代言者——庫朗熱(Fustel de Coulanges, 1830–1889)，則頻頻告誡道：「歷史非為消遣(entertainment)，直是科學。」[25]英國的伯里(John Bagnell Bury, 1861–1927)亦同聲附和道：「歷史是科學，不多亦不少。」並痛陳「只要史學尚滯留於藝術的階段，真實(truth)及精確(accuracy)則會受到折損」。依他之見，史學長久駐足不前的罪魁禍首無非是「修辭」之術。[26]總之，毋論他們心目中的「科學」為何，可以確知的是，它的表達方式必須「捨(文學)敘事，就(科學)論證」。此一成見充分反映於甫出爐的史學方法名著。法人朗格諾瓦和瑟諾博司於其1897年合著的《史學原論》中，見證19世紀下半葉，科學史學以「專論與論文編選」(monographs and manuals)取代了歷史敘事。[27]

邁入20世紀，社會科學與唯物史觀聯袂而興；「科學史學」新添生力軍，氣勢如虹，反觀敘事史學則節節敗退。需知上一世

23　"Preface: Revue historique," in *The Varieties of History*, ed. Fritz Stern, p. 173.

24　"Prefatory note: The English Historical Review," Ibid., p. 177.

25　Fustel de Coulanges, "An Inaugural Lecture," Ibid., p. 181.

26　J. B. Bury, "The Science of History," Ibid., p. 212.

27　Ch. V. Langlois and Ch. Seignobos, *Introduction to the Study of History*, trans. G. G. Berry (New York: Henry Holt and Company, 1898), pp. 302–311.

紀，單憑「史料考證」之助，「科學史學」業已咄咄逼人；本世紀仗著優勢理論之威，愈趾高氣揚，不可一世。[28]

首先，在哲學氛圍起了甚大的變化，於敘事史學相當不利。19世紀末，德國狄爾泰所發展的「移情領會」學説，尚可作為個人敘事的概念支柱。惟進入20世紀驟成眾矢之的。法國的阿隆（Raymond Aron, 1905–1983）率先瓦解傳統史學引以為重的客觀事實，且申言「了解」絕非僅依簡單的直覺可以了事。[29]而分析陣營的亨普爾亦不落於人後，抨擊「同情的了解」（empathic understanding）根本稱不上是解釋，更毫無認識論的價值。[30]

同時，在歷史實踐這邊，馬克思史學遵行經濟決定論，首重「階級」（class）分析，致使以「事件」為主的敘事，竟毫無迴旋的空間。此外，「個人」的敘事同樣不見容於西方的量化史學。即使年鑑學派亦難有改善，例如該派的布洛赫即抱怨傳統史學，塞滿了傳奇與事件，總是留滯在浮華的敘事層面，而無法進行理性的分析，所以史學尚處於科學的萌芽期。[31]他的追隨者——布勞岱爾，曾取笑蘭克道：

> 諸如大事記、傳統史的敘事史學，令蘭克敝帚自珍。其實它們只提供了往昔模糊的意象，僅是薄弱的微光，並無法透視過去；只有事實，而無人性。敘事史學一味奉蘭克本人自鑄不疑的箴言：「陳述真正發生的事實而已。」[32]

28　Lawrence Stone, *The Past and the Present Revisited* (London and New York: Routledge & Kegan Paul, 1987), pp. 76–83.

29　Raymond Aron, *An Introduction to the Philosophy of History*, trans. George J. Irwin (Boston: Beacon Press, 1961), pp. 93–120. 法文本原發表於1938年。

30　Carl G. Hempel, *Aspects of Scientific Explanation*, pp. 239–240.

31　Marc Bloch, *The Historian's Craft* (Taipei: Rainbow-Bridge, 1971), p. 13.

32　Fernand Braudel, *On History*, trans. Sarah Matthews (Chicago: University of Chicago Press, 1980), p. 4.

鑒於敘事史學的弊病，他呼籲以長時段的「結構史」取代「事件史」；結合社會科學而貶抑敘事技巧。[33] 整體而言，該時造就了所謂的「敘事的隱晦」(the eclipse of narrative)。[34]

然而就在 1970 年代，歷史書寫起了微妙的變化。史學的鐘擺復由「論證」，漸次擺回「敘事」。英裔美籍史家史東對此觀察十分敏銳，他於 1979 年發表了一篇〈敘事的復興 —— 對於一種既新且舊史學的省思〉，頗引起專業史家的同感。[35] 有趣的是，曾幾何時，史東方才放聲表揚「新史學」的特徵首重「分析」，而揚棄西方近代史學的「敘事」傳統。[36] 前後相較，史東判若兩人，而時風易勢莫此為甚。

要之，史東心目中的「舊史學」指的是修昔底德至麥考萊一脈相傳的敘述歷史；他藉著檢討蘭克以降科學史學的弊病，以及引進社會科學枯燥貧瘠的後果，發覺到晚近史學復湧現出一股清新可喜的伏流。此一現象以敘述手法取代結構分析或量化技巧，著重描述甚於解析。它的來源相當多元，或以斯金納為首的新政治思想史、或法國年鑑學派所衍生的「心態史」，或師法意大利的「微觀歷史」，或受人類學家格爾茨啟發的「稠密敘述」等，不一而足。其基本特色即恢復史學的敘述功能，拋棄往日宏觀或結構性的解釋模式。

英國史家彼得‧伯克 (Peter Burke, 1937–) 進而疏解，這種敘述手法並非傳統文藝書寫可以矩矱；他尤其寄望汲取 20 世紀新文

33　Fernand Braudel, "History and the Social Science," *On History*, pp. 25–54.

34　Paul Ricoeur, *Time and Narrative*, trans. Kathleen McLaughlin and David Pellauer (Chicago and London: University of Chicago Press, 1984), vol. I. chap. 4.

35　Lawrence Stone, "The Revival of Narrative: Reflections on a New Old History," in *The Past and the Present Revisited*, pp. 74–96.

36　"History and the Social Science (1976)," Ibid., p. 21.

學的寫作技巧，使歷史寫作愈為豐富，甚至解消傳統史學中「結構」與「事件」二元對立的狀態，以達臻圓融無缺的敘述境界。[37]

無論如何，「敘事史學」的再興，意味著先前講求整齊劃一的「科學解釋」只是海市蜃樓，可望而不可即。此中透露了一項不尋常的信息，意即亨普爾的理論僅是「規範性的」（prescriptive），而非「描述性的」（descriptive）；因此一旦該理論長久無法引導出實際的研究成果，縱使聲勢再大，終究徒然。尤其原為「分析式歷史哲學」所本的「科學哲學」，其基本預設近年飽受質疑與挑戰，益加速此一頹勢。[38]

總之，「分析式歷史哲學」於內外交攻之下，其式微誠可預期。另方面，「敘事史學」的再興固然替未來的歷史哲學營造了有利的氛圍，惟完整的形貌猶俟海登·懷特去勾勒。

在進入討論懷特之前，有位過渡型的人物必須一提。眾所周知，懷特的史學遠紹克羅齊，後者主張「沒有敘事，即沒有歷史」。[39]但以世代而論，懷特與另位歷史哲學家—敏克（Louis D. Mink, 1921–1983）互有影響。

敏克身處解析的時代（age of analysis），對「語言分析」（linguistic analysis）卻感格格不入。依他之見，「語言分析」誤以方法意識抑制了實質問題的探討。[40]他把理解模式分成三類，互不得化約，而歷

---

37 "History of Events and the Revival of Narrative," *New Perspectives on Historical Writing*, ed. Peter Burke (University Park, Pennsylvania: Pennsylvania State University Press, 1991), pp. 233–248.

38 最關鍵的是孔恩攸關科學史的觀點。參閱 Arthur C. Danto, "The Decline and Fall of the Analytical Philosophy of History," in *A New Philosophy of History*, eds. Frank Ankersmit and Hans Kellner (Chicago: University of Chicago Press, 1995), pp. 70–85.

39 Hayden White, *The Content of the Form* (Baltimore and London: Johns Hopkins University Press, 1987), p. 28.

40 Louis O. Mink, *Historical Understanding*, eds. Brian Fay, Eugene O. Golob, and Richard T. Vann (Ithaca and London: Cornell University Press, 1987), p. 10.

史認知則歸屬於「形貌的理解」（configurational comprehension）。檢視下文，此一思路顯為懷特所承接。[41]尤其敏克的名言——「故事非經體驗，而係本諸講述」（Stories are not lived but told）。[42]懷特引為同調，並時相推許。正是敏克，引導懷特的分析至「敘事」之上。[43]

然而觀諸後續的發展，懷特後至反轉為勝出，以致敏克雖於晚年拋出「敘事形式作為認知工具」的論點，[44]反被視為與懷特唱和罷了。其故繫於敏克的論點半新不舊，未能如孔恩於《科學革命的結構》一書所說的，激發「全貌轉移」（gestalt switch），促成新典範的登場。[45]易言之，「敘事式歷史哲學」的催生，猶待懷特奮力一擊。

懷特原為中古史家，他的歷史理論首要見諸《後設史學》（*Metahistory*）一書，該書刊行於1973年，被目為後現代史學的發祥地。[46]懷特迥異於「分析式歷史哲學」的進路逕從解析19世紀的史學著作下手，果不出所料，他獲致一新耳目的論點。

首先，他粉碎了傳統的刻板印象，逕謂：史家的歷史與哲人的歷史哲學，咸具相同的敘述模式。二者並非截然異類，居間的

41　Ibid., "Modes of Comprehension and the Unity of Knowledge," pp. 35–41. 另兩類分別是「理論模式」（theoretical mode）與「範疇模式」（categoreal mode），加上「形貌模式」，大致與自然科學、哲學、歷史對應，但非全然合一。

42　Ibid., "History and Fiction as Modes of Comprehension," p. 60.

43　Cf. Ewa Domańska, *Encounters* (Charlottesville and London: University Press of Virginia, 1998), pp. 33, 59.

44　Cf. Ewa Domańska, "Narrative Form as a Cognitive Instrument," *Encounters*, pp. 182–203.

45　Thomas Kuhn, "The Structure of Scientific Revolutions," in *Foundations of the Unity of Science*, vol. II, pp. 54–272.

46　Frank R. Ankersmit, "The Origins of Postmodernist Historiography," in *Historiography Between Modernism and Postmodernism,* ed. Jerzy Topolski (Amsterdam: Rodopi, 1994), p. 110.

差異僅是輕重之別（emphasis），而無涉內容（contents）。[47] 他甚至認為：每樣歷史論述均隱含完整的歷史哲學。[48] 懷特此處言及的「歷史哲學」係指盛行於19世紀的「玄思式歷史哲學」（speculative philosophy of history），而非前述「分析式歷史哲學」。[49] 反諷的是，西方近代史學方百般從糾纏不清的「玄思式歷史哲學」掙脫出來，懷特之言不啻令史家重歷揮之不去的夢魘。例如：德人富特（Eduard Fueter, 1876–1928）、英人古奇和意籍克羅齊悉將專業歷史與歷史哲學的區隔，歸功於上一代史學的重大成就，並且作為評估史著優劣不證自明的原則。[50] 這種壁壘分明的敵我意識，並未因20世紀中期「分析式歷史哲學」的興起，有所舒緩；例如：分析式歷史哲學家曼德爾鮑姆對懷特將正規歷史與歷史哲學混而為一，即不表苟同。[51] 可見「歷史」與「哲學」至多僅得維持井水不犯河水的局面罷了。

47　Hayden White, *Metahistory: The Historical Imagination in Nineteenth-Century Europe* (Baltimore and London: Johns Hopkins University Press, 1973), pp. xi–xii, 427.

48　Hayden White, *Tropics of Discourses* (Baltimore and London: Johns Hopkins University Press, 1978), pp. 126–127.

49　「玄思式歷史哲學」的主旨在探討歷史的過程與意義，以康德、黑格爾為代表。參見 W. H. Walsh, *Philosophy of History* (Taipei: Rainbow-Bridge Book Co., 1967), chaps. 6 and 7。「玄思式歷史哲學」與「批判式歷史哲學」的分野，首先由沃爾什（William H. Walsh, 1913–1986）於1951年提出。而後受到質疑，認為二者並非涇渭分明。參閱 Haskell Fain, *Between Philosophy and History: The Resurrection of Speculative Philosophy of History within the Analytic Tradition*。另見 Louis O. Mink, "Is Speculative Philosophy of History Possible?" in *Historical Understanding*, chap. 7。

50　Hayden White, *Metahistory*, pp. 269–270. 舉其例：富特的《新史學的歷史》（*Geschichte der neuren Historiographie*, 1911）、克羅齊的《史學的理論與方法》（*Teoria e storia della storiografia*, 1912–1913）與古奇的《19世紀的史學與史家》（*History and Historians in the Nineteenth Century*, 1913）。

51　Maurice Mandelbaum, "The Presuppositions of Metahistory," in *History and Theory*, Beiheft 19 (1980): 39–54.

　　在深入挖掘懷特的理論基石之前，有必要先陳述懷氏另一項
立論：他不畏物議，重新扛起「歷史若文學」的大旗，大膽泯滅了
文、史分隔的畛域。此一立說確實大大背離傳統史家的思維，在
人文學界引起極大的震撼。要知上一世紀60年代中期，科學派史
家尚義無反顧地言道：「史學與文學絕無任何實質的關聯。」[52]迄懷
特正式提出「歷史若文學」的觀點，居間不出十年，但之際已可嗅
出新時代的風向。

　　其實，懷特的兩項立論均植基於「轉義理論」。「轉義」簡單地
說，便是「譬喻」。直言之，「轉義」係「論述」的靈魂；缺乏前者
的機制，「論述」即無法進行或達成目的。再說即使力求寫實的論
述，亦無法避免「轉義」的作用。[53]以下我們擬解析「轉義」如何操
控歷史的寫作。

　　懷特自我定位為結構主義者(structuralist)。初始，他從形式
分析(formalism)下手，發覺歷史作品包含了認知的、審美的與
道德的三個顯性層面。這三個層面統由「形式論證」(formal
argument)、「情節編織」(emplotment)與「意識形態」的解釋策略
交互運作。而每個解釋策略復分四種不同的模式，詳見附注。[54]

52　V. H. Galbraith, *An Introduction to the Study of History* (London: C. A. Watts & Co. Ltd., 1964), p. 3.

53　"trope"一詞的語根及含義演變，見Hayden White, *Tropics of Discourse*, p. 2。

54　Hayden White, *Metahistory*, p. 29.

布局模式	論證模式	意識形態的涵蘊模式
傳奇式 (Romantic)	形式論 (Formist)	虛無主義 (Anarchist)
悲劇式 (Tragic)	機械論 (Mechanistic)	激進主義 (Radical)
喜劇式 (Comic)	有機論 (Organicist)	保守主義 (Conservatism)
譏諷式 (Satiric)	語境論 (Contextualist)	自由主義 (Liberal)

「布局」「論證」「意識形態」的分類模式各取自由文評家弗萊 (Northrop Frye, 1912–1991)、哲學家培普 (Stephen C. Pepper, 1891–1972) 與社會學家曼海姆的著作。

　　依懷特之見，所謂的史學風格便是「論證」「布局」「意識形態」諸模式的特殊結合。尤其緊要的是，在此底層之下，有項深層結構 (deep structure) 係由「隱喻」(metaphor)、「轉喻」(metonymy)、「提喻」(synecdoche) 和「諷喻」(irony) 四種譬喻所主導。它們預鑄了歷史的場域與解釋策略，並賦予個別作品內部的連貫性 (coherence) 和一致性 (consistency)。換言之，此即歷史意識的化身；而譬喻基本上是轉義的語言，它的作用係語藝的行為 (poetic act)。[55]

　　遠於上古，亞里士多德尚認定「隱喻」於「語藝論」和「修辭學」(Rhetoric) 均起了積極與多樣的功能。[56] 然而，近代西方的理性文化對譬喻的作用，貶逾於褒，啟蒙哲士伏爾泰於《哲學辭典》(*Dictionnaire Philosophique*) 中的「比喻語言」條目中寫道：

> 熱情的想像、激情與欲望，動輒誤導我們，卻製造出隱喻的風格。史學最好避免如此，因為太多的隱喻不止有礙於清晰的表達，更損及真實，以致文勝於質。[57]

循此，伏氏遂規誡史家遵循嚴峻的理性，秉筆直書，勿恃生花妙筆，隱喻失義。康德在他的《邏輯》(*Logic*) 講義中，則逕稱：譬喻係所有錯誤的根源。[58] 19 世紀科學史學的代言人 —— 庫朗熱，終其一生且以著史避用隱喻自律。[59]

55　Ibid., pp. 29–38.

56　Paul Ricoeur, "Between Rhetoric and Poetics: Aristotle," *The Rule of Metaphor*, trans. Robert S. Czerny (Toronto: University of Toronto Press, 1979), pp. 9–43.

57　Voltaire, "Figure," in *Dictionnaire Philosophique* on Oeuvres completes de Voltaire Website (http://www.voltaire-integral.com/19/figure.htm).

58　Immanuel Kant, *Logic*, trans. Robert S. Hartman and Wolfgang Schwarz (New York: Dover Publications, 1974), pp. 55–61. 又見 Ewa Domańska, *Encounters*, p. 24。

59　Ch. V. Langlois and Ch. Seignolos, *Introduction to the Study of History*, p. 314.

　　承此思路，「科學史學」遂認為「譬喻」充其量只是「假解釋」（pseudo-explanation，或譯「準解釋」）而已。她的代議士——亨普爾——便直陳道：

> 這些植基於譬喻，而非建立在法則的敘述；它們透過圖像或情感的訴求，而非事實關聯的洞見，以模糊的比喻與直覺的擬似，取代可受檢驗的述句，因此不得算是科學的解釋。[60]

亨氏對「譬喻」的成見，於此一覽無遺。

　　而懷特的看法，恰與亨氏針鋒相對。概念上，他給予譬喻前所未有的優位（priority）。這便涉及歷史知識的製造程序。首先，懷特引介「編年紀事」（chronicle）與「故事」一組概念。[61]二者均取資歷史敘述的素材（primitive elements），由未經處理的歷史記錄編選、排比而成。簡言之，「編年紀事」僅是依照時序先後的單純記事，倘要轉化為首尾該貫、條理井然的「故事」，則必得通過「論證」「布局」與「觀點」的再次加工，方得成篇。再說「編年紀事」或「故事」的書寫均得借助日常的「自然語言」（natural language）。而「自然語言」卻迥異於科學專用的「形式語言」（formal language，例如數學或物理程序），其間布滿了各形各色的譬喻，以致無所逃脫於轉義作用。

　　正由於史學同文學的表意，均需透過自然語言，故無所逃於譬喻的轉義作用，所以史書會呈現出和詩、小說、戲劇同樣的語

60　Carl G. Hempel, *Aspects of Scientific Explanation*, p. 234.

61　Hayden White, *Metahistory*, pp. 5–7. 懷特固然十分景仰克羅齊，但此處言及的「編年紀事」與「故事」，與克氏的用法有別。於克氏而言，「編年紀事」是死的「歷史」，而「歷史」是活的「編年紀事」；端在事件是否重新為人於思想中喚起。參閱 Benedetto Croce, *History: Its Theory and Practice*, trans. Douglas Ainslie (New York: Russell & Russell, 1960), p. 19。

藝模式，蓋極自然。易言之，史著的語藝狀態係「歷史若文學」的
靈樞所在。對懷特而言，「過去」本不具有任何意義，「歷史」之有
意義，純為史家的語藝行為，而這正是歷史虛構性的真諦，亦是
「建構論」的極致。[62]

總之，懷特論說的學術意義，可分兩個層次加以考察：首先
在歷史實踐方面，懷特的語藝論不止解構了「科學史學」的神話，
復為晚近方興未艾的敘事史學提供了理論的支撐點。透過語藝
論的反身投射，懷特發覺現行奉「研究」為尊的近代史學，實是 19
世紀學術馴化的結果。在史學專業化的過程中，主觀的歷史想像
受到壓抑，而號稱追求客觀真實的史料考索，則獲得褒揚。這不
但造成前、近代史學的斷裂，且導致文、史分途。[63]反之，懷特
的工作，不啻重申世紀之初 (1903)，特里維廉 (G. M. Trevelyan,
1876–1962) 的信念 ──「寫作非為次要，而是史家首要之一的任
務」。[64]

不若先前對「歷史哲學」的冷漠或敵視，此番史家對懷特語藝
論的反應雖說褒貶不一，卻是發言踴躍。與他同輩的傳統史家，

62　「建構論」認為歷史係人所建構或發明的，而非「過去」的發現。

63　Hayden White, "The Politics of Historical Interpretation: Discipline and De-
　　Sublimation," *The Content of the Form* (Baltimore and London: Johns Hopkins
　　University Press, 1987), pp. 58–82. 懷特藉此建立本身的學承。另方面，近
　　代史學實從 18 世紀的文學修辭術掙脫出來，　憑著批判方法
　　的逐漸確立，史學方有其自主性。這是兩種完全不同的寫照。與懷特互
　　左的傳統意見，參閱 Donald R. Kelley, *Foundation of Modern Historical
　　Scholarship* (New York and London: Columbia University Press, 1970)，或晚近
　　的 Joseph M. Levine, *The Autonomy of History* (Chicago and London: University
　　of Chicago Press, 1999)。

64　G. M. Trevelyan, "Clio Rediscovered," in Fritz Stern, *The Varieties of History*
　　(Taipei: Rainbow-Bridge Book Co., 1957), p. 239.

包括馬威克、艾爾頓（G. R. Elton, 1921–1994）、史東諸行家，甚
至史學史家伊格斯莫不大肆抨擊。[65]年輕一輩的後現代史家則拳
拳服膺，景然是從，直視懷特為治史的圭臬。[66]此中自然涉及新
舊世代交替。要之，懷特恐是蘭克之後，得以將其影響超越本門
學科的不二人選。其論點於文學批評、文化研究及社會科學均不
乏回響。

　　切合本文主題的是：懷特雖謙稱本身不是哲學家，[67]但卻催生
了「敘事式歷史哲學」。他的《後設史學》與亨普爾的〈史學中的通
則功能〉等量齊觀，各自樹立了「分析式歷史哲學」與「敘事式歷史
哲學」的典範。在前一階段，歷史哲學原以「歷史知識」（historical
knowledge）為考察的標的。但受到《後設史學》的影響，而後的歷
史哲學輒以「歷史寫作」（historical writing）為剖析的對象，期與史
家的實際工作緊密結合。

　　哲學上，懷特左右開弓。於他而言，傳統中對立的「對應說」
與「連貫說」（coherence theory），均不足以道出歷史知識的特性。[68]
「對應說」堅持「真實的陳述（true statement）必得與客觀事實若合

65　試舉其例：Arthur Marwick, "Two Approaches to Historical Study: The
　　Metaphysical (Including 'Postmodernism') and the Historical," in *Journal of
　　Contemporary History*, vol. 30 (1995): 5–35; G. R. Elton, *Return to Essential*
　　(Cambridge: Cambridge University Press, 1991); Lawrence Stone, "History and
　　Postmodernism," in *The Postmodern History Reader*, ed. Keith Jenkins (London
　　and New York: Routledge, 1997), pp. 255–259; Georg G. Iggers, "Historiography
　　between Scholarship and Poetry: Reflections on Hayden White's Approach to
　　Historiography," *Rethinking History* 4:3 (2000): 373–390.

66　 Cf. Ewa Domańska, *Encounter*, pp. 58–59.

67　參閱懷特的訪談，Ewa Domańska, *Encounters,* p. 27。

68　「對應說」與「連貫說」詳細的討論參閱 W. H. Walsh, *Philosophy of History*,
　　pp. 73–85。

符節」，惟「逝者已矣」，吾人不復得見往事，而今人所知的「史實」
無非是史家的「構作」(fiction)。緣此，「對應說」反為無稽之談。

　　相形之下，「連貫說」主張「真實的陳述必得與既存的知識體
系一致」，似較接近懷特的立場。其實又不然。依理說，任何勝
任的史家皆可構作出首尾該貫的史著，然而風格互異的史家，難
免各說各話，陷入不可互比的「一家之言」，以致和諧一貫的整體
史遙不可及。[69] 由上推知，懷特的史學語藝論遠非傳統知識論所
能範圍。

　　尤具意義的是，懷特促成史學理論由「邏輯論述」至「修辭論
述」的轉移。[70] 懷特與解構論的德希達、德曼道出同源，他們均祖
述尼采，鼓吹「隱喻為尊」，視文本中的「修辭」優於「邏輯」。[71] 德
曼不就倡言：

　　概念 (concepts) 即轉義，轉義即概念。[72]

尤其懷特主張史學敘事的機制繫於「修辭」的運用，而非「邏輯」的
推理。可想而知，僅靠「邏輯」堆砌而成的史著，讀之必然索然無

69　Hayden White, *The Content of the Form*, pp. 40–43.

70　Cf. Brian Fay ed., *History and Theory*, "Introduction", pp. 1–12. 他們以「修辭
　　態度」與「科學態度」來形狀此一轉化。

71　以「隱喻為尊」為隱喻諸多理論的一種。見 F. R. Ankersmit and J. J. A.
　　Mooij, *Knowledge and Language, vol. III: Metaphor and Knowledge* (Dordrecht,
　　Boston and London: Kluwer Academic Publishers, 1993), Introduction。尼采
　　的觀點請參閱 "On Truth and Lying in an Extra-Moral Sense (1873)," *Friedrich
　　Nietzsche on Rhetoric and Language*, eds. Sander L. Gilman, Carole Blair and
　　David J. Par (New York and Oxford: Oxford University Press, 1989), pp. 246–
　　257。

72　Paul de Man, "The Epistemology of Metaphor," in *On Metaphor*, ed. Sheldon
　　Sacks (Chicago and London: University of Chicago Press, 1979), p. 21.

味。過去「分析式歷史哲學」專注歷史解釋的邏輯分析，不免有失焦之虞。[73] 這和科學派史家仇視「修辭」，認定「真實」與「修辭」為「枕邊怨偶」（bad bedfellows），[74] 不啻天壤之別。[75] 而懷特的語藝論與二氏致力解消「文學」和「哲學」的界限，實具異曲同工之妙。

除了完成上述主題的轉移之外，懷特的語藝論至少尚衍生四個哲學子題，[76] 依次是：「指涉的向度」「再現的限度」（the limits of representation），其次是「相對論」，最後則重新點燃方法論上「整體論與個體論」（holism vs. individualism）的爭辯。

首先，「指涉的向度」。後現代主義者咸採取「文本自我指涉」（self-referentiality）的觀點，[77] 但懷特略有分歧。懷特原先將巴特的名言：「事實僅係語言的存在」（Facts have only a linguistic existence）奉為案頭語，[78] 但就史學的立場，他無法迴避「指涉」的問題。懷特固認為史家旨在建構事實，而非發現事實，惟就語言階序（order）的角度來看，「編年紀事」與「事件」的關係屬「初階指涉」（primary referent）；經過布局加工的「故事」則是「次階指涉」（secondary referent）。以此類推，凡是歷史論述，皆是次階語

73　Hayden White, *Tropics of Discourse*, p. 106.

74　V. H. Gallbraith, *An Introduction to the Study of History*, p. 3.

75　德希達的主要見解，見Jacques Derrida, "White Mythology: Metaphor in the Text of Philosophy," *Margins of Philosophy*, pp. 207–271。

76　另外可參考F. R. Ankersmit, "Six Theses on Narrativist Philosophy of History," *History and Tropology* (Berkeley, Los Angeles and London: University of California Press, 1994), pp. 33–43。

77　例如羅蘭‧巴特，參閱Roland Barthes, "To Write an Intransitive Verb?" *The Rustle of Language*, trans. Richard Howard (New York: Hill and Wang, 1986), pp. 11–21。

78　懷特取巴特的名言作為自己論文集的卷首語。參閱 Hayden White, *The Content of the Form*。又 Hayden White, "An Old Question Raised Again: Is Historiography Art or Science?" *Rethinking History* 4:3 (2000): 397–398。

言。[79]接續著，無可迴避的是，「譬喻」與「指涉」（reference）的關係為何？[80]晚近懷特拋出「隱喻實在論」（figural realism），意味「過去」確曾存在過，但吾人的認知受限於殘存的文獻，僅得借助語言的隱喻作用，而無法直探究竟。[81]易言之，歷史論述僅能透過隱喻，「間接指涉」過去而無法如自然科學般「直接指涉」當下。

其次，誠如前述，懷特「歷史若文學」的命題繫乎史學的虛構性。而史學的虛構性源自語言的轉義作用。不止於此，懷特竟把傳統修辭學中的「言辭隱喻」（figure of speech）拔升至「思維隱喻」（figure of thought）的層次，[82]而在理解之前，四樣「主譬喻」擔負起領銜的角色，預鑄了概念化與敘述的原型模式。其實，懷特的「譬喻」毋寧像是康德的理解「範疇」（categories），既是先驗（a priori），且必然隱存於認知的過程。[83]

加之，在組織史事的過程中，史家主觀的「布局」，令歷史起了形構化的作用，此在在顯示史識主動的操控權。鑒諸「譬喻」在懷特論說中所扮演多重吃重的角色，勢須適當的釐清；特別是「諷喻」所居的關鍵位置，幾乎是所有隱喻循環的轉折點，實質上已具

79　Hayden White, *The Content of the Form*, p. 43.

80　例如：Paul Ricoeur, "Metaphor and Reference," in *Rule of Metaphor*, pp. 216–256。

81　Hayden White, *Figural Realism* (Baltimore and London: Johns Hopkins University Press, 1999), pp. vii–ix.

82　這點懷特受了維柯的啓示。參閱 Hayden White, "The Tropics of History: The Deep Structure of the New Sciences," *Tropics of Discourse*, pp. 197–217。

83　Immanuel Kant, *Critique of Pure Reason*, trans. and eds. Paul Guyer and Allen W. Wood (Cambridge: Cambridge University Press, 1998), pp. 212–214. 有關康德「範疇」的討論，可參考 S. Körner, *Kant* (New York: Penguin Books, 1977), pp. 47–79。懷特亦承認他的思維含有康德的風味。參見 Hayden White, "Introduction," *Tropics of Discourse*, p. 22。

字義的寫實性，遠非形式分析所能範圍。[84]居中的癥結在於：「譬喻」與「字義」(the literal) 的意義有何區別？若有，其判準為何？[85]倘若「譬喻」既前於認知 (precognitive)、前於判斷 (precritical)，事後復無所不包，那麼懷特亟需一套康德式的超越論證 (transcendental argument)，方得理事圓融；但二者，懷特均付之闕如。

尤其敘事上，懷特任憑「譬喻」幻化大千，無所窒礙，必遭質疑。姑且不論「譬喻」形狀史家風格的適切性，反對者特援第二次世界大戰中，納粹 (Nazi) 族滅 (Holocaust) 猶太人的案例，以測試「再現的限度」。[86]這椿慘絕人寰的屠殺，允否修正派的史家隨心磨滅，或者擺布成一齣鬧劇 (farce)？這確是對懷特語藝論莫大的挑戰。[87]職是，法國史家夏蒂埃固然贊同史家恆以敘事形式呈現，但此一特殊敘事必須以產生真實的知識為前提。[88]

84 「諷喻」同時兼有隱喻自覺，甚至否定隱喻功能，恍若「後設轉義」(metatropological) 的角色。Ibid., pp. 37–38。Cf. Suzanne Gearhart, *The Open Boundary of History and Fiction* (Princeton, New Jersey: Princeton University Press, 1984), pp. 59–64.

85 例如哲學上，戴維森與布萊克 (Max Black, 1909–1988) 對「隱喻」性質著名的爭辯。前者認為「隱喻」的意義與「字義」全然一致，其奏效多少係語用藝術的傑作，而甚少涉及語言的規則。後者則堅持與語言規則有關。二氏之文均收入 Sheldon Sacks, *On Metaphor* (Chicago and London: University of Chicago Press, 1979)。

86 懷特曾於1990年參與此一討論會，其文章亦收入會議論文集。見 Saul Friedlander, *Probing the Limits of Representation* (Cambridge and London: Harvard University Press, 1992)。

87 攸關「德國史家的論辯」，請參閱 Domonick Lacapra, *Representing the Holocaust* (Ithaca and London: Cornell University Press, 1994), chap. 2; *History and Memory after Auschwitz* (Ithaca and London: Cornell University Press, 1998), chaps. 1 and 2。

88 Roger Chartier, *On the Edge of the Cliff*, trans. Lydia G. Cochrane (Baltimore: Johns Hopkins University Press, 1997), p. 44. 夏蒂埃接受了德·塞爾托的敘事觀點。參見 Michel de Certeau, *The Writing of History*, trans. Tom Conley (New York: Columbia University Press, 1988), chap. 2。

　　尤有過之，某些學者逕自援引丹托的睿見，以質疑史家有效的語藝行為。[89] 丹托先前即發現，所謂歷史的「事件」，無非是記錄者「筆下所敘述的事件」（events under a description）。因此，所有遺留的史料，均滲有人為的觀點，且預存於史家處理之前。[90] 此一說詞似對懷特天真的史料觀有所批判，但底層裡卻是深化懷特的學說，毫未削弱史學語藝論的效度。

　　可是若如歷史實在論者（historical realist）卡爾（David Carr, 1940–），以現象學的觀點，謂人類生活即潛存敘事，是故「過去」或「歷史」均含有敘事性；而史學的關懷不外是古今交錯的「複合敘事」（multiple narratives）。他將「敘事」由認知工具驟升至本體層次（ontological level），謂「生活」本身即「敘事」，人類歷史當不得例外，從而證明「敘事」非如懷特等所言全係史家事後所施加。[91] 另外，麥金太爾（Alasdair MacIntyre, 1929–）亦持同樣觀點，他顛倒敏克的論點，反謂「故事先經體驗，方才講述」（Stories are lived before they are told.）。[92] 均不失為有力的反擊。

　　再者，懷特以為「過去」本無意義，「歷史」之有意旨，乃人所施為。是故，仲裁史學的要素，毋寧是美感的、道德的（包括意

89　Richard T. Vann, "The Reception of Hayden White," *History and Theory* 37 (2) (1998): 143–193.

90　Arthur C. Danto, *Analytical Philosophy of History*, chap. VIII.

91　David Carr, "Narrative and the Real World" and "Getting the Story Straight," in *The History and Narrative*, ed. Geoffrey Roberts, chaps. 9 and 12. 卡爾不啻肯定
維柯的基本論點：「人創造歷史，故人了解歷史。」參見 Giambattista Vico, *The New Science of Giambattista Vico*, trans. Goddard Bergin and Max Harold Fisch (Ithaca: Cornell University Press, 1948), p. 93。

92　參見 Alasdair MacIntyre, *After Virtue* (Notre Dame, Indiana: University of Notre Dame Press, 1984), p. 212。

識形態）當代主義，而非認知上的事實。關鍵存於懷特相信史家的美感與道德觀點主導了敘述模式，而互異的敘述模式，復導致彼此之間不可互比（incommensurate），更遑論其高下優劣、是非曲直。例如，史家於法國大革命各有殊解，對保守史家柏克（Edmund Burke, 1729–1797），是場民族浩劫，但對浪漫史家米什萊則是人神合一的傳奇。[93] 這無可避免地導向相對論的結論。

但是與其齊名的文學史家哥思曼（Lionel Gossman, 1929–2021）並不苟同，他對「不可互比性」的觀點尤無法釋懷；此不啻為相對論鋪路，而置「歷史的合理性」（the rationality of history）於虛無之境。[94]

末了，懷特再度引發方法論上整體論與個體論的對抗。此一論辯原係「分析式歷史哲學」的熱門議題，[95] 久經纏戰，方事歇息，不意竟因懷特的敘事理論重啟爭端。

原先懷特藉區分「編年紀事」與「故事」，以凸顯敘事的語藝作用。「編年紀事」純係「事件」按時間序列的組合，猶可驗證，惟一旦重組成「故事」之後，則其形貌的真值難以測定。[96] 由於「事件」無非攸關個人的行為，譬如「但丁（Dante, 1265–1321）某年完成《神曲》（*The Divine Comedy*）」，此自可覆案；但若經敘事蛻化成「但丁的文學作品象徵了『文藝復興』的精神」，則牽涉「文藝復興」的整體概念。此一論述非但不得化約為個人行為的總合，且自有其不

93　Hayden White, *Tropics of Discourse*, pp. 60–61.

94　哥思曼同樣善於闡發史著的文學精微，以精研法國浪漫史學著稱。但對懷特「歷史若文學」的立場，則多所保留。參見 Lionel Gossman, *Between History and Literature* (Cambridge and London: Harvard University Press, 1990), chap. 9。

95　請參閱黃進興，《歷史主義與歷史理論》，頁 128–130，195–214。

96　Hayden White, *The Content of the Form*, pp. 45–47.

同層次的意義。其他諸如：發明家瓦特 (James Watt, 1736–1819) 與「工業革命」，或亞當‧斯密 (Adam Smith, 1723–1790) 與「資本主義」均有共通的現象。

另位歷史哲學家 —— 敏克，曾把此一論點表達得十分扼要。他認為：假設敘事只代表個別事實述句的總和，則文本的真值，只能是個別事實述句的邏輯連接 (logical conjunction)；問題是「邏輯」只是敘事內個別述句之間「諸多」的排列關係 (ordering relation) 之一，以致敘事的真值很難全由個別述句的總合來決定。這正是「編年紀事」與「歷史」之差異所在。[97] 而敘事論者 (narrativist) 安克斯密特 (Frank Ankersmit, 1945–) 之提出「敘事整體」(narration) 觀想必本諸同樣的精神。[98] 於此，他們再次向個體論者擲出挑釁的手套。

至於「敘事式歷史哲學」與「歷史寫作」有何關聯，懷特的觀點頗值一書。他認為前者對後者並無規範作用。反是從史著的解剖中，吾人方得獲悉作品的結構與規則。這種微妙的關係同樣存於文評家與創作者之間。「敘事式歷史哲學」，換言之，係從事反思與解析的工作。它必得與史學實踐連成一氣，方有成效可言。

依懷特之見，「敘事」係人類與生俱來的本領。它代表組織世界與切身經驗的模式，就如「（自然）語言」般渾然天成。人固然必須學習語言，卻不必知曉言說理論；同理，史家懂得敘事，卻不必依賴後天理論的指引。於此，懷特十足表露反理論與反科學的傾向。[99]

可是就在這個節骨眼上，若干史學名家卻現身指控懷特的語藝論偏離了歷史研究的正軌。例如：西洋上古史的重鎮 —— 莫米

97　Louis O. Mink, *Historical Understanding*, pp. 197–198.

98　F. R. Ankersmist, *Narrative Logic* (The Hague, Boston and London: Marrinus Nijhoff Publishers, 1983), chap. 3.

99　Ewa Domańska, *Encounter*, pp. 15–17.

利亞諾 (Arnaldo Momigliano, 1908–1987) 即辯道史家的職責存於探究真實；證據 (evidence)，而非修辭，方是史學的真命脈。析言之，證據或事實於小說創作，或可有可無，而史書恆需言之有據。然而，懷特卻漠視這個區別了。[100]

莫氏的高足，且為當今微觀史學的掌旗者——金茲堡，亦挺而聲援，謂今人大都遺忘「證明」(proof) 曾是古代修辭學的核心課題，所以與其過分誇張史學與修辭的關係，不如多加關注史學與舉證的必要性。因此，史家的工作毋寧像是法官咸得遵循證據，方能辦案。[101] 而史家撰史究竟取法法官，或一如後現代史學素喜取喻的畫家作圖，此二模型適反映出不同的史學理解。[102]

總之，懷特的歷史語藝論，毋論贊成與否，均公推為 20 世紀最具分量的史學理論。他的巨著《後設史學》開拓了史學探討的新視野，允為「敘事轉向」的標竿。[103] 他領先群倫主導了晚近歷史哲

100　Arnaldo Momigliano, "The Rhetoric of History and the History of Rhetoric: On Hayden White's Tropes," *Settino Contributo Alla Storia Degb Studi Classici E Del Mondo Antio* (Roma, 1984), pp. 49–59.

101　Carlo Ginzburg, "Aristotle and History, Once More," *History, Rhetoric and Proof* (Hanover and London: Brandeis University Press, 1999), pp. 38–53.

102　例如：F. R. Ankersmit, "Historiography and Postmodernism," *History and Tropology*, chap. 6。

103　某些學者逕取羅遜著名的選集《語言轉向》，以指稱懷特所闡揚的觀點。舉其例：Brian Fay, "The Linguistic Turn and Beyond in Contemporary Theory of History," in *History and Theory*, eds. Brian Fay, Philip Pomper, and Richard T. Vann (Oxford: Blackwell Publishers, 1998), pp. 1–12。奇怪的是，安克斯密特明知懷特的語藝論的來源係結構主義的文學批評，而非語言哲學；但仍襲用「語言的轉向」，令人不解。Cf. F. R. Ankersmit, "The Linguistic Turn," *Historical Representation* (Stanford: Stanford University Press, 2001), pp. 29–74。惟哲學上，「語言哲學」已趨於式微，而懷特的理論方興未艾；二者並不相稱，而實質內容亦甚有出入。是故，以「敘事轉向」來形容懷特所起的作用，遠為妥切。

學的方向，[104]姑舉二例以示之：首先，丹托享譽學界的名著——
《分析式歷史哲學》(*Analytical Philosophy of History,* 1965)原出版於
分析哲學的鼎盛時期，惟於二十年後的增訂版，竟重新命名為
《敘事與知識》(*Narration and Knowledge,* 1985)；而法國哲人利奧塔
亦不落人後，附和道：「斷言此一世界係歷史的，即設想世界得
以敘事之辭形容之。」[105]時勢所趨可見一斑。是故懷特的追隨者，
至譽《後設史學》為歷史哲學之中最具革命性的作品，洵非過譽之
詞。[106]另方面，無可否認地，「返歸文學」的風潮意外地造成史學
知識的危機，令吾人必須重新審視歷史知識的性質。[107]凡此均是
「敘事式歷史哲學」必得面對的課題。

　　最後姑以二提問替代結語，首先，懷特再三聲明他的語藝論
源自西方文化的系統，例如文類的分類（喜劇、悲劇等等），甚至
另一層次的四樣主譬喻亦無非取材自文藝復興以降的修辭學；[108]
那麼移至異文化的分析（舉其例，中國史學），他的語藝論是否依
然具有同等的效力，甚值深究？換言之，他的分析縱使無誤，是
否終究受限於西方獨特的文化情境呢？

---

104 法國韋納與德‧塞爾托的敘事理論允為懷特的同調，但均稍後於懷特提
　　出，彼此不曾聞問；而論點亦不如懷特來得鮮明、獨樹一格，故不若懷
　　特引人注意。

105 Jean-François Lyotard, "Universal History and Culture Difference," *The Lyotard
　　Reader*, ed. Andrew Benjamin (Oxford, New York: Basil Blackwell, 1989), p. 314.

106 F. R. Ankersmit, *History and Tropology*, p. 64. 此外，國際知名的《歷史與理
　　論》(*History and Theory*)曾於1980年出版專號討論《後設史學》，復於
　　1998年該書出版二十五年後，重加檢討。可見懷特的吸引力歷久不衰。

107 David Harlan, "Intellectual History and the Return of Literature," *The American
　　Historical Review*, vol. 94. no. 3 (June 1989): 581.

108 Hayden White, *Tropics of Discourse*, chap. 3.

　　其次，敘事論者倘只擬恢復史學固有園地，適可而止，則傳統史家尚保有半壁江山，容可相安無事。[109]惟敘事論者(若懷特以及他的追隨者安克斯密特等)往往雄心壯志，將自家觀點作漫無邊際的擴充，期至「凡歷史，無非敘事」而後止，[110]逕視史學僅為不同敘事構作的競技場；那麼傳統史家只得應聲而對。究竟敘事論係局部觀點 (local point of view) 或一般性的理論 (general theory)，則必成兩軍交鋒之地，永無寧日。

---

109 試取流行的歷史寫作手冊為例：「敘事」固為歷史的基石，且最受讀者歡迎，但尚存有其他撰述方式，若「描述」(description)、「說明」(exposition)與「論證」。Cf. Richard Marius, *A Short Guide to Writing about History* (New York: HarperCollins, 1989), chap. 3.

110 懷特的史學語藝論誠然自許為一般理論，而非局部觀點。另外，法國韋納將歷史敘述統視為「情節」(plot) 的安置，甚至涵蓋年鑒學派布勞岱爾侭關地中海文明、看似非事件為主的名著，而與傳統評價大有出入。參見Paul Veyne, *Writing History*, trans. Mina Moore-Rinvoluri (Middletown, Conneticut: Wesleyan University Press, 1984), p. 94。另外參見F. R. Ankersmit, *Narrative Logic*, pp. 11–12。

蛻變中的「思想史」
——一個史學觀點的考察[*]

請注意！自負的行動者，你們只不過是思想者無意識的工具。

——海涅（Heinrich Heine, 1797–1856）

所謂的觀念史，本身即有一部歷史。

——馬佐夫（Joseph Anthony Mazzeo, 1923–1998）

20世紀之前，或許已經知曉觀念擁有歷史，但獻身去探討它們的歷史卻是很現代的想法。

——博厄斯（George Boas, 1891–1980）

思想史曾經擁有短暫而輝煌的過去，眼前卻是四面楚歌，前景黯淡無光。

——康金（Paul K. Conkin, 1929–）

思想史（intellectual history）的問題——存於它有太多的方法。

——克里格爾（Leonard Krieger, 1918–1990）

[*] 原文發表於《アジア文化交流研究》第5號（日本關西大學，2010年2月）：327–354。 簡體中文版收入《中國學術》（北京：商務印書館，2011），總第29期（第9卷第1輯，2011年6月），頁60–101。

一、緒 言

　　哲學與史學若有共同探討的對象，仍不外乎是「思想」(thought) 或觀念。[1]雖然二者的研究取徑、偏重有所不同。哲學側重的是思想的內涵與論證，史學卻強調思想外延的社會與文化因素，但兩者並無法截然分割，而常有交涉。其匯聚處遂有「思想史」的誕生。

　　人類對思想，乃至於觀念的興趣，套句成語「古已有之」，並不為過。[2]但從史學的角度來審視它們在歷史上的意義與演變，卻是相當晚起。[3]以知識的屬性而論，「思想史」乃史學的次領域；在西方近百年方才嶄露頭角，漸次成形。另方面，由於伊為新興的領域，一切均屬草創；無限的可能，也涵蘊了極端的不穩定。理論與方法因是層出不窮，變化多端，以致學者目不暇給，難以適從。拙文擬扼要考察此一過程，並略加檢討。

1　舉其例：胡塞爾 (Edmund Husserl, 1859–1938)、海德格、鄂蘭 (Hannah Arendt, 1906–1975) 師徒三代均以此為目標。Edmund Husserl, *Ideas*, trans. W. R. Boyce Gibson (New York: Collier Books, 1975); Martin Heidegger, *What is Called Thinking?*, trans. J. Glenn Gray (New York: Harper & Row, 1968); Hannah Arendt, *The Life of Mind* (New York and London: Harcourt Brace Jovanovich, 1978), vol. I: Thinking.

2　Donald R. Kelley, *The Descent of Ideas* (Hants, England: Ashgate Publishing Co., 2002).

3　姑舉二例示之。G. P. Gooch, *History and Historians in the Nineteenth Century* (Boston: Beacon Press, 1968)，該書原發表於1913年。又 James Westfall Thompson, *A History of Historical Writing* (New York: The Macmillan Company, 1942), vol. II. 上述二書述及西方19世紀的主流史學均不及「思想史」的領域，至多隱含於新起的「文化史學」(*Kultur-geschichte*)。

　　首先，美國係思想史重要的發源地，因此擬取洛夫喬伊作為分析的起始點，他既是哲學家，復是歷史家。[4]洛夫喬伊恰位於「思想史」萌芽的階段，以他的志業作為研議的對象，不僅可以承先，亦可以啓後。揆諸學術史，洛夫喬伊的智識成長期，適逢西方傳統史學將變未變之際。蓋19世紀的史學由蘭克學派執其牛耳，總攬政治、外交、軍事、制度史的研究，直迄世紀末葉，方出現布克哈特、蘭布雷希特一系的文化史學，起而挑戰。[5]該時的文化史學雖頗具聲勢，且不乏一般的讀者，然而方法上尚欠嚴謹，在學術圈裡僅被視為業餘之作，屈居邊緣的位置。[6]

　　歐陸於世紀之交，有蘭克史學復振的餘波（the Rankean Renaissance）；[7]北美新大陸則拒絕走回頭路，與歐洲史學分道揚鑣，轉而推動「新史學」。「新史學」打著反蘭克史學的旗幟，亟與社會科學結盟。它的代言者魯濱遜主張：歷史的課題應該涵蓋人

4　洛夫喬伊的主要成就正是「知識論」與「思想史」兩大領域。他的學術生平的簡介可參閱其盟友博厄斯所撰的 "Arthur Oncken Lovejoy," in *The Encyclopedia of Philosophy*, ed. Paul Edwards (New York: Macmillan, 1967), vol. 5, pp. 95–96。詳細的傳記則參閱 David J. Wilson, *Arthur O. Lovejoy and the Quest for Intelligibility* (Chapel Hill: University of North Carolina Press, 1980)。

5　布克哈特與蘭布雷希特的文化史學可參閱 Karl J. Weintraub, *Visions of Culture* (Chicago and London: University of Chicago Press, 1966), chaps. 3 and 4.

6　Woodruff D. Smith, *Politics and Sciences in Germany, 1840–1920* (New York and Oxford: Oxford University Press, 1991), pp. 183–192; Annie M. Popper, "Lamprecht," in *Essays in Modern European Historiography*, ed. S. William Halperin (Chicago and London: University of Chicago Press, 1970), chap. vi. 連韋伯都對「文化史學」的嚴謹有所微詞。Sam Whimster, "Karl Lamprecht and Max Weber," in *Max Weber and His Contemporaries*, eds. Wolfgang J. Mommsen and Jürgen Osterhammel (London: Unwin Hyman, 1989), chap. 17.

7　Ernst Breisach, *Historiography* (Chicago and London: University of Chicago Press, 2007), p. 281.

類全部的行為，不應僅局限於政治、軍事的層面。他大肆抨擊弗利曼 (Edward A. Freeman, 1823–1892) 的觀點：「歷史僅是過去的政治」，這種看法係過去史家狹隘的眼光所致。人類其他有意義的文化成就，舉凡文學、藝術、思想、社會、經濟，比比皆是，歷史研究有比政治制度、軍事衝突更重要的對象。正因為研究內容的擴充與人類行為的複雜多樣性，傳統治史方法已不敷用；史家必須打破藩籬，廣泛採納自然科學和社會科學的成果，以促進歷史探討的觀點和方法。[8] 的確，在史學領域的擴充上，魯氏功不可沒；他且以身作則，示範思想史的草創之作，帶動了史家對思想演化的注意。[9]

「新史學」另外一個重要的特色便是「當代主義」(presentism)，主張古為今用，強調社會與政治的實踐價值，而與當時哲學上的「實用主義」(pragmatism) 相互呼應。魯濱遜與比爾德合著的《近代歐洲發展史》(The Development of Modern Europe) 的序言中，將此一立場表達得淋漓盡致：

> 我們歷史作品的共同缺陷，在於無論多麼成功處理遙遠的時代，它們通常無法把過去和現在銜接在一起……本書把過去附屬於現在，它的目的在使讀者能夠配合他所居處的時代。[10]

魯氏以為允許現在支配過去，並非對過去有所損害；所以致此並非曲解事實，以附會當代的觀念和趨勢；其目的不過是強調

8　James Harvey Robinson, *The New History* (New York: The Free Press, 1965), pp. 8, 24–25.

9　Harry Elmen Barnes, *A History of Historical Writing* (New York: Dover Publications, 1962), pp. 297–298.

10　Robinson and Beard, "Preface to The Development of Modern Europe," in *The Varieties of History*, ed. Fritz Stern (New York: Meridian Books, 1956), p. 257.

現在的重要性而已。此種「當代主義」的論調，已具有相當濃厚的歷史相對論的色彩。[11]魯氏並強調歷史知識必須具有實效價值，也就是說，史家的著作應與時代息息相關，以為了解和改良社會的工具。而上述的觀點正是洛夫喬伊無法苟同的。

如前所述，洛夫喬伊本是哲學與歷史雙棲的學者，他的史學觀點與哲學密不可分。在知識論上，他反對實用主義的真理觀，並且力抗潮流，堅守心、物二元論的立場（即使是改良式的）。[12]人之異於萬物，正是他持有「一般的觀念」(general ideas)。[13]而時賢卻解消「意識」(consciousness) 或「觀念」的存在，洛氏完全不能接受。[14]

要之，在研究「觀念史」之前，洛夫喬伊必得肯定「觀念」的存在與效能 (efficacy)，否則後續的探討就變成無的放矢了。早在1914年所發表的論文，他業已先行奠定了這項基礎工作。洛氏藉由批判當時的「認識論的一元論」(epistemological monism) 與心理學新起的「行為主義」(behaviorism)，證成「意識」與「觀念」並非只是外物的反映或附著物。在認知的過程中，人們必須經由「觀念」

11　請參閱拙文〈歷史相對論的回顧與檢討〉，收入黃進興，《歷史主義與歷史理論》(台北：允晨文化公司，1993)，頁 163–169。

12　洛夫喬伊所持為改良式的二元論。按當時美國流行的思潮係反對二元論，尤以杜威和詹姆斯 (William James, 1842–1910) 為代表。杜威與詹姆斯的真理觀參閱 Charles Morris, *The Pragmatic Movement in American Philosophy* (New York: George Braziller, 1970), pp. 59–65. 洛夫喬伊的觀點見 Arthur O. Lovejoy, *The Revolt Against Dualism* (New York: Open Court Publishing Co., 1930)。

13　Arthur O. Lovejoy, "Reflections on the History of Ideas," *Journal of the History of Ideas*, vol. 1, No. 1 (1940): 3.

14　例如 Arthur O. Lovejoy, "James's Does Consciousness Exist?" and "The Anomaly of Knowledge," *The Thirteen Pragmatisms and other Essays* (Baltimore: Johns Hopkins University Press, 1963).

的媒介，方能領略周遭的世界，因此「觀念」委實不可或缺，而且具有獨立的地位。[15]這便是洛氏在認識論上所持二元論的觀點。

另需一提的，洛夫喬伊與「新史學」存著若即若離的關係。一方面他肯定「新史學」開疆闢土，拓展研究視野的作法，他本人投身思想專門史的開發，即是極佳的例證。但他對「新史學」所涵蘊的相對論與功利觀點，頗有微詞。

洛夫喬伊於1939年發表的〈當前觀點與過去歷史〉一文，即是針對「新史學」而發。洛氏在這篇文章中指名道姓，以實用主義的大師杜威和魯濱遜與比爾德的學生蘭道爾（John Herman Randall, 1899–1980），作為辯駁的對象。他謂：當前的實際或想像的問題「必然」或者「應該」決定歷史的選題與內容，實為無稽之談。洛夫喬伊認為史家的價值觀不必然影響歷史的研究，而且史家的選題亦非必然源自現實的動機。相對論者誤以史家身處的時代以及當前面臨的問題決定了歷史的論斷；衡諸史學實際操作的情況，卻頗有出入，在思想史上尤毫無根據。歷史相對論受「透視效果」（perspective effect）的誤導，以為不同時代的史家因所處位置的歧異，自會得出相異的觀點，說穿了其實是幻覺的樣式。[16]史學的研究程序毋寧較接近法庭的證據原則。史家的工作宛如法官判案，均必須處理已發生的事實，去發現而非塑造過去的「真

15　Arthur O. Lovejoy, "On the Existence of Ideas," *The Johns Hopkins University Circular: Three Studies in Current Philosophical Questions*, no. 3 (March 1914): 42–99.「認識論的一元論」的代表為單勒普（Dunlop）、伍律契（Woodbridge）等；「行為主義」的代表則是華生（John Watson, 1878–1958）。洛夫喬伊後來更擴展為1930年刊行的專書：*The Revolt against Dualism*。

16　Arthur O. Lovejoy, "Present Standpoints and Past History," *The Journal of Philosophy*, vol. xxxvi, no. 18 (August 31, 1939): 477–489.

相」。[17]他樂觀地認為史學研究的邏輯，至少在某種程度上保證歷史知識的客觀性。

原則上，洛氏係歷史的實在論者（realist），史實自有其地位，非研究者可任意攫為己有，任意塑造。換言之，史學研究所獲的知識容有助於現實的改革，但史家絕不能與社會改革者混為一談。這種情況尤以思想史的研究最為顯豁。他堅持：史學的探討在某種程度上總是希冀超越現時的限制與關注，期求自我超越的努力。[18]這與「新史學」或之後的「進步史學」當然是兩相對壘了。[19]

19 紀以來，史家慣援「intellectual history」與「history of thought」來指稱「思想史」，但洛夫喬伊卻另起爐灶，改以「觀念史」標榜自己所治的思想史，實別有用心。反觀時下流行的「思想史」，皆是範圍遼闊，內容近似「文化史」，無所不包。當時魯濱遜所開的課程便命名「西歐心靈概略史」（An Outline of History of the Western European Mind），[20]又出版有《構作的心靈》（*Mind in the Making,* 1921）；由此可見一斑。而該時的代表作 ──《西方的心靈》、[21]《歐洲的心靈》，[22]通以所謂的「心靈」（mind）概括人類整體的心智活動，不免失之淵博有餘，精謹不足。

17　Ibid., p. 489.

18　Ibid., p. 482.

19　「進步史學」為「新史學」的後續發展，以比爾德與貝克爾為代表。參閱 Richard Hofstadter, *The Progressive Historians* (New York: Vintage Books, 1970)，或拙文〈歷史相對論的檢討與回顧〉，收入黃進興，《歷史主義與歷史理論》，頁 163–180。

20　Harry Elmer Barnes, *A History of Historical Writing*, p. 297.

21　John Herman Randall, *The Making of the Modern Mind* (Boston: Houghton Miffin, c1940). 原名為 *The Western Mind*，出版於 1924 年，1926 年改為今名。

22　Paul Hazard, *The European Mind 1680–1715*, trans. J. Lewis May (New York: Meridian Books, 1963). 法文原著發表於 1935 年。

　　洛夫喬伊並不諱言「觀念史」與傳統思想史的材料有所雷同，可是研究手法卻截然有別，他的〈論浪漫主義的分辨〉(On the Discrimination of Romanticism, 1923) 一文，迥異於之前「思想史」綜合的進路，對不同地域的「浪漫主義」辨析入微，令人耳目一新。[23]而後，洛夫喬伊更受「化學分析」(chemical analysis) 的啓發，以解析「思想」裡的質素為目標。歷史上雖有各形各色的思想，倘加以深入剖析，其實只不過是某些基本質素，或多或少、或輕或重的組合而已。這種基本的概念質素，他稱之為「單元觀念」(unit-ideas)。換言之，「單元觀念」的不同組合，造成「思想」呈現不同的樣式。這宛如化學基本分子，經過不同的組合，即變成不一樣的化合物。職是之故，人們所熟悉的「神」(god)、主義(-ism) 或學派(school) 云云，均非「單元觀念」。這些只能是觀念史的素材，而非最終的研究對象。

　　依他之見，哲學史大都是「觀念混合的歷史」(a history of confusion of ideas) 而已。他刻意以較窄或較寬尺度，與「哲學史」(history of philosophy) 作區隔，但最吃緊的是，他所處理單元的特色。他將哲學論說分解為基本的「單元觀念」。歷史上的哲學論述只不過是這些基本「單元觀念」異質的複合物。而大部分哲學系統的特色，與其説肇自新穎的質素 (components)，毋寧説存於創新的「模式」(patterns)。[24]

　　要之，「單元觀念」不止具有連續性，且橫跨各個領域，同時出現在神學、文學、藝術、哲學、科學的思考上。依洛氏的觀察，「觀念」係世上最會移動的東西，四處流竄。因此打破學科的

23　Arthur O. Lovejoy, *Essays in the History of Ideas* (Baltimore: Johns Hopkins University Press, 1948), pp. 228–253.

24　Arthur O. Lovejoy, *The Great Chain of Being* (Cambridge, Massachusetts: Harvard University Press, 1974), pp. 3–5.

藩籬，進行科際的研究勢在必行。[25]過去的歷史研究，無論哲學史、科學史、文學史、宗教史，多少會碰到思想的問題，但由於學科的分化，不免畫地自限，罕見貫穿其間，求其共相。「單元觀念」的探討恰可彌補這項缺憾。尤有進之，這些觀念可能穿越不同語言、不同文化、不同民族的界限，因此為了窺得全貌，比較研究亦不可或缺。[26]職是，跨越科際與比較研究均為洛夫喬伊觀念史的特色。

洛夫喬伊以身作則，擇取西方宇宙觀為示例，營造了其所自豪的《存在的大連結》(*The Great Chain of Being*, 1936)。該書考察柏拉圖以下，迄18世紀為止西方宇宙觀的變化。他謂之「存在的連結」(the chain of being)，其底蘊即為三個「單元觀念」的組合與作用。這三個質素，或稱之為「原則」(principles)，便是：「完盈」(plenitude)、「連續」(continuity) 與「等級」(gradation)。[27]領域則橫跨哲學、神學與文學。

總之，有別於過去模糊失焦的思想史，洛夫喬伊重新聚焦「觀念史」的課題與操作的方法，其特色容謂之「哲學的轉向」。明確的範疇與清晰的方法論，令他脫穎而出，引領下一代思想史的風潮。尤其他在1923年以約翰霍普金斯大學為根據地，組成「觀念史會社」(The History of Ideas Club)，聚集志同道合之士；且在1940年創辦了《觀念史學報》(*Journal of History of Ideas*)，尤有加乘效應；該刊物雖然歷經不同學風的淬煉，迄今猶為標竿性的學刊，影響力歷久不衰。

25　Arthur O. Lovejoy, "Reflections on the History of Ideas," p. 4.

26　Arthur O. Lovejoy, "The Historiography of Ideas," *Essays in the History of Ideas*, pp. 1–13.

27　Arthur O. Lovejoy, *The Great Chain of Being*, chap. II.

　　若説其時洛夫喬伊的「觀念史」在思想史起了典範的作用，絲毫不為過。洛夫喬伊彰顯「觀念」在歷史上的作用，影響史壇不下四十年。[28]他所涉及的議題，雖然有見仁見智之爭，此乃屬學界常態；特有意義的是，他所標榜的「觀念史」的理論，緣旗幟鮮明、追隨者眾，在日後驟成眾矢之的，不意成為追蹤而後思想史發展的極佳線索。拙文便順著這個爭端的開啓，一窺西方思想史之流變。

二、方法論的分歧

　　首先必須點出的是，即使在洛夫喬伊的巔峰時期，「觀念史」也無法統攬西方思想史的領域；同為「思想史」重要發祥地的德國，則有不同的走向。[29]

　　當時歐陸的思想史，仍舊受狄爾泰的影響，側重「精神史」(Geistge-*schichte*) 的探討，最具代表性的史家則為德國的邁內克與卡西勒。[30]

28　Ernst Breisach, *Historiography: Ancient, Medieval, and Modern* (Chicago and London: University of Chicago Press, 2007), p. 425.

29　Maurice Mandelbaum, "The History of Ideas, Intellectual History, and the History of Philosophy," *History and Theory*, 5 (1965): 33–66; Roger Chartier, "Intellectural History or Sociocutural History? The French Trajectories," in Dominick LaCapra and Steven L. Kaplan, *Modern European Intellectual History* (Ithaca and London: Croom Helm, 1982), pp. 13–15.

30　邁內克以研究政治理念、歷史主義聞名。其史觀參見Georg Iggers, *German Concaption of History* (Middletown, Connecticut: Wesleyan University Press, 1969), pp. 195–228。

　　約言之，由狄爾泰所衍發的「精神史」，在歐陸舉足輕重。狄氏甚至被歐系史家尊為最偉大的觀念史家。[31]他們的取徑與洛夫喬伊大異其趣。因為所謂「精神」（Geist）、「世界觀」主要著眼整體民族或時代的精蘊，而文化或思想乃有機體，不得任意分割。卡西勒便曉示其研究旨在闡釋思想「內在的形成力量」（the inner formative forces），以提供「哲學精神的現象學」（a phenomenology of the philosophical spirit）。[32]尤其在研究手法上，「精神史」崇尚主觀的移情理解（verstehen），[33]注重歷史的獨特性；[34]這顯與洛夫喬伊亟欲倡導的分析式的觀念史格格不入。該時代表「精神史」取向的語言學家史匹哲（Leo Spitzer, 1887–1960），便與洛夫喬伊在方法論上針鋒相對。[35]

　　簡言之，「精神史」的研究傾向觀其大，抱持「方法論的整體論」（methodological holism）的立場；反觀洛夫喬伊所鼓吹的分析式觀念史，首重「單元觀念」的解析，一望即知立足於「方法論的

31　Hajo Holborn, "The History of Ideas," *The American Historical Review*, vol. LXXIII, no. 3 (February 1968): 689. 本文為作者美國歷史學會主席就職演講，以「觀念史」為題，竟全然忽略洛夫喬伊，門派之見由此可見。

32　Ernst Cassirer, *The Philosophy of the Enlightenment*, trans. Fritz C. A. Koelin and James P. Pettegrove (Princeton: Princeton University Press, 1951), p. vi. 德文本原出版於 1932 年。

33　Rudolf A. Makkreel, *Dilthey: Philosopher of the Human Studies* (Princeton: Princeton University Press, 1975), chap. 8.

34　Carlo Antoni, *From History to Sociology*, trans. Hayden White (London: Merlin Press, 1962), p. 117.

35　洛氏「觀念史」與「精神史」的對比與爭執，可參閱 Leo Spitzer, "Geistgeschichte vs. History of Ideas as Applied to Hitlerism"; Arthur Lovejoy, "Reply to Professor Spitzer," in *The History of Ideas*, ed. Donald R. Kelley, chap. III (Rochester, N. Y.: University of Rochester Press, 1990)。

個體論」(methodological individualism)。於洛氏而言，無法分解的
「精神」現象，委實難以理解；以致雙方壁壘分明。[36]

　　然而在史學實踐上，奪得上風的竟是不拘泥宗門之爭的折衷
派。以伯林 (Isaiah Berlin, 1909–1997) 為例，原出自素不重視思想
史的英國，[37] 卻以精湛的分析和優雅的文筆，風行西方智識界。

　　伯林曾藉海涅之口，闡揚「觀念的力量」(the power of ideas)。
他說：

> 百多年前，日耳曼詩人海涅警告過法國人切勿低估觀念的力
> 量：在靜寂的書房裡，某個教授所醞釀的哲學概念可以摧毀整
> 個文明。[38]

海涅所形塑的人物，無疑是偉大的康德。

　　總之，伯林對提升與推廣思想史的研究，甚有裨益。伯林不
但能擷取諸家之長，復能設身處地，神入關鍵人物的思維世界，
所致的論斷鞭辟入裡，令人折服。舉其例，他們所處理的思想人
物——馬克思、維柯、赫爾德、托爾斯泰 (Leo Tolstoy, 1828–
1910) 等等均膾炙人口，極受文化界所歡迎。[39]

36　關於方法論的「個體論」與「整體論」，請參閱拙譯曼德爾鮑姆：〈史學及
　　社會科學的整體論與個體論〉，收入黃進興，《歷史主義與歷史理論》，
　　頁 194–214。

37　攸關英國思想史的興衰可參閱：Arnaldo Momigliano, *Essays in Ancient and
　　Modern Historiography* (Middletown, Connecticut: Wesleyan University Press,
　　1977) , p. i。

38　Isaiah Berlin, *Four Essays on Liberty* (London, Oxford and New York: Oxford
　　University Press, 1969), p. 119.

39　Isaiah Berlin, *Karl Marx* (London and New York: Oxford University Press,
　　1963). Isaiah Berlin, *Vico and Herder* (London: Hogarth, 1976). Isaiah Berlin,

三、「內在理路」對「外在理路」

洛夫喬伊即使作為史學家，於哲學分析仍有無比的熱情，以致他的「觀念史」也以思想內部的解析馳名於世。[40]這種「內在理路」（internal approach）在日後受到極大的挑戰。誠如蘭道爾所預測：外在關係的邏輯分析（the logic of external relation），在活生生的歷史（living histry）裡難有著力點。[41]況且洛夫喬伊式的觀念史，於處理「歷史變遷」（historical changes）顯得力不從心。[42]

以譬喻而言，「內在理路」與「外在理路」的關係就如同身體的骨骼與血肉。洛夫喬伊動輒遭「有形而無神」之譏。

早先社會學家曼海姆便揭露「思想」，或更確切地說，「意識形態」（ideology）與「社會階層」（social strata）的關係，對後來「思想社會史」的確起了啟示的作用。[43]但該時洛夫喬伊對曼海姆「知識社會學」（Wissenssoziologie）所涵蘊的「相對主義」很有疑慮，因此並不為所動。[44]

"Hedgehog and Fox," in *Russian Thinkers* (New York: The Viking Press, 1978), pp. 22–81.

40　Cf. John Herman Randall, Jr., "Lovejoy and the History of Ideas," *Kenyon Review* vol. 12, no. 1 (winter 1950): 156–161.

41　John Herman Randall, Jr., "Review of The Great Chain of Being," *The Philosophical Review*, vol. 47, no. 2 (March 1938): 217.

42　Cf. Louis O. Mink, "Change and Causality in the History of Ideas," in *Historical Understanding*, eds. Brian Fay, Eugene O. Golob, and Richard T. Vann (Ithaca and London: Cornell University press, 1987), pp. 204–222；and Michael Oakeshott, *On History* (Indianapolis, Indiana: Liberty Fund, 1999), pp. 109–110.

43　Karl Mannheim, *Ideology and Utopia* (New York: Harcourt, Brace & World, Inc., 1936). 德文本出版於1929年。曼海姆的「相對主義」意味知識的價值相對於產生該知識的階層。詳細的討論請參閱拙文〈評卡爾·曼罕的「相關論」〉，收入黃進興，《歷史主義與歷史理論》，頁237–251。

44　Arthur O. Lovejoy, "Reflections on the History of Ideas," pp. 17–18.

　　而細繹英文，"intellectual history"詞彙含義的演變，亦可印證「思想史」這段由內在往外發展的軌跡。"intellectual history"一詞原為英文語系所特有，[45]至晚在19世紀已見其蹤影，[46]初始的含義極似「文化史」「知識史」。前述魯濱遜除了開有「思想史」的課程，他的開山之作《新史學》（The New History）即載有一反思「思想史」的篇章，[47]他的學生桑代克（Lynn Thorndike, 1882–1965）更將此名詞納入其所著的《巫術在歐洲思想史的地位》（The Place of Magic in the Intellectual History of Europe, 1905）。[48]但兩者的著眼點均在「知識」的層面。可是直迄1930年代末葉，「思想史」猶未成為家喻戶曉的通行語。但米勒（Perry Miller, 1905–1963）的《新英格蘭的心靈》（The New England Mind, 1939）卻將此用語注入一股清流，將「思想史」添入「社會元素」的新血。

　　他在《新英格蘭的心靈》的下卷，特別點出所謂的「心靈」一詞，蓋指公開的「言」與「行」（what was said and done publicly），[49]這顯然跳脫之前思想史「言不掩行」的窠臼。因此「思想」與「社會經驗」的互動，遂為分析的主軸。這同時踐行了他在首卷本中的承諾：在接續的研究，擬更具體地交代思想的社會與經濟條件。[50]

45　Felix Gilbert, "Intellectual History: Its Aims and Methods," in *Dædalus*, vol. 100, no. 1 (Winter 1971): 80–97.

46　在美國史學界至少在19世紀末已見到"intellectual history"（思想史）的用語。Cushing Strout, *Intellectual History in America* (New York: Harper & Row, 1968), vol. I, p. vii.

47　James Harvey Robinson, "Some Reflections on Intellectual History," in *The New History*, chap. IV.

48　Lynn Thorndike, *The Place of Magic in the Intellectual History of Europe* (New York: Columbia University Press, 1905).

49　Perry Miller, *The New England Mind: From Colony to Province* (Cambridge, Massachusetts: Harvard University Press, 1967), p. x. 原刊於1953年。

50　Perry Miller, *The New England Mind: The Seventeenth Century* (Cambridge, Massachusetts: Harvard University Press, 1954), p. viii. 原刊於1939年。

　　然而米勒的這本書甫發行，並未受到多大注意；在二戰後，方受職業史家青睞。[51] 米勒重視思想外在的社會與經濟因素，令這本書變成「外在理路」(external approach) 的前驅，促成「思想史」與「社會史」(social history) 的結合，立下「思想的社會史」(social history of thought) 的里程碑。[52]

　　揆諸史學史，1950 年代，恰好見證「思想史」起飛的階段，不出數年，伊已由邊緣進入核心，躍為歷史的顯學。其時流行的樣式，則是兼顧「言」(idea) 與「行」(action) 的進路，換言之，史家必須察覺思想如何在真實世界起作用，而非盡如洛夫喬伊只停留在純粹觀念的解析。舉其例：哈佛大學的布林頓 (Crane Brinton, 1898–1968) 擬以「人的方法」(method of man) 補偏救弊先前的「觀念的方法」(method of idea)。他導覽西方思潮的名課與其教科書《思想與人》(*Ideas and Men,* 1950) 吸引眾多的追隨者，足開風氣之先。[53] 耶魯史家蓋伊 (Peter Gay, 1923–2015) 從 1950 年代中期至 1970 年代中期，投入「思想的社會史」的研究，便是為了打破之前思想史封閉的牢籠 ── 只關心個別的大思想家，而與實際社會脫

51　參見米勒在第二卷的自述。Perry Miller, *The New England Mind: From Colony to Province*, p. ix. 以及 John Higham, with Leonard Krieger and Felix Gilbert, *History: The Development of Historical Studies in the United States* (Englewood Cliffs, N. J.: Prentice Hall, 1965), p. 209.

52　另外，值得一提的科悌 (Merle Curti, 1897–1996) 於 1943 年出版的《美國思想的成長》(*The Growth of American Thought*, New York: Harper & Brothers, 1943)，亦是注重「思想影響」與「社會環境」互動的代表。John Higham, "The Rise of American Intellectual History," *The American Historical Review*, vol. LVI, no. 3 (April 1951): 470.

53　Crane Brinton, *Ideas and Men* (Englewood, Cliffs, N. J.: Prentice-Hall, 1963), p. 3. 初版於 1950 年。布林頓係「新史學」大師比爾德的高足。比爾德晚年已將研究重心移至「思想史」。

節。[54]他批評卡西勒忽視思想的社會層面，這項指控照樣可適用於洛夫喬伊的研究取向。[55]

可是「思想的社會史」往往從上往下，追尋思想的傳播，甚或局限研究「知識分子的歷史」的格局。[56]而1960年代西方社會的動盪，連帶促使社會史擴大基層的研究，同時帶動思想史往下扎根的趨勢，從探討少數精英的思想逐漸擴及弱勢、底層群眾的思維世界。

要之，「思想史」與「社會史」同屬新興的領域，且系出同門——「文化史學」。它們均需擺脫宿命的敵人——「政治史」的掌控，以求得獨立自主的園地。在初始摸索階段，皆因對象含糊、方法有欠嚴謹，遭受訾病。[57]至此則雙方漸臻佳境，成熟自信。

但不容諱言，「思想的社會史」若操作不當，易於落入「化約論」（reductionism）的套式，最極端的便是唯物史觀，將一切思想表達歸為「上層結構」（superstructure），僅止於「下層結構」（base）的反映而已。因此難免有捍衛「思想史自主性」（the autonomy of intellectual history）的呼聲。[58]

54　Peter Gay, *Freud for Historians* (New York and Oxford: Oxford University Press, 1985), pp. xii–xiii.

55　Peter Gay, "The Social History of Ideas: Ernst Cassirer and After," in *The Critical Spirit*, eds. Kurt H. Wolff and Barrington Moore, Jr. (Boston: Beacon Press, 1967), pp. 117–120.

56　Cf. Franklin L. Baumer, *Modern European Thought* (New York: Macmillan, 1977), pp. 6–8.

57　他們均奉布克哈特、蘭布雷希特為師。Cf. J. Jean Hecht, "Social History," in *International Encyclopedia of the Social Sciences,* ed. David. L. Sills (New York: Macmillan, 1968), vol. 6, pp. 456–457.

58　Leonard Krieger, "The Autonomy of Intellectual History," *Ideas and Events* (Chicago and London: University of Chicago Press, 1992), pp. 159–177.

可是下一世代的發展，卻遠超過舊世代的想像。例如：孔恩以「典範的轉移」(paradigm shifts) 成功地解釋了17世紀的「科學革命」(scientific revolution)，再次將「思想史」的「內在理路」推向高峰，但亦促成「科學史」離開思想史的次領域，而自立門戶。[59]另方面，「外在理路」的進化版在1980年代之後，則聚焦思想載體的表達形式，若文本生產的過程，包括印刷的製造與市場的流通均成為關注的重心。[60]

四、意識與心理分析

若說「外在理路」乃「思想史」往外的擴充，那相反的方向則是往內心深處挖掘。20世紀初期，潛意識非理性的發現喧騰一時，乃至壓抑「思想過程」對人類行為的影響。佛洛伊德便言道：

59　Thomas S. Kuhn, *The Structure of Scientific Revolutions* (Chicago: University of Chicago Press, 1962). 孔恩之前，科學史「外在理路」當令，例如，社會學家莫頓即挪經濟與宗教外緣因素來解釋17世紀英格蘭的科學活動。孔恩認為有所不足，取「典範」的概念從科學內部理論的轉移，解釋「科學革命」，一時聲名大噪，影響廣泛。日後，孔恩復認為與莫頓的觀點可以互補。Thomas S. Kuhn, "Mathematical versus Experimental Tradition in the Development of Physical Science," in *The Essential Tension* (Chicago and London: University of Chicago Press, 1977), pp. 31–65. 莫頓早在1938年即出版有《17世紀英格蘭的科學、技術與社會》(*Science, Technology and Society in Seventeenth Century England*)。在中國思想史的領域，「內在理路」亦緣余英時教授闡發「清代思想史的一個新解釋」，而推向高峰，極盛一時。參見余英時，《歷史與思想》(台北：聯經出版事業公司，1965)。而後，余先生推陳出新，並不受此一進路所範圍。

60　請參閱秦曼儀，〈書籍史方法論的反省與實踐〉，《台大歷史學報》，第41期 (2008年6月)：254–314。

「思慮 (thinking) 拆穿了只不過是願望幻覺的替代品 …… 只有願望
方能啓動我們的心理機制。」[61] 對此，洛夫喬伊頗不以為然。[62]

　　以洛夫喬伊與博厄斯為代表的觀念史，首重「意識層面」
(conscious level) 的解析。這也為日後正統思想史定調。先師史華
慈 (Benjamin I. Schwartz, 1916–1999) 教授也主張「思想史」應關切
歷史情境中人們「整體的意識生活」(the totality of conscious life)。[63]
他們都認為「觀念」最重要的是顯現於意識的表現，因此攸關它們
的歷史亦是存在於意識的層面。他們反對把「觀念史」與「解讀心
靈」(mind-reading) 或「心理分析」(psychoanalysis) 混為一談。佛洛
伊德替作古之人進行心理分析，終究僅是揣測之言。[64]

　　要之，洛夫喬伊本人並不忽視「無意識的心靈習慣」
(unconscious mental habits)，這些預設可能或隱或現地存在於個
人或世代的思維當中，觀念史家的看家本領即是運用「理性」將
之解析出來。[65] 但這終究與心理分析有所不同。於「心理分析」而
言，「無意識的心靈」(the unconscious mind) 別有用意，它方是主
宰人類思慮與行為的動力 (dynamic unconscious)，而心靈的內容動

61　Sigmund Freud, *The Interpretation of Dreams*, in *Basic Writings of Sigmund Freud*,
　　ed. A. A. Brill (New York: Random House,1938), p. 510; Sigmund Freud, *The
　　Interpretation of Dreams*, trans. James Strachey (New York: Avon Books, 1963), p.
　　606.

62　Arthur O. Lovejoy, "Reflections on the History of Ideas," p. 16.

63　先師史華慈教授與洛夫喬伊有異的是，他並不認同「觀念史」將「觀念」
　　視作與世隔絕的自主單位。Benjamin I. Schwartz, "A Brief Defense of
　　Political and Intellectual History: The Case of China (1971)", *China and Other
　　Matter* (Cambridge and London: Harvard University Press, 1996), pp. 30–44.

64　George Boas, *The History of Ideas* (New York: Charles Scribner's Sons, 1969), pp.
　　11–19.

65　Arthur O. Lovejoy, *The Great Chain of Being*, p. 7.

輒遭意識強加抑制。[66]這點不只與洛氏所奉行的理性的「可理解性」(intelligibility) 分歧，而且與一般史家的理解亦有所出入。思想史的後進——休斯於其名著《意識與社會》裡便斷言：「重複(repetitive)、非理性 (irrational)、類本能 (quasi-instinctual) 之物或許是歷史的底層，但本身卻非史學的題材。」[67]這樣的觀點同樣出現在歷史理論名家敏克慎重其事的發言：觀念史並非事物的年表(chronology)，而是意識發展的故事。[68]

按心理學 (psychology) 本系出多門，惟 1960 年代崛起的「心理史學」，蓋奉佛洛伊德為圭臬，權或加以修正，居中以埃里克森的《青年路德》(*Young Man Luther*) 與《甘地的真理》(*Gandhi's Truth*) 最膾炙人口。[69]埃氏係佛洛伊德的修正派，他運用嫻熟的心理分析探測歷史人物心靈底層的糾結 (complex)。但傳統史家對「心理史學」卻甚有保留，其解釋信度屢遭質疑。[70]

66　Phillip Pomper, *The Structure of Mind in History* (New York: Columbia University Press, 1985), p. xiii.

67　H. Stuart Hughes, *Consciousness and Society* (New York: Vintage Books, 1961), p. 6. 初版於 1958 年。休斯後來受埃里克森影響，改支持心理史學。

68　Louis O. Mink, "Change and Causality in the History of Ideas," in *Historical Understanding*, p. 222.

69　Erik H. Erikson, *Young Man Luther: A Study in Psychoanalysis and History* (New York: W. W. Norton and Company, 1958). 中譯本請參閱康綠島的譯本：《青年路德》(台北：遠流出版事業公司，1989)。Erik H. Erikson, *Gandhi's Truth: On the Origins of Militant Nonviolence* (New York and London: W. W. Norton and Company, 1969).

70　舉其例，著名史家巴任便極力抨擊其時流行的「心理史學」與「量化史學」。Cf. Jacques Barzun, *Clio and the Doctors* (Chicago: University of Chicago Press, 1974). 另外，可參閱康綠島博士所迻譯的兩篇論文：〈當前心理史學的危機〉和〈對目前心理史學發展的回顧〉，收入康樂、黃進興主編，《歷史學與社會科學》(台北：華世出版社，1981)，頁 205–258。

耶魯史家蓋伊則辯道：以往史家的研究重心僅止於意識與行為的層面，卻疏忽了內心「無意識」的作用，如此所得的歷史只是殘缺不全，獨有將「心理分析」納入歷史的分析，方可謂「全史」（或謂之「整體史」）。[71]而「觀念的心理分析史」（psychoanalytic history of ideas）恰好可與他踐行甚久的「觀念的社會史」（social history of ideas）互補。[72]

另方面，法國年鑑學派所開發出的心態史（history of mentalitè）亦不容小覷。按年鑑第一代的開創者布洛赫與費弗爾，原本極重視歷史上集體心靈（collective mentalitè）呈現的現象，並且各有著墨。但接續的第二代──布勞岱爾卻改弦更張，以長時段的「結構分析」馳名於世，遂為之所掩蓋。[73]在「結構分析」的籠罩之下，歷史人物退居邊緣的角色，更遑論探索內在心靈的構造。年鑑的第三代有鑑於「無人歷史」（history without people）的疏失，回過頭來爬梳「歷史人物的活動」，尤其留意心靈層面的表徵。經濟史家拉布魯斯（Ernest Labrousse, 1895–1988）便坦承：「社會變遷較經濟緩慢，但心態的改變又落後於社會變遷。」[74]但與前述「心理史學」不同，「心態史」著重群體意識層，而非個人。因此他們寧與社會心理學和歷史人類學結盟，而排斥佛洛伊德個人式的心理分析。[75]

71　Peter Gay, *Freud for Historians*, pp. 205–212.

72　Ibid., p. xiv.

73　Fernand Braudel, *On History*, trans. Sarah Matthews (Chicago: University of Chicago Press, 1980).

74　轉引自Jacques Le Goff, "Mentalities: A History of Ambiguities," in *Constructing the Past*, eds. Jacques Revel and Pierre Nora (Cambridge: Cambridge University Press, 1985), p.167。「心態史」的中文介紹請參閱梁其姿的〈心態歷史〉，《史學評論》第7期（1987）：75–97。

75　Jacques Le Goff, "Mentalities: A History of Ambiguities," pp. 175–176.

再者，「心態史」猶宣稱「邁向觀念史的建立」(toward a history of idea)，[76]實係不滿之前的「觀念史」所致。它拒絕為歷史上精英思想的正解作背書，反之，它寧可將這些思想或其曲解、殘缺，放在特定社會裡更寬廣的文化與信仰的系統下作檢視。同時它也反對庸俗化的馬克思主義將「心態」視作上層結構，僅只是社會經濟基礎的「反映」(reflection)。而它研議的對象業已從少數的上層精英下降到芸芸大眾。對年鑑第三代而言，「觀念史」無疑指的是「社會心態的歷史」。

五、重尋意義與理解

1950至1960年代為西方「思想史」的黃金時代，「思想史」一度博得「史學女王」(the queen of the historical sciences)的美稱。[77]無奈學風無常，自此以下則命運多舛；不經時，「思想史」驟變成人人喊打的過街老鼠("Just Say No to the History of Ideas")，[78]一眼望去，滿目瘡痍。首當其衝的，便是文本解讀的技藝與理論的省思。在歐陸與英美學界，雖說皆可名之為「語言的轉向」，但各有不同的對策。[79]

---

76 Ibid., p. 170.

77 Robert Darnto, "Intellectual and Cultural History," in *The Past Before Us*, ed. Michael Kammen (Ithaca, New York: Cornell University Press,1980), p. 327.

78 Anthony Grafton, "The History of Ideas: Precept and Practice, 1950–2000 and Beyond," *Journal of the History of Ideas* 67, no. 1 (2006), pp. 1–32.

79 Martin Jay, "Should Intellectual History Take a Linguistic Turn?" in *Modern European Intellectual History*, eds. Dominick LaCapra and Steven L. Kaplan (Ithaca and London: Cornell University Press), pp. 86–110.

原先洛夫喬伊的「觀念史」，視「單元觀念」凌越時空，執一不變，即遭受史家的詬病。但在理論與研究策略有正面響應，卻相當晚起。舉德國伽達默爾為例，其巨著《真理與方法》雖發表於1960年，但真正引起廣泛回響，卻在1975年英譯本之後。[80]

伽達默爾企圖以本體論為論域 (discourse)，取代方法作為「闡釋理論」的不足與缺陷。他主張讀者與作品之間的關係就像兩個本體的接觸，非方法論可以道盡。於他而言，人文學的理解係歷史性、辯證性和語言性的事件，斷非形式方法可以矩矱。文本需要詮釋，源自時空的隔閡，而理解並非無中生有，必須發生於一定的脈絡 (context) 之中；是故「成見」(prejudice) 不可免，而且必須以「傳統」(tradition) 作為基點。雖說理解的成果，不無可能盡棄前見，或者超越傳統；惟於理解的過程之中，兩者蓋不可或缺。[81]

伽達默爾所代表的「詮釋學」，打破了文本詮釋亙古不變的迷思。他援用「對話」(dialogue) 的模式，以譬喻文本與讀者的互動。文本之所以異化 (alienated)，乃源於時空的懸隔；異時異地的讀者自然有不同的理解，唯有透過不斷的提問與對話，異化的文本與讀者方能主客交融，產生詮解。此一效果，他稱之為「視域交融」(the fusion of horizons)。[82]而「詮釋學」便是戮力闡明此一過程的「理解理論」(a theory of understanding)。基本上，文本詮釋係本體論的問題，絕非方法論可以範圍。讀者的重要性於此獲得前所未有的彰顯。

---

80 Hans-Georg Gadamer, *Truth and Method*, trans. Joel Weinscheimer and Donald G. Marshall (New York: Crossroad, 1989), second edition. 德文版原發表於1960年，1975年出版英譯本，1989年復有英譯修訂本。

81 Ibid., pp. 277–285.

82 Hans-Georg Gadamer, *Truth and Method*, p. 306.

簡言之，伽達默爾，與其同道法人利科所鼓動的「詮釋學風潮」，[83]削弱了之前「思想史」方法優先的意識，同時解放文本詮解及概念定解的束縛，「思想史」自然具有更活潑鮮明的歷史面向。

另方面，英美的「新政治思想史」亦帶動思想史「語言的轉向」，居中以斯金納為代表。[84]從解釋策略言之，「外在理路」以政治、經濟、社會諸因素決定文本的意義，而「內在理路」則聚焦於文本自身，所以復有「脈絡論」（contextualism）與「文本論」（textualism）之爭。但「思想史」的發展則有溢於此。斯金納便左右開弓，對上述兩種途徑均致不滿。[85]

於斯金納而言，「脈絡論」或許有助於文本的理解，卻失之粗糙；而「文本論」復有概念實體化之嫌。要言之，「脈絡論」，毋論是馬克思式或納米爾式（Lewis Bernstein Namier, 1888–1960），[86]係建立在對「行為」與「環境」（circumstance）關係的性質的誤解之上；「文本論」則還患上「語義同一性」（semantic sameness）的毛病而不自覺；最典型的例子，便是洛夫喬伊竟將跨世紀的語彙視而為一。

取而代之，斯金納擬以「語言的脈絡」或謂「語境」（linguistic context）補偏救弊。斯金納雖曾大肆批評社會、經濟的「脈絡論」，

83　一般而言，伽達默爾係較有原創性的哲學家，但利科的學識涵蓋面較廣，遍及人文學，著述繁多，並迻譯伽達默爾的書為法文。

84　「新政治思想史」的代表另有鄧恩（John Dunn, 1940–）與波考克（J. G. A. Pocock, 1924–）。Cf. J. Pocock, "State of the Art," in *Virtue, Commerce, and History* (Cambridge: Cambridge University Press, 1985), p. 2.

85　Quentin Skinner, "Meaning and Understanding in the History of Ideas," in *Meaning and Context: Quentin Skinner and His Critics*, ed. James Tully (Princeton: Princeton University Press, 1988), p. 29. 這篇論文發表於1969年，被視為新思想史的「宣言」（manifesto）。

86　Ibid., p. 59. 納米爾係英國史家，以厭惡人們的信仰與思想聞名。有人說他「把思想從歷史中取出」（taking ideas out of history）。

卻是不折不扣的「語境論者」(linguistic contextualist)。對他來說，
經典性的文本並無所謂「永恆的問題」(perennial problems) 或「普遍
的真理」(universal truths)；任何文本均需通過語言的檢證，細察
其原初含義與話語的效應，是故，重建原始語言的情境遂為理解
文本的必要程序。斯氏深受維根斯坦與奧斯汀 (J. L. Austin, 1911–
1960) 的啓發。他認為語言的理解必須著重語用的層面，而非僅
止於表象的語意。他援用奧斯汀的「語言行為」(speech act) 的理論
作了若干思想史的演示，取得了豐碩成果。[87]

他並且力排眾議，尤其是「新批評」的陣營，重新宣揚作者
「動機」(motive) 和「意圖」(intention) 對文本理解的重要性。要言
之，作者的動機必定隱含於作品之內，而非作品之外；洞悉作者
創作的動機就等同於了解作品的意義。於此，斯金納不啻和他的
同道鄧恩唱和，鄧氏主張：

> 詮釋的問題恆是脈絡界定的問題 (closing the context)，而言者
> 的動機 (或者更廣闊地說，經驗) 係真正界定脈絡的要素。[88]

但斯金納並不排除，讀者有可能了解作品的弦外之音。[89]此外，
必須點出的是，斯金納與傳統的「動機論」猶有分別，斯金納探索

87　Quentin Skinner, "Meaning and Understanding in the History of Ideas", p. 65.
　　斯金納的代表作便是兩巨冊研究近古政治思想的名作 ——《近代政治思
　　想的基礎》。Quentin Skinner, *The Foundation of Modern Political Thought*
　　(Cambridge and New York: Cambridge University Press, 1978).

88　John Dunn, "The Identity of the History of Ideas," *Philosophy*, vol. 43, no. 164
　　(April 1968): 98.

89　Quentin Skinner, "Meaning and Understanding in the History of Ideas," p. 63.
　　更詳細的論證，見同書中的 "Motives, Intention and the Interpretation of
　　Texts"，頁 68–78。「新批評」堅持「動機的謬誤」(the intentional fallacy)，
　　認為作品的價值和意義與作者的動機無關。

的是文本言說行為的動機，而非僅止於文本意義。[90]他重視的是文本間性 (intertextual) 的語境。而他在方法論上鮮明的「個體論」的立場，自然對詮釋學與前述的「心態史」的整體觀有所保留。[91]

總之，斯金納諸人所標榜的「新政治思想史」一度睥睨史壇，但日後面臨後現代的衝擊，卻也淪為階下囚，變為批鬥的對象。[92]同樣取資奧斯汀的羅蘭·巴特便大唱反調，逕自宣判「作者之死」，意味文本的解釋權純在讀者，而與作者無涉。其故即他們所彰顯作者的主體性，為後現代的思潮所消融，化為烏有。

可是誠如斯金納的盟友——波考克於1985年回顧時下學術狀況所說的：過去二十年，「思想史」，或更精確地說，「觀念史」的研究重心，業已轉向「言說的歷史」(history of speech) 或「話語的歷史」(history of discourse)。[93]惟波考克未嘗道出的是，「言說的歷史」猶離不開人的言行活動；而「話語的歷史」係「無主體的歷史」，蓋屬於後現代史學的範疇了。

90　Maria Lúcia Pallares-Burke, *The New History* (Cambridge: Polity Press, 2002), "Quentin Skinner," p. 223.

91　Maria Lúcia Pallares-Burke, *The New History*, pp. 231–222. 批評「心態史」最力的當屬 G. E. R. Lloyd, *Demystifying Mentalities* (Cambridge and New York: Cambridge University Press, 1990)。較持平的是：Peter Burke, "Strength and Weakness of History of Mentalities," in *Varieties of Cultural History* (Cambridge: Polity Press, 1997)。

92　Roland Barthes, "The Death of the Author," in *The Rustle of Language*, trans. Richard Howard (New York: Hill and Wang, 1986), pp. 49–55. 進入1990年代包括非後現代學者都有微詞，舉其例：Mark Bevir, "The Errors of Linguistic Contextualism," *History and Theory*, vol. 31, no. 3 (October 1992): 276–298。

93　J. Pocock, "State of the Art", in *Virtue, Commerce, and History*, p. 2.

六、「空間」替換「時間」

洛夫喬伊所治的「觀念史」存有兩個預設：其一為「概念」的
恆常性，另一為「概念」的連續性。

哲學上，洛夫喬伊的「單元觀念」染有濃厚本質論的色彩，在
1950年代之後，漸為後期維根斯坦所發展出的「家族類似性」
(family resemblance) 的概念所取代；[94] 例如，前述斯金納即受其影
響而解消「觀念」的本質觀。[95] 日後當然更難見容於後現代德希達
所極力批判的「邏各斯中心主義」(logocentrism)。[96]

另一項「概念的連續性」，則遭逢後現代史家傅柯無情的摧
殘。在傅柯的心目中，「觀念史」乃傳統史學具體而微的化身。若
僅就「觀念史」而言，傅柯雖未曾明言，但洛夫喬伊盛行一時的名
著及其倡言的「單元觀念」可作為其攻訐的對象。但傅柯對傳統史
學的攻擊是全盤的，而非僅止觀念一史而已。他直搗黃龍，特標
舉「間斷性」以顛覆傳統史學。按「連續性」實係傳統史學命脈所繫。

---

94 Ludwig Wittgenstein, Philosophical Investigations, trans. G. E. M. Anscombe
    (New York: Macmillan, 1968), s. 67. Mark Bevir, *The Logic of the History of Ideas*
    (Cambridge: Cambridge University Press, 1999) p. 20.

95 Quentin Skinner, "Meaning and Understanding in the History of Ideas," p. 31.

96 Jacques Derrida, *Of Grammatology*, trans. Gayatri Chakravorty Spivak (Baltimore
    and London: Johns Hopkins University Press, 1997). 傅柯作為後現代史學祭
    酒，諒無異議。德希達解構西方形上學傳統的貢獻，可資晉身為史家。
    黑寧 (E. M. Henning) 有鑒於此，即肯定「傅柯與德希達本身便是史家」。
    E. M. Henning, "Archaeology, Deconstruction, and Intellectual History," in
    Modern European Intellectual History, eds. Dominick LaCapra and Steven L.
    Kaplan, p. 153. 照理說，上述的觀點對傳統中國思想史的研究應該造成
    很大的衝擊。例如，治宋明理學者總是視「道」「心」「性」「理」諸觀念跨
    越時空，執一不變，顯然犯了「語義同一」的謬誤。

祛除了「連續性」，則傳統史學勢將土崩瓦解，「進步」（progress）、
「連貫」（cohesion）、「因果關聯」（causality）均將無可思議，更遑論統
合性的「整體史」了。[97]

傅柯刻意與傳統史學劃清界限。他所標舉的「知識考古學」直
接衝撞近代史學的基本精神。自19世紀以降，即使歷史主義遭受
許多挑戰，「連續性」猶為支撐歷史大廈的概念支柱。[98]這也見諸
洛夫喬伊所治「觀念史」的預設。要之，「考古學」標榜的是「空間」
橫面的安置，而非「時間」縱面的序列。試舉他的作品為例：《臨
床醫學的誕生》（*The Birth of Clinic*）開宗明義便表明該書關注的是
「空間、語言、死亡。它是攸關凝視的行為」。[99]所以，「考古學」
重視層次分明，而非縱貫的連續。

哲學上，傅柯反對「主體意識」與「本源」的概念；甚至連新
馬克思主義（western Marxism）的「異化」（alienation）觀念，亦在剔

97　Michel Foucault, *The Archaeology of Knowledge*, trans. A. M. Sheridan Smith (New York: Harper Torchbooks, 1972), pp. 4–5. 傅柯斷裂的觀點，與科學史家孔恩有神似之處。見 Thomas Kuhn, *The Structure of Scientific Revolutions*。但傅柯自認是受巴許拉（G. Bachelard, 1884–1962）的知識論與康居漢（G. Canguilhem, 1904–1995）科學史研究的啓發。哈京則以「不成熟的科學」（immature science）稱傅柯所解析的人文科學，與孔恩於自然科學的分析作對照。Ian Hacking, *Historical Ontology* (Cambridge, Mass.: Harvard University Press, 2002), chap. 5, "Michel Foucault's Immature Science."

98　Friedrich Meinecke, *Historism*, trans. J. E. Anderson (London: Routledge and K. Paul, 1972). 歷史主義的兩大概念支柱，係「個體性」和「連續性」；邁內克認為這是西方精神文明重大的成就。但「個體性」受到19世紀末葉以來，社會科學講求概化和通則（general laws）的影響，受到相當的貶抑；特別是鼓吹與社會科學結盟的史家。但「連續性」則罕有人質疑。

99　Michel Foucault, *The Birth of Clinic: An Archaeology of Medical Perception*, trans. A. M. Sheridan Smith (London: Tarristock Publications, 1976), "Introduction."

除之列。[100]他尤其厭惡史學的現象學化，而力主「去人文化」與摒棄「本源」的檢討。

必須指出的是，「間斷性」乃是「去主體化」必然相應的結果。中心無主，則外在的事務勢必散布四方，無以為繼。這自然成了「考古學」的特色了。是故，傅柯攻訐「觀念史」誤以追本溯源為旨趣，其實本源、緣起皆渺不可知。歷史的本質乃是斷裂、不相連貫，而史學的吃緊之處，即在觀察斷裂之處，這才是歷史的大經大脈所在。他自詡「知識考古學」為觀念史所起的興革，就如同年鑒學派布洛赫、費弗爾及布勞岱爾為史學所作的開路工作。[101]

他別出心裁的史識表現在兩方面。在史料方面，歷史所呈現的斷裂或矛盾，傳統史學恆歸咎史料先天的不足或後天的闕疑；但考古學則反果為因，認為斷裂毋需費心去克服，反而是展露歷史癥結的契機，更是絕佳的運作概念（working concepts），用以掌握歷史的實相。[102]因此「不連續」毋寧是認知的方式，遠逾於認知的事實。[103]「斷裂」「不連貫」遂變成新史學治史的利器。

因此，史料非為記憶之用，以復古為志，相反，史料僅是建構「論述」或稱「話語」的素材。傳統史學將「遺物」（monuments）

---

100 Michel Foucault, *Remarks on Marx*, trans. R. James Goldstein and James Cascaito (New York: Semiotext[e], 1991), pp. 85–86. 新馬克思主義倚重馬克思早期的《1844年經濟哲學手稿》(*Economic and Philosophic Manuscripts of 1844*)，以闡發「異化」概念；並與人文主義及存在主義會合。請參閱 Richard Schacht, *Alienation* (New York: Anchor Books, 1971)；Bertell Ollman, *Alienation* (Cambridge: Cambridge University Press, 1975)；Leszek Kolakowski, *Toward a Marxist Humanism* (New York: Anchor Books, 1968)。

101 François Dosse, *History of Structuralism*, trans. Deborah Glassman (Minneapolis, Minnesota: University of Minnesota Press, 1997), vol. 2, p. 237.

102 Michel Foucault, *The Archaeology of Knowledge*, pp. 8–9.

103 例如企業管理學者把現代社會經濟與技術飛躍的進步，名之為「斷裂的時代」，此乃根據事實的判定，非認知的模式。Cf. Peter F. Drucker, *The Age of Discontinuity* (New York: Harper & Row, 1968).

當作「文獻」(documents)；反之，考古學則把既有的「文獻」轉化為「遺物」，而加以空間分布的處理。[104] 可見考古學與傳統史學最大的分歧便是，前者以空間為分析的主軸，後者則仍拘泥於時間序列的思考。[105]

在史學連綴方面，傅柯排斥詮釋學的原則。他與伽達默爾和斯金納所倡導的思想史均有出入：史料的閱讀不在尋求作者的意旨，因此無所謂詮釋。[106] 考古學著重客觀的描述，忠實地考掘史料所呈現的信息，而不作意義 (meaning) 的探索。對「本源」或「緣起」，均「存而不論」(bracketing)，而只企求「論述的建構」與釐清論述之間的關係。這些均屬描述性，而非如傳統史學講求「影響」「發展」，一味追求因果性的解釋。

如同德希達所揭發的「邏各斯中心主義」，[107] 傅柯發覺西方文明存有著「邏各斯偏執症」(logophilia)，導致「論述」空無實物，全受「意符」(signifier) 左右。傅柯為了矯正這個弊病，特別開出三帖藥方，包括質疑「真理的意欲」(will to truth)、恢復「論述」的事件特質，並取消「意符」的主導權。[108]

後期的傅柯更以迥異於傳統的權力觀，成就其系譜學 (genealogy) 的進路。傅柯本來在治學的開端，原就制定研究策

---

104 Michel Foucault, *The Archaeology of Knowledge*, pp. 6–7.

105 Michel Foucault, "Questions on Geography," in *Power / Knowledge*, ed. Colin Gordon (New York: Pantheon Books, 1980), pp. 63–77.

106 傅柯在論〈什麼是作者〉一文，有更周詳的討論。Michel Foucault, "What is An Author?", *Language, Counter-Memory, Practice*, trans. Donald F. Bouchard and Sherry Simon (Ithaca and New York: Cornell University Press, 1977), pp. 113–138.

107 Jacques Derrida, *Of Grammatology*. 希臘文 "logos" 意味「語言」(word) 或「真理」(truth)。

108 Michel Foucault, *The Archaeology of Knowledge*, appendix: "The Discourse on Language," pp. 228–229.

略，若非剖析「論述」之間的關係，就是探索「論述」與「非論述」（non-discursive，例如社會、經濟、制度的外緣因素）的關聯。前項工作，明顯地偏向「考古學」論述內在自主的操作；後項則涉及論述存在條件的「系譜學」。整體而言，前、後期的傅柯，只是孰輕孰重而已。

「系譜學」一詞，顧名思義轉手自尼采的舊著《道德的系譜學》（*The Genealogy of Morals,* 1887）。[109] 傅柯追隨其後，企圖鏟除傳統史學中的兩樣迷思：理性進程與事物緣起。

簡言之，「系譜學」絕非談空說玄或憑空臆測。它與傳統史學皆得仰賴大量的史料爬梳，方能察覺歷史的脈動。所不同的是，傳統史學深陷目的論，誤以歷史趨向既定的目標；或者執迷同一律（identity），視歷史為同質的歷程，以恢復事件的根源為職志。

其實，事物的本質係歧異性（difference）的。[110]「系譜學」遂以偵測事物的崛起、斷續與轉折為竅門。換言之，「系譜學」重視事物曲折、顛簸的「由來」（descent, Herkunft），而非一路無礙的「緣起」（origin, Ursprung）。在操作上，它憑藉淵博的學識與在地的記憶（local memory），以質疑現行理論的普遍性，並打破既有知識的階層關係。「系譜學」希冀察覺被壓抑的知識，以重審「鬥爭的歷史知識」（a historical knowledge of struggles）。它的目的不似實證主義亟於求索更精確的科學形式，因此是反現行科學（anti-sciences）的。[111]

---

109 Friedrich Nietzsche, *The Birth of Tragedy and The Genealogy of Morals,* trans. Francis Golffing (Garden City, N. Y.: Doubleday, 1956).

110 此點係傅柯接納德勒茲（Gilles Deleuze, 1925–1995）的基本看法。Michel Foucault, "Theatrun Philosophicum," *Language, Counter-Memory, Practice,* pp. 163–196.

111 Michel Foucault, *Power / Knowledge,* p. 83.

　　同時，「系譜學」明曉過去並非不動如山地靜待我們去理解，它隨時隨地對現時發生作用，並且暗地裡塑模我們對過去的認知。而其潛在的樞紐，即是運作其間的「權力」。[112]因此傅柯遂有以下的省發之語：

> 回顧過去，我曾以為自己在研討知識「系譜學式」的歷史。但
> 是真正的驅動力量實際上卻是權力的問題……最終我只營造
> 出權力的歷史（a history of power）。[113]

換言之，權力的運作即是系譜學探討的核心。這個階段復可視為傅柯由「語言的轉向」至「返歸政治」（return to politics）的逆轉。[114]

七、「分析」對「敘事」

　　原先洛夫喬伊取法化學，以「分析的方法」治觀念史，風行一時。惟遭遇「敘事的轉向」，作為次領域的「思想史」亦難置身其外。「論證」遂轉為「敘事」，「邏輯分析」為「修辭之術」所取代。

　　史學「敘事的轉向」的靈魂人物，非海登‧懷特莫屬。惟在1960年代末期，懷特猶堅守正統思想史的陣營，認定「思想史」即為「意識的歷史」（history of consciousness），而且思想史學必須腳踏實地立於「社會實體」（social reality）之上。[115]當時的歷史寫作仍

112　Michel Foucault, "Nietzsche, Genealogy, History," in *Language, Counter-Memory, Practice*, pp. 152–162.

113　Michel Foucault, *Remarks on Marx*, p. 145.

114　Cf. Roger Chartier, *On the Edge of the Cliff*, trans. Lydia G. Cochrane (Baltimore: Johns Hopkins University Press, 1997), p. 69.

115　Hayden White, "The Task of Intellectual History," *The Monist*, vol. 53, no. 4 (October 1969): 607, 626.

以「分析史學」(analytical history)為尊,「敘事史學」猶遭歧視。曼德爾鮑姆即認為將歷史看作敘事,實偏離解釋的正軌,其態度令人憂心,必須予以糾正。[116]

1970年代,歷史書寫起了微妙的變化。史學的鐘擺復由「論證」,漸次擺回「敘事」。英裔美籍史家史東於1979年發表了一篇〈敘事的復興 —— 對於一種既新且舊史學的省思〉,頗引起專業史家的同感。[117]有趣的是,曾幾何時,史東方才放聲表揚「新史學」的特徵首重「分析」,而揚棄西方近代史學的「敘事」傳統。[118]前後相較,史東判若兩人,而時風易勢莫此為甚。

要之,史東心目中的「舊史學」指的是修昔底德至麥考萊一脈相傳的敘述歷史,他藉著檢討蘭克以降科學史學的弊病,以及引進社會科學枯燥貧瘠的後果,發覺到晚近史學復湧現出一股清新可喜的伏流。此一現象以敘述手法取代結構分析或量化技巧,著重描述甚於解析。它的來源相當多元,或以斯金納為首的新政治思想史,或法國年鑑學派所衍生的「心態史」,或師法意大利的「微觀歷史」,或受人類學家格爾茨啟發的「稠密敘述」等,不一而足。其基本特色即恢復史學的敘述功能,拋棄往日宏觀或結構性的解釋模式。

然而真正一新耳目的觀點,則非海登・懷特莫屬。他的歷史語藝論,毋論贊成與否,均公推為20世紀最具分量的史學理

116 Maurice Mandelbaum, "A Note on History as Narrative," in *The History and Narrative Reader*, ed. Geoffrey Roberts (London and New York: Routledge, 2001), chap. 3.

117 Lawrence Stone, "The Revival of Narrative: Reflections on a New Old History," in *The Past and the Present Revisited* (London and New York: Routledge & Kegan Paul, 1987), pp. 74–96.

118 Lawrence Stone, "History and the Social Science (1976)," in *The Past and the Present Revisited*, p. 21.

論。[119]他的巨著《後設史學》開拓了史學探討的新視野，[120]允為「敘事轉向」的里程碑。[121]

懷特的論點首要見諸《後設史學》一書，該書曾被目為後現代史學的發祥地，他不畏物議，重新扛起「歷史若文學」的大旗，大膽泯滅了文、史分隔的畛域。透過語藝論的反身投射，懷特發覺現行奉「研究」（research）為尊的近代史學，乃是19世紀學術馴化（domesticated）的結果。在史學專業化的過程中，主觀的歷史想像受到壓抑，而號稱追求客觀真實的史料考索，則獲得褒揚。這不啻造成前、近代史學的斷裂，且導致文、史分途。[122]

---

119 例如美國著名的史學史家伊格斯教授於1980年代訪台，曾面告作者，他雖不贊成懷特的論點，但不可否認，《後設史學》誠為20世紀最重要的史學理論著作。

120 Hayden White, *Metahistory: The Historical Imagination in Nineteenth-century Europe* (Baltimore and London: Johns Hopkins University Press, 1973).

121 某些學者徑取羅逖著名的選集《語言轉向》，以指稱懷特所闡揚的觀點。舉其例：Brian Fay, "The Linguistic Turn and Beyond in Contemporary Theory of History," in *History and Theory*, eds. Brian Fay, Philip Pomper, and Richard T. Varn (Oxford: Blackwell Publishers, 1998), pp. 1–12。惟哲學上，「語言哲學」已趨於式微，而懷特的理論方興未艾；二者並不相稱，而實質內容亦甚有出入。是故，以「敘事轉向」來形容懷特所起的作用，遠為妥切。「語言哲學」（linguistic philosophy）風吹雲散，日久無功。參閱 Richard Rorty, "Ten Years After" and "Twenty-five Years After," in *The Linguistic Turn* (Chicago: University of Chicago Press, 1992)。《語言轉向》原出版於1967年，羅逖在1992年重印時，附添兩篇文章，回顧此一哲學運動的缺失。

122 Hayden White, "The Politics of Historical Interpretation: Discipline and De-Sublimation," *The Content of the Form* (Baltimore: Johns Hopkins University Press, 1987), pp. 58–82. 懷特藉此建立本身的學承。另方面，近代史學實從18世紀的文學修辭術掙脫出來，憑著批判方法（critical method）的逐漸確立，史學方有其自主性。這是兩種完全不同的寫照。與懷特互左的傳統意見，參閱 Donald R. Kelley, *Foundation of Modern Historical Scholarship* (New York and London: Columbia University Press, 1970)，或晚近的 Joseph M. Levine, *The Autonomy of History* (Chicago: University of Chicago Press, 1999)。

此一立說確實大大背離傳統史家的思維，在人文學界引起極大的震撼。上一世紀60年代中期，科學派史家尚義無反顧地言道：「史學與文學絕無任何實質的關聯。」[123] 迄懷特正式提出「歷史若文學」的觀點，居間不出十年，但此時已可嗅出新時代的風向。

懷特將「歷史若文學」歸根於語言本身。正由於史學同文學的表意，均需透過自然語言，故無所逃於譬喻的轉義作用，所以史書會呈現出和詩、小說、戲劇同樣的語藝模式，蓋極自然。易言之，史著的語藝狀態係「歷史若文學」的靈樞所在。對懷特而言，「過去」本不具有任何意義，「歷史」之有意義，純為史家的語藝行為，而這正是歷史虛構性的真諦，亦是「建構論」的極致。[124]

其實，懷特的立論乃植基於「轉義理論」（a theory of tropes 或 tropology）。「轉義」（trope）簡單地說，便是「譬喻」（metaphor 或 figure of speech）。直言之，「轉義」係「論述」的靈魂；缺乏前者的機制，「論述」即無法進行或達成目的。再說，即使力求寫實的論述，亦無法避免轉義的作用。

尤具意義的是，懷特主張史學敘事的機制繫於「修辭」的運用，而非「邏輯」的推理，其論調與解構論的德希達、德曼道出同源。他們均祖述尼采，鼓吹「隱喻為尊」（the primacy of metaphor），視文本中的「修辭」優於「邏輯」（logic）。[125]

---

123 V. H. Galbraith, *An Introduction to the Study of History* (London: C. A. Watts & Co. Ltd., 1964), p. 3.

124 「建構論」認為歷史係人所建構或發明的，而非「過去」的發現。

125 以「隱喻為尊」為隱喻諸多理論的一種，見F. R. Ankersmit and J. J. A. Mooij, *Knowledge and Language, vol. III: Metaphor and Knowledge* (Dordrecht, Boston and London: Kluwer Academic Publishers, 1993), Introduction。尼采的觀點請參閱 "On Truth and Lying in An Extra-Moral Sense (1873)," *Friedrich Nietzsche on Rhetoric and Language*, eds. Sander L. Gilman, Carole Blair and David J. Par (New York and Oxford: Oxford University Press, 1989), pp. 246–257。

概言之，懷特的論說促成史學理論由「邏輯論述」至「修辭論述」的轉移。[126] 在歷史實踐方面，懷特的語藝論，不止解構了「科學史學」的神話，復為晚近方興未艾的敘事史學提供了理論的支撐點。他義無反顧加入思想史「返歸文學」（return to literature）的行列，[127] 新文化史家彼得‧伯克甚至讚揚懷特的論說「極具影響力」（extremely influential）。[128] 無疑，他成功地說服了史家：「修辭」有可能變成研製「新思想史」的主要利器。[129]

八、結語：「老兵不死，只是逐漸凋零」

當柯林武德宣稱「所有的歷史均是思想史」，[130] 他並非意在聲援新興的專史 ——「思想史」的崛起，而是陳述自身一般的哲學立場。而我們所謂的「思想史」，本身即有一部歷史。[131]

126　Cf. Brian Fay ed., *History and Theory*, "Introduction," pp. 1–12. 他們以「修辭態度」（rhetorical attitude）與「科學態度」（scientific attitude）來形狀此一轉化。

127　Cf. David Harlan, "Intellectual History and the Return of Literature," *The American Historical Review*, 94 (1989): 581–698. 但此一「返歸文學」與初期「思想史」重視「文學」的基本精神截然有異。請比較 Peter Novick, *That Noble Dream* (Cambridge: Cambridge University Press, 1988) , pp. 381–382。

128　Peter Burke, *What is Cultural History?* (Cambridge: Polity Press, 2008), second edition, p. 83.

129　William J. Bouwsma, *A Usable Past* (Berkeley, Los Angles, and Oxford: University of California Press, 1990), p. 345.

130　R. G. Collingwood, *The Idea of History* (Oxford and New York: Oxford University Press, 1994), revised edition, p. 215, 317. 本書在柯林武德去世之後，出版於1946年。

131　Joseph Anthony Mazzeo, "Some Interpretation of the History of Ideas," in *The History of Ideas*, ed. Donald R. Kelley, p. 92. And Donald R. Kelley, *The Descent of Ideas*.

　　19世紀的「實證史學」首重「事實」(facts) 的爬梳，依文獻證
據講話；而思想或觀念卻恍兮惚兮，難以捉摸，因此受到其時正
統史學——「政治史」「外交史」的排斥。另方面，傳統歷史或專
門史都或多或少會沾上「思想」的因素，可是「思想史」作為專史的
領域卻是20世紀嶄新的發展。

　　再說「思想史」的起步雖晚，但得力於其他學科的奧援，發展
十分迅速。另方面，因過分倚靠外援，種下意想不到的惡果。因
為一旦其他學科時風易勢，「思想史」的概念與方法只好一變
再變，無所定形。前一階段，慣用的複合詞係「社會與思想歷
史」(social and intellectual history)，而今卻是「思想與文化歷史」
(intellectual and cultural history)，不同的湊合意味著不同的流行。[132]
克里格爾便逕言：

> 思想史的問題——存於它有太多的方法。此一多元性反映了
> 分歧的研究對象，而此一分歧更招致思想史可以作為個別與自
> 主的歷史領域的質疑。[133]

　　從上一世紀「思想史」孕育於西方傳統哲學，迄今只不過七八
十年，卻已歷經「社會的轉向」「語言的轉向」「敘事的轉向」，甚
至加上晚近「文化的轉向」(cultural turn)，[134]直如俗話所形狀的「團

132　Cf. Carl Schorske, *Thinking with History* (Princeton: Princeton University Press, 1998), pp. 229–230.

133　Leonard Krieger, *Ideas and Events*, p. 159.

134　John E. Toews, "Intellectual History After the Linguistic Turn: The Autonomy of Meaning and the Irreducibility of Experience," *The American Historical Review*, vol. 92, no. 4 (October 1987): 879–907. 該文在1987年的揣測，略見端倪。思想史的「文化轉向」起自1980年代，取法象徵與闡釋人類學與後結構主義 (post-structuralism)，有時又稱「人類學的轉向」(anthropological turn)。Lynn Hunt ed., *The New Cultural History* (Berkeley, Los Angeles, and London: University of California Press, 1989), "Introduction"; Peter Burke, *What is Cultural History?* pp. 31–33.

團轉」，不知適從。類此快速的翻轉，連孔恩的「典範轉移」都顯得捉襟見肘，難以適解。[135] 而經過幾次的翻轉，原初洛夫喬伊所提倡的「觀念史」，業已面目全非，難以辨識。[136]

毋怪文化評論者拉卡布拉（Dominick LaCapra, 1939–）面對眾說紛紜、莫衷一是的「思想史」，只得訴諸中國的孔老夫子，亟求「必也正名乎」。[137] 惟「正名」猶須「名」「實」相副，但「思想史」乃人為構作的文化概念，其內容與名稱恆處流變之中，難以論定。[138]

始自洛夫喬伊，思想史便敞開心胸，尋求科際整合的可能性，因此，她便與「哲學」「社會學」「心理學」「人類學」「語言學」，最終則是「文學」結盟。可是迨至後現代，人文與社會科學各自危機四伏，自顧不暇。此一聯盟因後援不繼，遂自行潰散。[139]

剩下的殘局是，談空說玄、怪說林立的「思想史」令實證史學望而卻步，其衰微似乎是難以逆轉的頹勢。有位史家如是說：

> 思想史曾經擁有短暫而輝煌的過去，眼前卻是四面楚歌，前景黯淡無光。[140]

135　Thomas S. Kuhn, *The Structure of Scientific Revolutions*, pp. 43–51.「思想史」的現狀只能是勉強處於「正規科學」（normal science）的前夕。

136　但尚有人為洛夫喬伊的「觀念史」辯護，算是力挽狂瀾。如Francis Oakley, *Omnipotence, Covenant, and Order* (Ithaca and London: Cornell University Press, 1984), chap. 1: "Against the Stream: In Praise of Lovejoy".

137　Dominick LaCapra, *Rethinking Intellectual History* (Ithaca and London: Cornell University Press, 1983), p. 66.

138　試比較傅柯對近代「瘋狂」（madness）的分析。Cf. Michel Foucault, *Madness and Civilization*, trans. Richard Howard (New York: Vintage Books, 1973).

139　比較拙文〈中國近代史學的雙重危機〉，收入黃進興，《後現代主義與史學研究》（台北：三民書局，2006；北京：三聯書店，2008），「附錄」，三民版在頁257–260；三聯版在頁244–247。

140　Paul K. Conkin, "Intellectual History: Past, Present, and Future," in *The Future of History,* ed. Charles F. Delzell (Nashvill, Tennessee: Vanderbilt University Press, 1977), p. 111.

近年，愈來愈少的史學工作者願意被歸類為「思想史家」，但另方面「思想史」具體的研究成果卻化整為零，為其他歷史學門消融於無形。晚近新起的「新文化史」（new cultural history）似可視為「思想史」的浴火鳳凰；[141] 按「新文化史」側重雖是常人的「心態」（mentalities）與「感覺」（feeling）的氛圍，而與之前的思想史所看重的「概念」與「理性」有所區隔，可是若深加探究，「新文化史」猶可充為前者變形的化身。[142] 一如包斯瑪（William J. Bouwsma, 1923–2004）所調侃的：「我們毋復需要思想史，正因為我們都已成了思想史家。」[143]

總之，「思想史」或許已經病了，但就此宣布其死亡，不免過甚其詞。[144] 較貼切的說法，或許仍是麥帥（Douglas MacArthur, 1880–1964）的名句：「老兵不死，只是逐漸凋零」。[145]

---

141 William J. Bouwsma, *A Usable Past*, pp. 284–289.

142 Peter Burke, *What is Cultural History?* pp. 51–52.

143 William J. Bouwsma, "From History of Ideas to History of Meaning," in *The New History: The 1980s and Beyond*, eds. Theodore K. Rabb and Robert I. Rotberg (Princeton: Princeton University, 1982), p. 280. Also in William J. Bouwsma, *A Usable Past*, p. 337.

144 Joel Colton, "Intellectual History in the 1980s," in *The New History: The 1980s and Beyond*, p. 298.

145 General Douglas MacArthur Speech, "Old soldiers never die, they just fade away." 有趣的是，在朝鮮戰爭時，敵對的朝鮮將此名句改為「The old soldier never dies, but the young does.」。此一隱喻，如果用在當今的學術界或許對一味求新的年輕學子不無警惕。

從普遍史到世界史和全球史[*]
——以蘭克史學為分析始點

我所了解的普遍史和各國國別史的集合有所區辨；它並非一串散沙，卻是賡續的發展；它絕非記憶的負擔，卻是靈魂的啓示。[1]

——阿克頓勳爵（1898）

此刻今時，普遍史正值破曉時分。[2]

——雷蒙・阿隆（1960）

世界史乃是存於數個偉大傳統裡，古已有之的歷史書寫模式；但從21世紀初期觀來，卻是最年輕、又最有活力的史學領域之一。[3]

——於爾根・奧斯特哈默（Jürgen Osterhammel, 2011）

* 拙文寫作的過程曾受益於台灣中央研究院歷史語言研究所的同事邢義田、張谷銘、陳正國諸位學兄的指正和協助，謹此致謝。

1 Lord Acton, *Essays in the Liberal Interpretation of History* (Chicago and London: University of Chicago Press, 1967), p. 398.

2 Raymond Aron, "The Dawn of Universal History (1960)," in *Politics and History*, trans. and ed. Miriam Bernheim Conant (New Brunswick, New York: Transaction Books, 1984), p. 228.

3 Jürgen Osterhammel, "World History," in *The Oxford History of Historical Writing, vol. 5 Historical Writing Since 1945*, eds. Axel Schneider and Daniel Woolf (Oxford, New York: Oxford University Press, 2011), p. 93.

　　當今「世界史」(world history) 的前身，原稱作「普世史」
(universal history)。「普世史」中文復稱為「普遍史」，原染有濃郁
的宗教色彩，乃西方史學亘古以來的特殊題材，[4]影響所及，即是
當前仍然爭議不休的「世界史」，其中所涉的變化與糾結，可以經
由剖析19世紀的大史學家蘭克的史觀，略窺梗概，蓋蘭氏恰居於
「世界史」發展的樞紐地位。

　　19世紀西方史學的主旋律，毫無疑問是風起雲湧的民族主
義。而「普世史」的實踐，一度受主流民族史學所掩蓋，而相形遜
色。例如：邁內克便認為，民族主義 (nationalism) 乃是影響19世
紀西方最主要的兩大思潮之一。在史學實踐上，民族史學遂穩居
上風。因此，身處民族主義的浪潮，[5]蘭克生前便以撰寫歐洲國別
史聞名於世，例如奧斯曼和西班牙王朝史、英國史、法國史、普
魯士史等等；他雖然著作等身，但畢其一生的未竟之業，卻是一
部完整的世界史 (Weltgeschichte)，而世界史方為蘭克治史的最終
目標。[6]誠如蘭克所自道：

> 只要我力之所及，可以眺望過去與現在的世界，把它融入我的
> 存在；挑出與欣賞一切美麗與崇高的事物，以不帶偏見的眼光

4　Raoul Mortley, *The Idea of Universal History from Hellenistic Philosophy to Early
Christian Historiography* (Lewiston: Edwin Mellen Press, 1996).

5　Friedrich Meinecke, *The German Catastrophe: Reflections and Recollections*, trans.
Sidney B. Fay (Boston: Beacon Press, 1963), pp. 1–6. 另一思潮則是社會主義
(socialism)。

6　蘭克的《世界史》(*Weltgeschichte*)，從1881至1888年共刊行九冊，止於亨
利四世，係未完稿。英譯將蘭克德文的《世界史》譯為 "Universal History"
(德文原為 Universalhistorie)，這兩詞在此應是同義；但 "world history" 漸
取代 "universal history"，尤其在蘭克身後。蘭克挾其新近闡發的日耳曼
史學，縱橫於歐洲各民族史，固然感到自豪，但仍然無法忘懷念茲在茲
的世界史。Leopold von Ranke, "The State of Historical Research," in *The
Secret of World History: Selected Writings on the Art and Science of History*, ed. and
trans. Roger Wines (New York: Fordham University Press, 1981), p. 243.

> 觀看普遍史的進展，並以同樣的精神做出優越的作品；想像能
> 夠美夢成真，即使僅能達臻其中一小部分，也會令我快樂無比。[7]

可見蘭克尚留存基督教史學的影響，以撰寫普世史為終身職志。

　　按，近代的普世史方才從中古的神學觀解脫出來，18 世紀以
商業營銷為導向的普世史蔚為風潮，由英國遍傳歐洲各國，[8]而日
耳曼境內的承繼者便是「哥廷根學派」（Göttingen school）。更確切
地說，「哥廷根學派」乃是之前英國編纂式普世史的改造者。[9]對此
一演變，蘭克深有所悉。[10]

7　Leopold von Ranke, "The Historian's Ideal," in *The Secret of World History: Selected Writings on the Art and Science of History*, p. 259.

8　Guido Abbattista, "The English *Universal History*: Publishing, Authorship and Historiography in an European Project (1736–1790)," *Storia della Storiografia* 39 (2001): 103–108. 英國出版的大部頭普世史，蓋由書商所策畫的暢銷書，不只流傳歐洲諸國，還有形形色色的、多種語言的翻譯本與節本。

9　先前的英國編纂式普世史，缺乏嚴謹的史學程序，並且大而無當，為人所詬病。Herbert Butterfield, *Man on His Past: The Study of the History of Historical Scholarship* (Cambridge: Cambridge University Press, 1955), pp. 44–50；Herbert Butterfield, *The Origins of History*, ed. Adam Watson (New York: Basic Books, 1981), pp. 172–176. 試舉一例以示之：George Sale, George Psalmanazar, Archibald Bower, George Shelvocke, John Campbell, John Swinton, and others, *An Universal History, from the Earliest Account of Time. Compiled from Original Authors; and Illustrated with Maps, Cuts, Notes, &c. With a general index to the whole* (London, printed for T. Osborne [etc.], 1747–1768), 65 volumes。該時英國的普世史甚至被戲稱為「史學的讀者文摘」（historiographical Reader's Digest），不過是編纂各個民族的史料於一處，方便瀏覽而已。參閱 Michael Bentley, "The Singularities of British Weltgeschichte," in *Writing World History, 1800–2000*, eds. Benedikt Stuchtey and Eckhardt Fuchs (Oxford and New York: Oxford University Press, 2003), pp. 186–187。

10　Leopold von Ranke, *Universal History: The Oldest Historical Group of Nations and the Greeks*, ed. G. W. Prothero (New York: Harper & Brothers, Franklin Square, 1885), pp. x–xi.

　　從時間上來看，離啓蒙時代最近的神學觀代表，當無過於包士威主教的《普世史論說》(*Discourse on Universal History*)，[11] 該書瀰漫了天主教會神啓的氣息，乃 18 世紀世界史的暢銷書；同時，哲學家在 18 世紀則千方百計戮力從神學家那裡把「普世史」搶救過來。姑且不論啓蒙大哲康德對普世史所作的哲學宣言，[12] 該時哲學家所構作的「普世史」──例如赫爾德的《人類歷史哲學的思考》[13] 與黑格爾的《世界史哲學的講演》[14] ──則往往淪於理論式的演繹或隨感式的發揮，而缺乏經驗的史實作為基礎，這一點蘭克頗有微詞。

　　首先，倘取康德的追隨者──席勒作比較，則蘭克與席勒對普世史觀點的差異，便一目了然。席勒身兼詩人與史家的雙重身分，固然竭誠鼓吹「普世史」的研究，但卻執著「進步」的信念，並對「哲學」支配「普世史」寄予厚望。[15] 可是蘭克的治史利器，卻是實證的考史方法，加上對史實的直觀 (intuition)。

11　Jacques-Benigne Bossuet, *Discourse on Universal History*, trans. Elborg Forster and ed. Orest Ranum (Chicago: University of Chicago Press, 1976). 該書膾炙人口，百年內刊行超過三十版。關於包士威的神學史觀，可參閱 Karl Löwith, *Meaning in History: The Theological Implications of the Philosophy of History* (Chicago: University of Chicago Press, 1962), pp. 137–144。

12　Immanuel Kant, "Idea for a Universal History with a Cosmopolitan Purpose (1784)," in *Kant's Political Writings*, ed. Hans Reiss and trans. H. B. Nisbet (Cambridge: Cambridge University Press, 1970), pp. 41–53.

13　Johann Gottfried von Herder, *Reflections on the Philosophy of the History of Mankind*, abridged by Frank E. Manuel (Chicago and London: University of Chicago Press, 1968).

14　G. W. F. Hegel, *Lectures on the Philosophy of World History*, eds. and trans. Robert F. Brown and Peter C. Hodgson (Oxford [England]: Clarenden Press; New York: Oxford University Press, 2011). 相對地，黑格爾在 1828 至 1829 年的修正注記，則指明蘭克只注重忠實陳述細節，疏於把握歷史的大經大脈，只見樹不見林。參見 *Lectures on the Philosophy of World History*, p. 75。

15　Friedrich von Schiller, "The Nature and Value of Universal History: An Inaugural Lecture (1789)," *History and Theory*, vol. 11, no. 3 (1972): 321–334. 席勒的

其次，蘭克對於赫爾德的著作全持異見，他認為赫氏誤以「自然史」（natural history）為考量，將人類的發展附屬於自然的形貌，以致缺乏對事件關聯性的洞見。[16]至於黑格爾，蘭克於1831年〈普世史概念〉的講稿裡，雖未指名道姓加以抨擊，但明眼人一望即知意指為何。蘭克顯然無法苟同黑氏將世界史視作抽離個人意識（individual consciousness），而僅係實現抽象理性的進程。[17]與哥廷根的教授有別，蘭克堅持史學的自主性，力圖將「普世史」從神學家和哲學家手中搶救出來。[18]

「普世史」，顧名思義似乎無所不包，不但貫穿古今，並且包羅所有民族，可是它的論述必得經得起科學研究的考驗。蘭克認為透過嚴謹的史學程序，縱使普世史無法達臻盡善盡美的地步，但仍屬必要；它不只要考察與了解人類的普遍生活，尤須屬意重

史觀，可參閱 R. G. Collingwood, *The Idea of History* (London: Oxford University Press, 1969 reprint), Part III: The Threshold of Scientific History–Schiller, pp. 104–105。

16　Leopold von Ranke, "Herder's 'Ideen zur Philosophie der Geschichte der Menschheit'," cited and trans. Helen P. Liebel, see her article: "Ranke's Fragments on Universal History," *Clio: A Journal of Literature, History, and the Philosophy of History*, vol. 2, no. 2 (1973): 156–157.

17　Leopold von Ranke, "On the Character of Historical Science (A Manuscript of the 1830s)," in *The Theory and Practice of History*, ed. with an Introduction by Georg G. Iggers and Konrad von Moltke, new trans. Wilma A. Iggers and Konrad von Moltke (Indianapolis and New York: Bobbs-Merrill, 1973), pp. 33–46. 按，德文原題為「普世史概念（Idee der Universal-Historie）」，英譯篇名 "On the Character of Historical Science"，與德文原意略有出入。又，到了1840年代，蘭克則點名批評黑格爾，見 Leopold von Ranke, "The Pitfalls of a Philosophy of History (Introduction to a Lecture on Universal History; A Manuscript of the 1840s)," in *The Theory and Practice of History*, pp. 47–50。cf. Frederick C. Beiser, *The German Historicist Tradition* (Oxford, New York: Oxford University Press, 2011), pp. 258–261。

18　Felix Gilbert, *History: Politics or Culture?: Reflections on Ranke and Burckhardt* (Princeton: Princeton University Press, 1990), pp. 19–23.

要民族的特殊性。然而，蘭克復下一但書：無論多少民族史的集合，並不就等同於所謂的「普世史」。[19] 蘭克於《普世史》(*Universal History*) 的〈序〉裡說道：

> 不論是多少民族的匯集，絕不是我們意味的「普世史」，因為如果這樣，則本書相互的聯繫性就要隱晦了；欲認識此中的關係，就必須探索那些結合及支配所有民族的偉大事件及其命運的序列，此即為「普世史」的主要課題。[20]

所以普世史關心的不是特殊事物的關係和趨勢，而是人類生活所呈現的整體和充實的意涵。正因為如此，普世史與專門史旨趣的分辨，即在於探討個別事物時，不失其全體的面貌。蘭克主張史家應該朝兩個方向進行：一是對操縱歷史事件有效因素的觀察，二是了解它們的普遍關聯。蘭克在處理《教皇史》曾表明：

> 除了普世史，沒有歷史可以撰寫。(No history can be written but universal history.) [21]

又說：

> 於個體的考察，總需尋求與較大脈絡的連結，就像地方史之於全國、個人傳記之於國家和教會的事件，甚或民族的紀元或通史。而這些時代自身，又是我們聲稱「普世史」的部分。[22]

19　Leopold von Ranke, *Universal History*, pp. x–xii.

20　Ibid., p. xi.

21　轉引自 G. P. Gooch, *History and Historians in the Nineteenth Century* (Boston: Beacon Press, 1959), p. 83。

22　Leopold von Ranke, "The Role of the Particular and the General in the Study of Universal History (A Manuscript of the 1860s)," in *The Theory and Practice of History*, p. 58.

總之，歷史研究不能沒有通史般的胸懷，否則將顯得微不足道；但是通史如果沒有建立在各民族史扎實的研究之上，也將僅是浮沙建塔而已。因此，批評方法、客觀研究和綜合解釋應該攜手合作，缺一不可。

換言之，史家必須能夠體會事物的獨特性，蓋蘭克認為：哲學與史學乃是人類兩種截然有別的求知取徑；與史學相反，哲學卻是由先驗、抽象的觀念綜攝、演繹個別的事物。史學與哲學進路的分歧，恰存於此。[23]再者，史家除了作細部或時空限制的研究，必須要有世界史的眼光。歷史固然缺乏哲學系統的一致性，卻存有自身內在的聯繫性質。

按，民族史的書寫，有可能來自兩種截然不同的心態：一則是基於狹隘我族的觀點，另則卻是企圖與世界連接的民族史。顯然，蘭克所從事各個民族史的撰述，與上述第二種心態攸關。蘭克在其《法國史》（*History of France*）的緒論中便闡述：「偉大的人民和國家具有雙重的性格，一是民族的，另一屬於世界的命運。他們的歷史同樣表現了雙重面向。」他舉了一個例子，希臘人和羅馬人書寫古代羅馬史自有不同的角度，羅馬人著重自己的民族性，希臘人則從羅馬對世界的影響出發。[24]所以在世界史的關鍵時刻，各個民族擔當恰如其分的角色，例如日耳曼民族之於「宗教改革」；在此之後，則是法國與英國輪番登上世界舞台，直迄法國大革命爆發，方重新洗牌。是故，瑣碎、特殊的事件史，可以不必涉及分期的問題，但「普世史」則無法規避歷史的分期。沿襲至今的「上古」「中古」「近代」的三段分期，乃是17世紀方才陸續引進的。但即使下抵18世紀，大多數西方史家不是採用古老的神學分

23　Leopold von Ranke, "On the Relations of History and Philosophy," and "On the Character of Historical Science (A Manuscript of the 1830s)," both in *The Theory and Practice of History*, pp. 30, 33–44.

24　Leopold von Ranke, "Preface to *History of France*," in Ibid., pp. 147–148.

期，便是奉行行之有年的「四帝國系統」（Four-empire System）。[25]
相較之下，蘭克則改採新的分期制。對蘭克而言，「宗教改革」
（Protestant Reformation）正是開啓「近代」的里程碑，而他本身的史
學成就便大都落在這一斷代。

職是之故，「普世史」重視的是歷史的大事件，特別攸關各民
族的相互關聯（interconnectedness），而政治和外交的折衝更是關懷
的焦點所在。蘭克和黑格爾同樣十分強調政治生命的重要，他視
國家為一精神的實體，以為歷史發展的過程中，國家與國家、民
族與民族的衝突，是不可避免的。當這些權力（powers）衝突時，
即是「歷史時刻」的來臨，其結果終究是平衡的狀態，而「世界史
的秘密」適見於此。[26]換言之，世界史無非是國家民族各種力量相
互鬥爭之際所形成的。

蘭克這種對權力過度樂觀的信任，深受後人非議。[27]比起他
的弟子布克哈特的「權力本質都是罪惡」，[28]以及阿克頓的「權力傾

25　神學分期為「原罪」（sin）、「救贖」（salvation）和「千禧年」（millennium）。
　　「四帝國」依次是指：亞述人、波斯人、希臘人，最後方抵羅馬所建的王
　　朝，直迄世界末日，乃是希伯來先知——但以理於《舊約聖經》所預言
　　的。Leopold von Ranke, "On the Character of Historical Science (A Manuscript
　　of the 1830s)," in *The Theory and Practice of History*, p. 36. Herbert Butterfield,
　　Man on His Past, pp. 45–50. 進一步的討論，則見Arnaldo Momigliano, "The
　　Origins of Universal History," *Settimo Contributo alla Storia degli Studi Classici e
　　del Mondo Antico* (Roma: Edizioni di Storia e Letteratura, 1984), pp. 77–103。

26　這是他在〈列強論〉這篇文章所宣示的政治原理——「均衡政策」的根
　　據。Leopold von Ranke, "The Great Power," trans. Theodore Hermann von
　　Laue, in *Leopold Ranke: The Formative Years* (Princeton: Princeton University
　　Press, 1950), pp. 181–218。

27　Cf. Pieter Geyl, *Debates with Historians* (New York: Meridian Books, 1966), pp.
　　9–29; and Peter Gay, *Style in History* (New York: Basic Books, 1974), pp. 88–91.

28　Jacob Burckhardt, *Reflection on History* (Indianapolis: Liberty Fund, Inc., 1979),
　　p. 139. Cf. Friedrich Meinecke, "Ranke and Burckhardt," in *German History:
　　Some New German Views*, ed. Hans Kohn (London: George Allen & Unwin
　　Ltd., 1954), p. 149.

向於腐化，絕對的權力絕對的腐化」的觀點，[29]蘭克對權力的認識未免太一廂情願了。可是，蘭克也曾經表示過，單靠權力在歷史上激發不出積極的效果。唯有權力和道德合作，方得在世界上創造出有意義的成就；因為極難想像一個國家可以不具有精神的基礎，而得以綿延地生存下去。[30]很不幸，後人都只注意他對權力的讚揚，卻忽略了他對權力的制約。

19世紀末葉的新蘭克學派（neo-Rankeans）動輒過度抬高「國家」在蘭克史學的分量。衡諸事實，蘭克本人在考察世界史的發展時，雖知「民族」（nation）和「國家」（state）恆交織一起，卻置「民族」於「國家」之上，而擁有較恆久的影響。[31]他處理世界史的準則，常逾越政治的主軸，而取文明、文化為範疇，可是後者卻不若前者存有驅動世界史的動力。要言之，蘭克固然一度從日耳曼的視角（German perspective）以審視世界史，但在遲暮之年，改援普世的視角（universal perspective）以衡度世界史，此蓋為其晚年定論。[32]

反諷的是，蘭克雖然萬分厭惡玄虛的歷史哲學，尤以黑格爾為最；但黑格爾的哲學理念，卻在蘭克所標榜的實證史學裡徘徊不去。例如蘭克在整合「普世史」和「民族史」的關係時，其精神

29　阿克頓於1887年給克萊頓主教（Bishop Mandell Creighton, 1843–1901）的信中說道："Power tends to corrupt, and absolute power corrupts absolutely. Great men are almost always bad men."

30　Leopold von Ranke, "The Great Power," in *Leopold Ranke: The Formative Years*, pp. 216–217. See also Leopold von Ranke, "On the Relations of History and Philosophy," in *The Theory and Practice of History*, pp. 31–32.

31　Wolfgang J. Mommsen, "Ranke and the Neo-Rankean School in Imperial Germany: State-oriented Historiography as a Stabilizing Force," in *Leopold von Ranke and the Shaping of the Historical Discipline,* eds. Georg G. Iggers and James M. Powell (Syracuse, N. Y.: Syracuse University Press, 1990), pp. 124–127.

32　Leonard Krieger, *Ranke: The Meaning of History* (Chicago: University of Chicago Press, 1977), chaps. 11–12; Ernst Schulin, "Universal History and National History, mainly in the Lectures of Leopold von Ranke," in *Leopold von Ranke and the Shaping of the Historical Discipline*, pp. 80–81.

與黑格爾所宣稱的「理性在世界史的展現」似曾相識。按，蘭克深
受日耳曼觀念論（German Idealism）的影響，故聚焦並抬高「觀念」
（idea）在歷史中的作用；但他堅決反對倚靠單一的理念，如黑格
爾般綜攝整個歷史的進程。相形而言，蘭克認為歷史乃是諸多
「主導觀念」（leading ideas）各自宰制不同的世代，[33]若「文藝復興」
「宗教改革」「啓蒙運動」「浪漫主義」「民族主義」等諸觀念。此復
稱為長時段「實質與思想的趨勢」（material and intellectual tendencies
of the centuries）。[34]

　　又，蘭克賦予「國家」在歷史上突出的地位，不免與黑格爾法
哲學有唱和之嫌。[35]他反對契約說的國家起源論，認為國家乃是
人類心靈所創造的精神實體，甚至喻為「上帝的思想」（thoughts of
God）。[36]析言之，黑格爾、蘭克一脈的學者，主張國家乃是歷史
的目的，國家對個人擁有絕對的權力，個人唯有在國家的組織之
中，才有真正的自由可言；[37]同時，個人只有替國家服務才能實現
個人的真正意志。這種對國家過分的理想化、相信國家代表理性

33　Leopold von Ranke, "On Progress in History (1854)," in *The Theory and Practice
　　of History*, p. 54. 19世紀歷史學派（尤其是蘭克）與黑格爾觀念論之糾葛，
　　可參閱 Herbert Schnädelbach, *Philosophy in Germany 1831–1933*, trans. Eric
　　Matthews (Cambridge, New York: Cambridge University Press, 1984), chap. 2。

34　Otto Hintze, "Troeltsch and the Problems of Historicism: Critical Studies
　　(1927)," in *The Historical Essays of Otto Hintze*, ed. Felix Gilbert (New York:
　　Oxford University Press, 1975), pp. 396–397.

35　請參閱拙著《歷史主義與歷史理論》（台北：允晨文化公司，1992），頁
　　50–56。

36　Leopold von Ranke, "A Dialogue on Politics," in *Leopold Ranke: The Formative
　　Years*, p. 169.

37　日耳曼的自由概念，與英、美、法自由概念的內容是不同的。Leonard
　　Krieger, *The German Idea of Freedom: History of a Political Tradition* (Chicago:
　　University of Chicago Press, 1957). Isaiah Berlin, "Two Concepts of Liberty," in
　　Four Essays on Liberty (Oxford: Oxford University Press, 1979).

的必然，的確缺乏經驗的根據，終於導致日後國家主義過分膨脹，終釀成禍患。因為他們的國家觀念始終沒有達到「世界國家」或「世界社會」的境界。總之，蘭克對黑格爾的欲拒還迎、既愛又恨的情結，並沒有逃過行家的法眼。[38]

　　但蘭克究竟是實證的歷史學家，他堅持尊崇事物個體性的平等觀，與作為玄學家的黑格爾截然有異。蘭克的名言便充分顯現這個原則，他說：「每一個時代都直接面對上帝，其價值見於自身的存在，而非其結果。」[39] 於此，他與黑格爾分道揚鑣，因為黑氏動輒輾滅歷史事物的個體性，全然以象徵理性的世界精神涵攝之。[40] 歷史對蘭克而言，並非呈現固定成規的方向。每一時代自有其獨特的尊嚴和存在的價值，前時代絕非後時代的踏腳石或醞釀階段，也就是每一個時代在上帝的心目中均具有同等的意義，

38　Cf. Leonard Krieger, *Ranke: The Meaning of History*, pp. 246–248, 320–343.

39　Leopold von Ranke, "On Progress in History (From the First Lecture to King Maximilian II of Bavaria 'On the Epochs of Modern History', 1854)," in *The Theory and Practice of History*, p. 53. 此一觀點顯然與蘭克「路德宗」的信仰攸關，但蘭克的宗教觀卻並未由後史學所承繼，甚至受到排斥。關於蘭克的宗教觀，可參閱 Friedrich Meinecke, *Historism: The Rise of a New Historical Outlook*, trans. J. E. Anderson, with a foreword by Sir Isaiah Berlin (New York: Herder and Herder, 1972), "Supplement: Leopold von Ranke," pp. 500–507。惟蘭克的偉大即是能超拔教派與民族的偏見，盡可能依據過去自身的標準去衡量該時代。Cf. E. Harris Harbison, "The Marks of a Christian Historian," in *God, History, and Historians: An Anthology of Modern Christian Views of History*, ed. C. T. McIntire (New York: Oxford University Press, 1977), p. 347. 而蘭克視上帝潛存於歷史過程的觀點，大大緩和之前基督教的超越歷史觀。See Thomas Albert Howard, *Religion and the Rise of Historicism: W. M. L. de Wette, Jacob Burckhardt, and the Theological Origins of Nineteenth-Century Historical Consciousness* (Cambridge, UK; New York: Cambridge University Press, 2000), p. 9, pp. 139–140.

40　Friedrich Meinecke, *Cosmopolitanism and the National State*, trans. Robert B. Kimber (Princeton, N. J.: Princeton University Press, 1970), pp. 200–201.

這也是個別史必須提升為世界史的根由。[41] 因此蘭克認為，啓蒙時代的基本信念「進步」，事實上僅意指著自然的征服與物質的利用，並不能概括精神的領域。因為每一時代的特色皆源於時代的需要，任意批評其他時代是極其荒謬膚淺的行為，所以他對進步觀是有所保留的。

按，蘭克解構了「歷史目的論」的說法，值得借鑒。依啓蒙哲士或史家的觀點，人類歷史朝向某一特定的目標邁進，呈現逐步提升的現象。蘭克則深不以為然。首先，整體而言，或許物質方面容稱符合，但精神、道德層面則難以言定。尤其不同地域、不同時代、不同人群，此起彼落、間有斷裂地發生，或不連屬的情況，蓋難整齊劃一、全盤而論。[42]

然而，蘭克雖提出了「普世史」的重要，卻不能跳出當時風氣的窠臼。他的「普世史」，係以歐洲文明為中心而已。於他言，與其視「歐洲」為一個地理區域，毋寧說它是精神的共同體更為妥適。他認為自1500年以來，歐洲是世界史的中心，甚且直至1789年歐洲列強的關係才構成歷史的主題。析言之，在空間上，蘭克的「普世史」僅及於日耳曼和拉丁民族的活動範圍；在時間上，他拒絕探討社會的起源，判定史前時代 (pre-history) 是非歷史的時代。這與他重視文本考訂有關，「文獻不足徵」者，自然無有「歷史」可言。尤有過之，若止謹守文字證據，則新發現的非洲、美洲、澳洲，因無書寫記錄，難以著墨。這適反映該時西方史家的成見。

---

41 Leopold von Ranke, "On Progress in History (1854)," in *The Theory and Practice of History*, pp. 53–54.

42 Ibid., pp. 51–52.

　　但蘭克在斷代分期上，卻頗發揮截斷眾流之功。之前，英國的普世史猶尚師法《聖經‧創世記》以為歷史的開端，但蘭克則首述古埃及，可以嗅出新時代風氣的轉變。[43]

　　另方面，蘭克卻同黑格爾一般，將東方世界的中國與印度排除於世界史的進展之外。[44]他認為中國和印度的文明雖然悠久，但缺乏內在的動力且具傳奇性質，例如印度毫無歷史或年表的概念，而中國的時間觀卻凝滯不前，毋寧列為自然史較為妥當。[45]要知在世界史領域，18世紀的哲士若伏爾泰等，業已將中國納入世界史的考察範圍，反而蘭克在此一節骨眼倒退了一大步。[46]究其實，19世紀前半葉，歐洲學者（包括蘭克）動輒倚其新近形成的「歷史」觀念，驟然把中國與其他非西方地域貶為「無歷史的人群」（people without history），無奈為世界史進展中美中不足的敗筆。[47]

43　Leopold von Ranke, *Universal History*, chap. 1; cf. Guido Abbattista, "The English *Universal History*: Publishing, Authorship and Historiography in an European Project (1736–1790)".

44　G. W. F. Hegel, *Lectures on the Philosophy of World History*, p. 214. 依黑格爾理性史觀的衡量，中國與印度的原型，自古迄今靜止不動，因此是「非歷史的」（ungeschichtlich）。

45　Leopold von Ranke, "On the Character of Historical Science (A Manuscript of the 1830s)," in *The Theory and Practice of History*, pp. 45–46. 又請參閱 Helen p. Liebel, "Ranke's Fragments on Universal History"。

46　參閱范克萊著，邢義田譯，〈中國對十七八世紀歐洲人寫作世界史的影響〉，《食貨月刊》復刊，第11卷，第7期（1981）：22–44。英文原作見 Edwin J. van Kley, "Europe's 'Discovery' of China and the Writing of World History," *The American Historical Review*, vol. 76, no. 2 (1971): 358–385。

47　Jürgen Osterhammel, "'People without History' in British and German Historical Thought," in *British and German Historiography 1750–1950: Traditions, Perceptions, and Transfers*, eds. Benedikt Stuchtey and Peter Wende (Oxford: Oxford University Press, 2000).

　　此外，蘭克的宗教觀令他將上帝視作藏身歷史幕後的隱形者，彷彿神聖的秘密符號 (holy hieroglyph) 般，亟待人類戮力去揭開這個謎團。[48]然而蘭克又以為人類有限的智力，並無法全然把握世界史所呈現的複雜、矛盾景象，他甚至相信最終「僅有上帝方能了解世界史」，因為即使撇開狹隘的神學，我們依然無法否定所有的努力肇自更高的宗教來源。[49]這些個人的形上信念，雖說是蘭克從事歷史研究的底蘊，但卻與他一手建置的歷史科學格格不入，並不為後代史家所承繼。普魯士史家里奧 (Heinrich Leo, 1799–1878) 便批評蘭克的宗教觀是情緒性和迷信的。[50]

　　可是，蘭克又不似溫克爾曼、赫爾德等幾位前輩一般，過分強調與渲染自己偏好的時代；處於民族主義激盪的時代，蘭克能超越狹窄的種族意識，冷靜堅持「客觀」的歷史立場，誠屬非易。他避免隨波逐流，任意下道德的判斷，竟致左右不討喜而遭受兩面夾擊。[51]雖說蘭克的「普世史」有一定的局限，可是設身處於19世紀歐洲與普魯士翻騰的情境，應可獲得諒解。

　　終其一生，蘭克並未完成懸念已久的《世界史》。與他其餘著作相較，他的《世界史》並不算是出類拔萃的作品，該著甚至被後世史家譏刺為「天鵝輓歌」(swansong)。[52]其故，蘭克已臻遲暮之

48　Leopold von Ranke, "The Holy Hieroglyph," in *The Secret of World History: Selected Writings on the Art and Science of History*, p. 241.

49　Leopold von Ranke, "On the Character of Historical Science (A Manuscript of the 1830s)," in *The Theory and Practice of History*, pp. 38, 44.

50　Georg G. Iggers, *The German Conception of History: The National Tradition of Historical Thought from Herder to the Present* (Middletown, Conn.: Wesleyan University Press, 1968), chap. IV: The Theoretical Foundation of German Historicism II-Leopold von Ranke, pp. 65–69.

51　G. P. Gooch, *History and Historians in the Nineteenth Century*, chaps. VII–VIII.

52　Jürgen Osterhammel, "World History," p. 96.

年，無有多餘的精力從事耗神的「原始研究」；另外，《世界史》廣闊無垠，令他所擅長的史料方法不著邊際，有時而窮。該時，他讀、寫的能力已無法得心應手，只能靠淵博的學識，加上口述的本領而已，恍如中國史家陳寅恪的晚年。但蘭克對世界史的實踐，隱隱透顯此後世界史研究的特色與困境。面對龐大的議題，個人甚或團隊並無法單憑原始資料的爬梳，一一取得結論，反而得藉大量的二手成著，進行有效的綜合，方較可行。雖然，這與蘭克一貫講求運用原始資料的進路，顯有不同的側重；此不啻預示了後人實踐世界史時，不得不面臨的難題。

反諷的是，在史學題材上，18世紀當道的係「普世史」，該時又稱為世界史首回的黃金時代。[53]而正是蘭克透過大量民族史的實踐和刊行，扭轉了此一史學趨勢。但蘭克終其一生卻竟又回歸至揮之不去的「普世史」。然而在他身後，「普世史」或之後較為慣稱的「世界史」漸趨式微，直迄20世紀初期，方才重露曙光。[54]

「普世史」的式微，關鍵當然是「民族史學」（national historiography）的大肆流行。蘭克原本在19世紀中葉享有無可動搖的地位，但之後由於普魯士學派的崛起，令他遭受右翼史家的排擠，「普世史」甚至招致過時學問之譏。[55]要之，蘭克一生為撰述

---

53 Günther Pflug, "The Development of Historical Method in the Eighteenth Century (1954)," in Beiheft 11: Enlightenment Historiography: Three German Studies, *History and Theory,* 11 (1971): 1–23. 復承陳正國博士示知愛丁堡大學於18世紀晚期便設有普世史講座。首任教授Alexander Fraser Tytler。See his *Plan and Outlines of a Course of Lectures on Universal History Ancient and Modern* (Edinburgh: printed for William Creech, 1782) .

54 David Christian, "The Return of Universal History," *History and Theory,* vol. 49, no.4 (2010): 6–27.

55 Helen P. Liebel, "Philosophical Idealism in the Historische Zeitschrift, 1859-1914," *History and Theory,* vol. 3, no.3 (1964): 322.

各國民族史，風塵僕僕至各處蒐集檔案材料，卻遭到心地褊狹的民族史家的譏諷：「蘭克應該留在英格蘭或意大利，在那裡他的英名受到無比的崇拜。」[56]縱使世紀之末，雖有「新蘭克的復興」，但其重心卻已挪至「國家、民族至上」；時風易勢，由此見著。

其次，則是史學風格的變遷。這包括他的高弟布克哈特和勁敵蘭布雷希特所鼓吹的「文化史觀」，漸次凌駕了他的「政治史學」，而以經濟因素為主軸的左翼「唯物史觀」尤毋待多言。[57]後兩者均成為日後世界史再起的主流觀點。但此並不意味蘭克以國際關係與政治為主軸的普世史從此銷聲匿跡，百年之後，帶有蘭克風格的世界史又重新出現，最顯著的例子，便是肯尼迪（Paul Kennedy, 1945–）的《列強的興起與沒落》（*The Rise and Fall of the Great Powers*），[58]既叫好又叫座。

但不可否認，在蘭克之後普世史逐趨沉寂，乃是事實。推其原因大致有二：其一，來自史學內部發展的結果。說來反諷，19

---

56 普魯士學派特萊契克給德羅伊森的信（1872）。轉引自 Ulrich Muhlack, "Universal History and National History: Eighteenth- and Nineteenth-Century German Historians and the Scholarly Community," in *British and German Historiography, 1750–1950: Traditions, Perceptions, and Transfers*, p. 34。

57 馬克思和恩格斯（Friedrich Engels, 1820–1895）便說：「大工業創造了交通工具和現代的世界市場，控制了商業，把所有的資本都變為工業資本，從而使流通加速（貨幣制度得到發展）、資本集中……它首次開創了世界歷史，因為它使每個文明國家以及這些國家中的每一個人的需要的滿足都依賴於整個世界，因為它消滅了各國以往自然形成的閉關自守的狀態。」馬克思和恩格斯合著，《德意志意識形態》第1卷第1章（1845–1846年未完成手稿），收入中共中央馬克思恩格斯列寧斯大林著作編譯局編，《馬克思恩格斯選集》第一卷（北京：人民出版社，1995），頁114。

58 Cf. Paul Kennedy, *The Rise and Fall of the Great Powers: Economic Change and Military Conflict from 1500–2000* (New York: Vintage Books, 1987).

世紀下旬，西方史學界緣受蘭克史學的影響，「科學史學」(scientific historiography) 逐步成形和建制化，[59]產生了「以子之矛，攻子之盾」的奇特現象，竟連原本謹守「原始研究」(original research) 的蘭克所著述的《普世史》都難以符合如此高標，遑論其他誇誇而談的普世史。更重要的是，民族主義的高昂，令普世史退卻流行，兜售無門。[60]即使到今日，民族史仍是各國主流史學，歷久不衰，而世界史則僅是從地底再次湧現的伏流而已。

第一次世界大戰前，學術界擯棄歷史哲學，認為彼乃無稽之談；很不幸地，普世史也被聯想為「歷史哲學」的某種形式，而遭到池魚之殃。[61]普世史遭到奚落的窘狀，可舉意大利史學與哲學雙棲名家克羅齊為例。克羅齊抨擊普世史妄想揭開「世界的秘密」(the secret of world)，根本是追尋「物自身」的幻覺。[62]他遵循歷史主義的教誨，堅持「普世史」倘若還是歷史的話，則必須從「特殊史」(particular history) 出發，唯有從特殊具體的問題著眼，方能理

59　蘭克史學與科學史學的糾結是項複雜的問題。請參閱拙作〈歷史相對論的回顧與檢討：從比爾德 (Beard) 和貝克 (Becker) 談起〉，原刊於《食貨月刊》復刊，第5卷，第2期 (1975)：60–75；後收入黃進興，《歷史主義與歷史理論》(台北：允晨文化公司，1992)，頁161–176。

60　Cf. David Christian, "The Return of Universal History," *History and Theory*, p. 3.

61　Herbert Schnädelbach, *Philosophy in Germany 1831–1933*, pp. 40–50. Hans-Peter Söder, "From Universal History to Globalism: What Are and for What Purposes Do We Study European Ideas?" *History of European Ideas*, vol. 33, no.1 (2007): 75–76.

62　「物自身」乃是借用康德知識論的專用概念。和感官所能知覺的「現象」(phenomenon) 作對比，「物自身」係事物的「本體」(noumenon)，人類無從知曉。Immanuel Kant, *Critique of Pure Reason*, trans. and ed. Paul Guyer and Allen W. Wood (Cambridge and New York: Cambridge University Press, 1998), pp. 338–353.

出「共相」(universal)。克羅齊舉波利比烏斯 (Polybius, 約200–118 BC)、奧古斯丁及黑格爾三者為例：表面上，他們皆汲汲於從事普世史的探討，但析言之，無不與切身特殊的關懷息息相關；諸如波利比烏斯之於羅馬帝國的鞏固，奧古斯丁之於基督福音的傳播，黑格爾之於自身的歷史哲學。職是，普世史恰似「封閉的系統」(closed system)，理應予以摒棄。[63]

但第一次世界大戰後，自1918年起，世界史的著作若雨後春筍般紛紛冒出。其故可能肇自戰爭慘烈的經驗，令人們非得打破狹隘的「民族」藩籬，重新構築人類共同體的藍圖。舉其要者：斯賓格勒 (Oswald Spengler, 1880–1936) 末世預言般的《西方的沒落》(*The Decline of the West*)[64]和湯恩比 (A. J. Toynbee, 1889–1975) 長篇高論的《歷史研究》(*A Study of History*)；[65]緣此二人皆受西方古典文明濡染，故其分析皆是以文化形態學 (cultural morphology) 見長。

---

63 Benedetto Croce, *History Its Theory and Practice*, trans. Douglas Ainslie (New York: Russell & Russell, 1960), chap. 3: "History as History of the Universal Criticism of 'Universal History,'" pp. 51–63. 此書集結克羅齊1912至1913年間發表的論文，意大利版初刊於1917年；英譯本則根據意大利文二版譯成 (*Teoria e storia della storiografia* [Bari, Italy: G. Laterza & Figli, 1919–1920])，1921年出版。

64 本書共兩冊，分別於1918年、1922年初版。Oswald Spengler，*Der Untergang des Abendlandes Umrisse einer Morphologie der Weltgeschichte* (München: C. H. Beck'sche Verlagsbuchhandlung, [1918, v. 1; 1922, v. 2]). 英譯本則於1926年初版：*The Decline of the West*, trans. Charles Francis Atkinson (New York: Alfred A. Knopf, 1926–1928)。斯賓格勒將「文明」喻為具有生命的有機體，歷經出生、苗壯、衰頹到死亡的週期。

65 Arnold Joseph Toynbee, *A Study of History* (London: Oxford University Press, H. Milford, 1934–1961). 這套書陸續出版達十二冊，檢討人類歷史上二十六個文明，以「挑戰和響應」(challenge and response) 的模式檢討其興衰，讓湯恩比在20世紀四五十年代大享盛名。但60年代之後則一蹶不振，或許是由於終卷的神學觀所致。

二者的著作雖不受專業史家所青睞，在坊間卻大享盛名。[66]其他通俗的讀物尤不勝枚舉，若威爾斯 (H. G. Wells, 1866–1946) 的《世界史綱》(*The Outline of History*)[67]或房龍 (H. W. van Loon, 1882–1944) 的《人類的故事》(*The Story of Mankind*)[68]等等。約略其時，德國史家欽茲便一語道破：「普世史的概念，乃是西方文化起源的概念。」[69]於是，「文化形態」的分類取代了蘭克式的、「以民族衝突」為軸線的「普世史」。

但整體而言，由於世界史浩瀚無涯，難以著力，專業史家仍然避之唯恐不及。臨此之際，法國社會學家雷蒙·阿隆曾因目睹兩次大戰的浩劫，大膽預測民族主義勢必隕落，而人類群體意識則將取而代之。他並極力鼓吹，「普遍史」的破曉時分，乃刻不容緩。[70]而美國史家麥克尼爾 (William H. McNeill, 1917–2016) 適時的成就，恰應驗了他的期待。1960 年代，麥克尼爾奮起，刊行了喧騰一時的《西方的興起：人類共同體的歷史》(*The Rise of the West: A*

---

66 正統史家對斯賓格勒和湯恩比的簡評，可參見 Jerry H. Bentley, *Shapes of World History in Twentieth-Century Scholarship* (Washington, D. C.: American Historical Association, 1997), pp. 4–7。

67 Herbert George Wells, *The Outline of History: Being a Plain History of Life and Mankind* (London: George Newnes Limited, 1919–1920). 威爾斯並非專職歷史學家，他是英國好幾部著名科幻小說的作者。《世界史綱》配有插畫，1919 年起分段連載，1920 年匯集成書，後來陸續增訂多版、譯成多種語言，賣了超過兩百萬冊。

68 Hendrik Willem van Loon, *The Story of Mankind* (New York: Boni and Liveright, 1921). 房龍是荷蘭裔美國人，能用輕鬆生動的方式談歷史，並配上親手繪製的插圖，很受一般讀者歡迎。《人類的故事》是青少年及兒童讀物，於 1922 年獲得美國首回兒童文學紐伯瑞獎 (John Newbery Medal)；這本暢銷書隨著時代多次改版，美國坊間仍流行至今。

69 Otto Hintze, "Troeltsch and the Problems of Historicism: Critical Studies (1927)," p. 406.

70 Raymond Aron, "The Dawn of Universal History (1960)," p. 288.

History of the Human Community），雖與斯賓格勒悲觀的論調相左，
兩者卻同取文化特徵（culture traits）作為關注面，猶然是一致的。[71]
該書作者毫不諱言自己受湯恩比與時下社會人類學的啓發甚多，
所不同的是他較為注重文明之間的互動。[72]麥氏的證詞不意透露了
人類學於探討異文化接觸的利基。之後，他復以梳理瘟疫傳播，
開啓世界史和疾病傳染的議題，聞名於學界。[73]要知麥氏之前，世
界史泰半是人文學者及業餘史家的雅好而已；麥氏以專業史家的
身分開創世界史研究的平台，鼓動並領導日後世界史的風潮，誠
功不可沒。尤其，麥克尼爾改弦更張，放棄追尋世界史的最終意
義，轉而剖析人類往事的歷程，值得大筆特書。

　　此外，「比較研究」（comparative study）向來在世界史的領域裡
不曾缺席；[74]最經典的先驅，莫過於20世紀初年，韋伯所展示的
範例。韋伯為了佐證基督新教倫理（Protestant ethic）與近代資本主
義興起的辯證關係，特揀選、剖析世界其他歷史性的宗教，以烘
托基督新教「轉化俗世」無與倫比的能量。簡言之，韋伯一系列發
人深省的著作，影響後世極為深遠。[75]諸如：社會學家艾森斯塔

71　William H. McNeill, *The Rise of the West: A History of the Human Community*
　　(New York: New American Library; London: New English Library; Chicago:
　　University of Chicago Press, 1963). 1991年復出修訂版。

72　William H. McNeill, "The Changing Shape of World History," *History and
　　Theory*, vol. 34, no. 2 (1995): 8–26.

73　William H. McNeill, *Plagues and Peoples* (Garden City, N. Y.: Anchor Press,
　　1976). 他也是傳染病、生態與環境史研究的先驅。

74　意大利著名史學家莫米利亞諾便取韋伯的世界史研究，作為兩種典型進
　　路之一。Arnaldo Momigliano, "Two Types of Universal History: The Cases of
　　E. A. Freeman and Max Weber," *The Journal of Modern History*, vol. 58, no. 1
　　(1986): 235–246.

75　參見拙作〈韋伯（Weber）論中國的宗教：一個比較研究的典範〉，《食貨
　　月刊》復刊，第15卷，第1/2期（1985）：32–48；復收入拙書《優入聖域》

德的《帝國的政治制度》(*The Political Systems of Empires*)、[76]社會學與政治學雙棲的史可波所著《國家和社會革命》(*States and Social Revolutions*)[77]與政治學家亨廷頓 (Samuel P. Huntington, 1927–2008)的《文明的衝突與世界秩序的重建》(*The Clash of Civilization and the Remaking of World Order*)[78]等，均是承其餘緒之作，而且在各自的比較架構中，中國都位居重要的一環。晚近歷史學家彭慕蘭 (Kenneth Pomeranz, 1958–) 頗受矚目的《大分流》(*The Great Divergence*)所體現的精神亦不過如此，惟其分析側重在經濟層面，而非宗教文化而已。[79]循此，大致可以看出，從事世界史「比較研究」者，以社會科學家居多。同時可以看出端倪，世界史絕非歷史學家得以專擅的園地，而是不折不扣跨學科的領域。

　　20世紀末期世界史的研究，綜攬全局的宏觀綜述漸次褪色，取而代之則是聚焦世界史某些面向 (an aspect)。與前述文化取向

　　（台北：允晨文化公司，1994；北京：中華書局，2010），允晨版頁45–76，中華版頁39–64。

76　Shmuel Noah Eisenstadt, *The Political Systems of Empires* (New York: Free Press, 1963). 艾氏採取比較的眼光，以探索不同王朝的科層組織。後來他受德國哲學家雅斯貝爾斯 (Karl Jaspers, 1883–1969)「軸心時代」(Axial Age) 概念的啟發，展開世界古代文明突破、躍進的探討，也是「比較研究」的先驅。在中國文明的相應之作，則有余英時師的《中國知識階層史論‧古代篇》(台北：聯經出版事業公司，1980)。

77　Theda Skocpol, *States and Social Revolutions: A Comparative Analysis of France, Russia, and China* (Cambridge, New York: Cambridge University Press, 1979) . 史可波以比較的架構探討了法國、俄羅斯與中國的革命，也是此方面的傑作。

78　Samuel P. Huntington, *The Clash of Civilizations and the Remaking of World Order* (New York: Simon & Schuster, 1996). 亨廷頓的論點在1993年首先發表於《外交學刊》(*Foreign Affairs*)，旨在批駁福山的「歷史終結論」(Francis Fukuyama, *The End of History and the Last Man* [New York: Free Press, 1992])。亨氏主張冷戰之後，主要是不同文明和宗教方構成世界的衝突之源。

79　Kenneth Pomeranz, *The Great Divergence: China, Europe, and the Making of the Modern World Economy* (Princeton, Oxford: Princeton University Press, 2000).

截然有異，以經濟取向的世界史研究展開一連串「議題」(themes)
的探討，著重過程(process)、相互關係(relationship)，更甚於靜
態的主題(topic)，[80]社會學家沃勒斯坦(Immanuel M. Wallerstein,
1930–2019)可作為代表。倘若說麥克尼爾遵循的是「現代化理論」
(modernization theory)，沃氏的《現代世界體系》(*The Modern World-
System*)[81]則是「依賴理論」(dependency theory)的歷史實踐。[82]他取
「核心–邊緣」(center-periphery)作為對比，進行世界商業和貿易的
外部結構分析，實乃別開生面。

尤有進之，20世紀末期出現超越國家界限的區域整合(如歐
盟、東盟等國際組織)，以及經濟全球化(例如跨國公司)的現
象，無疑是拓展世界史的極佳溫床。要之，1990年代「全球化」的
風潮，直可視為1950至1960年代「現代化」理論的再進化版。對
追求全球化的學者而言，民族國家只是近代歷史的產物，其過時
的架構已無法涵蓋日新月異的世界趨勢，因此必須突破藩籬，另

80　Patrick Manning, *Navigating World History: Historians Create a Global Past* (New
　　York: Palgrave Macmillan, 2003), p. 56.

81　《現代世界體系》至目前計出版四冊，始於16世紀資本主義的農業和以
　　歐洲為起源的世界經濟分析，直迄末冊第一次世界大戰為止。Immanuel
　　Wallerstein, *The Modern World-System I: Capitalist Agriculture and the Origins of
　　the European World-Economy in the Sixteenth Century* (New York: Academic Press,
　　1974). 1974年出版第一冊轟動最大，後接續於1980年、1989年、2011
　　年出版三冊，但影響力則逐漸遞減。必須一提的是，沃勒斯坦乃是法國
　　年鑒學派第二代掌旗者布勞岱爾的高足。先前，布勞岱爾業已因分析
　　「地中海世界」聞名於世，一般視為「世界體系」研究的先驅，著重地理、
　　貿易與文化的交流。代表作則是 *The Mediterranean and the Mediterranean
　　World in the Age of Philip II*，法文原發表於1949年，1972年始有英譯本。

82　按，「現代化理論」與「依賴理論」乃是對立的學說，後者針對前者而發。
　　沃勒斯坦受到兩位美國馬克思主義者弗蘭克(Andre Gunder Frank, 1929–
　　2005)和巴冉(Paul Alexander Baran, 1909–1964)的啟發甚大。弗氏與巴
　　氏分析南美洲未開發的經濟情況，得知西方已開發區域和南美洲之間不
　　均衡的剝削關係，造成後者對前者依存的困境。

起爐灶，重新尋找書寫世界歷史的藍圖。換言之，「全球意識」的覺醒與「全球史」的崛起，乃是相互激盪的結果。[83] 若說之前的普世史和世界史大概僅及「人文的世界」，全球史則需顧及自然的歷史，也就是把領域擴充至人類全體所居處的地球。[84] 職是之故，包括能源運用、環境污染、氣候暖化、疾病傳染所激起的環保關注，遂成全球史「無所逃於天地之間」的課題。[85] 而這些問題雖古已有之，卻是於今為烈；故「全球史」或被認定為道道地地的「當代史」。[86] 但無論其最終的樣式是如何的宏偉，都不應忽視全球各地的多樣化，所以與其光著眼疏闊的「全球史」(global history)，不如時時以「全球意識」(global consciousness) 為念。換言之，即使書寫在地或特殊 (special) 的歷史，「全球意識」概不可缺。[87] 換言之，理想的全球史應含有多樣的故事於其中。

83　Bruce Mazlish and Ralph Buultjens eds., *Conceptualizing Global History* (Boulder, Colorado: Westview Press, 1993), "Introduction." 按，「全球化」(Globalization) 一詞乃取自社會學。

84　請參閱 Bruce Mazlish, "Crossing Boundaries: Ecumenical, World, and Global History," in *World History: Ideologies, Structures, and Identities*, eds. Philip Pomper, Richard H. Elphick and Richard T. Vann (Malden, Massachusetts: Blackwell Publishers Inc., 1998), pp. 41–52。該文係一家之言，但值得參考。例如作者說1950年之後，方有「全球史」可言。「全球史」乃是「當代史」(contemporary history)，之前則為「世界史」，恐非今日史家共識。試舉一例便有：L. S. Stavrianos, *The World to 1500: A Global History* (New York: Prentice Hall, 1970)。

85　Edmund Burke III and Kenneth Pomeranz eds., *The Environment and World History* (Berkeley, LA, London: University of California Press, 2009).

86　「任何真正的歷史皆是當代史」(Every true history is contemporary history)，原為克羅齊的名言，似乎援用到「全球史」特別受用。Benedetto Croce, *History: Its Theory and Practice*, p. 12.

87　Natalie Zemon Davies, "Global History, Many Stories," in *Eine Welt, eine Geschichte? 43. Deutscher Historikertag in Aachen 26. bis 29. September 2000*, ed. Max Kerner (München: Oldenbourg, 2001), pp. 373–380.

　　必須一提的，毋論世界史或全球史，其操作和其他歷史（如
國別史、專門史）略有出入。正因為幅員遼闊，時間長遠，故無
法各個議題事必躬親、面面俱到；全盤進行「原始數據」的梳理幾
乎不可能，所以「綜合」必然多於「分析」，取資間接史料或旁人研
究遂不可避免。另在研究人力的布置，先天不利單打獨鬥，而較
宜以團隊方式進行之，俾便譜成交錯且和諧的交響史詩。縱使如
此，時、地、議題的選擇，依舊是極大的考驗。[88]

　　例如空間上，尚未有史家徑取整個地球作為研究的目標。另
試舉斷代分期為例：蘭克視16世紀為近代世界史的開端，主要著
眼點為「宗教改革」；但沃勒斯坦雖同取該時段為「世界體系」的開
端，所參照的乃是「商業資本主義」的興起，二者蓋貌合神離，大
異其趣。[89]更遑論有東洋史家另起爐灶，視13世紀跨越歐亞大陸
蒙古帝國的建立方算得「世界史的誕生」。[90]而唯物史觀的歷史分
期，與其他世界史的分期更是格格不入，出門難以合轍。[91]是故，
史家必得煞費苦心，釐定時、空議題的界限。而身處今日價值多
元的時代，史學判準尤難匯歸為一，而只能各尊所聞，百家齊鳴。

88　處於全球化時代史學所面臨的挑戰，可另見Matthias Middell and Frank
　　Hadler, "Challenges to the History of Historiography in an Age of Globalization,"
　　in *The Many Faces of Clio: Cross-cultural Approaches to Historiography, Essays in
　　Honor of Georg G. Iggers*, eds. Q. Edward Wang and Franz L. Fillafer (New York:
　　Berghahn Books, 2007), pp. 293–306。

89　另有不少學者取1492年哥倫布 (Christopher Columbus, 1451–1506) 發現
　　美洲新大陸為近代世界史的里程碑。Cf. William A. Green, "Periodizing
　　World History," in *World History: Ideologies, Structures, and Identities*, pp. 53–65.

90　岡田英弘著，陳心慧譯，《世界的誕生 —— 蒙古的發展與傳統》（新北
　　市：廣場出版、遠足文化出版公司發行，2013）。

91　Cf. Ralph Croizier, "World History in the People's Republic of China," *Journal
　　of World History*, vol. 1, no. 2 (1990): 151–169.

　　統言之，1850年代至2000年的西方史學界，國別、民族史的研究穩居上風，成就斐然。但20世紀末期，世界史企圖掙脫附庸的地位，於1982年成立「世界史協會」（World History Association），於1990年發刊《世界史學報》（*Journal of World History*），2006年更創立了《全球史學報》（*Journal of Global History*），象徵了世界史在學術界搶灘成功，建立了前進的橋頭堡。[92]之前，世界史的研究，概仍由國別史學者擔綱；在西方，尤其是歐美史專家，總是將其專門史或國別史投射或放大為世界史的操演。毋論是「西方衝擊」（western impact）或「西方殖民」觀點，都習於把世界其他地域視作西方拓展史的延伸，故甚難跳出「歐洲中心論」（Eurocentrism）的窠臼，不免招致非西方學者的反彈與不滿。[93]「後殖民研究」的開創者薩依德（Edward W. Said, 1935–2003）尤其嚴厲地批評西方列強所形塑的「東方主義」（Orientalism），確是個中翹楚。[94]他攻訐西方殖民主義籠罩下的作家或學者，不時將「中東」形塑成「他者」（the other）的意識形態。此一論點在某種程度上也適用於世界其他地域。

　　究其實，「全球化」的動力存於資本主義，若非直搗黃龍（資本主義），否則「後現代」或「後殖民」的論述，充其量亦只是資本主義運作不在場的託詞而已。「全球化」不啻意味著再次殖民化非西方的世界。[95]有鑑於此，後現代學者遂嘲諷無所不包的世界史，

92　「世界史協會」乃全球性的組織，但是其主要的根據地卻是在美國。其實，1953年聯合國教科文組織（UNESCO）曾刊行《世界史學報》，但不起作用。

93　Patrick Manning, *Navigating World History: Historians Create a Global Past*, pp. 100–105.

94　Edward W. Said, *Orientalism* (New York: Vintage Books, 1979).

95　Arif Dirlik, Vinay Bahl, and Peter Gran eds., *History after the Three Worlds* (Lanham, MD: Rowman & Littlefield Publishers, Inc., 2000), pp. 8–9.

唯有「先知」(prophet) 方能使命必達；因為他們質疑世界史有辦
法將所有的「他者」納入其中。[96]所以在史學方面，他們明白反對
「後設敘述」(meta-narrative) 或「大敘述」(master-narrative)，講究
的卻是微觀、間斷、異質、分散的敘述，如是自然與持宏觀、直
線進程、焦點集中的史觀，迥然有別；[97]更遑論「大歷史」(big
history)、「巨視歷史」(macro-history) 和「微觀歷史」之間鮮明的
對比。[98]況且，從史學的知識論而言，「世界史的西方化」(the
Westernization of World History) 只是諸多文化的選項而已。[99]所以
說世界史雖然方興未艾，但尚非一帆風順，且得面對後現代浪潮
的衝擊。

　　尤須警惕地，全球史倘若操作失當，則易淪為意識形態之
爭，成為空泛之談，而在研究和解釋上雙雙落空。史家與其說如
此，毋寧具有開放包容的「全球意識」更有意義。換言之，全球史
的目標不在涵蓋面的遼闊和時間的長遠，而是在從事任何在地或

96　Ewa Domańska, "Universal History and Postmodernism," *Storia della Storiografia*
　　35 (1999): 131–135.

97　Jean-François Lyotard, *The Postmodern Condition: A Report on Knowledge*, trans.
　　Geoff Bennington and Brian Massumi (Minneapolis: University of Minnesota
　　Press, 1984), p. 226.

98　「微觀歷史」經常被視為後現代史學的特色之一，其代表者為意大利史家
　　金茲堡，雖然他拒絕認同後現代主義。Giovanni Levi, "On Microhistory,"
　　in *Historical Writing*, ed. Peter Burke (Pennsylvania: Pennsylvania State
　　University Press, 1991), pp. 93–113.「大歷史」則是世界史的巨視史觀。例
　　如：Davis Christian, *Maps of Time: An Introduction to Big History* (Berkeley:
　　University of California Press, 2011)。另有 Lee Daniel Snyder, *Macro-History:
　　A Theoretical Approach to Comparative World History* (Lewiston, New York: The
　　Edwin Mellen Press, 1999)。

99　Hayden White, "The Westernization of World History," in *Western Historical
　　Thinking: An Intercultural Debate*, ed. Jörn Rüsen (New York: Berghahn Books,
　　2002), pp. 111–127.

特殊的議題時，都應心繫全球的關聯性，教導學生過去人類生活
的多樣性，避免單一軸線的大敘述（a single master narrative）。是
故，在21世紀，全球史的教科書不但要告知年輕人攸關這個「世
界」的知識，並且應教導他們如何從事反思性的「歷史思考」
（historical thinking），切忌將人類往事化約為單一原則，或純一因
素的作用；也就是新文化史家娜塔莉・戴維斯（Natalie Zemon
Davis, 1928–）所稱的「全球史，但諸多故事」（global history, many
stories）。[100]果真如是，方得符合「人人通古今之變，個個成一家成
言」的厚望。

---

100 Natalie Zemon Davies, "Global History, Many Stories," pp. 373–380. 同樣的
見解，較早見諸：Michael Geyer and Charles Bright, "World History in a
Global Age," *The American Historical Review*, vol. 100, no. 4 (1995): 1034–
1060; S. N. Eisenstadt, "Multiple Modernities," *Dædalus*, vol. 129, no. 1 (2000):
1–29。

重識穿梭異文化空間的人物
——以梁啟超、王國維、傅斯年為例

　　近年來，大陸在文史資料的整理和開發，成績豐碩，使得不少學術議題獲得較精細和準確的認識。單以個人所關注的史學方面，華東師範大學的史學史長久累積的工作，便令人印象深刻。在台灣由於先天資料的殘缺，恆受「文獻不足徵」之患，舉其例：個人在探討「清末民初道德意識的轉化」，感受特別深刻；主要在本地倖存的近代教科書甚為有限，取證並不容易。故對近年大陸累積的文史研究工作更是歆羨不已。

　　但在此得之不易的實證基礎之上，如何再推進或擴大其研究成果，乃是時常縈繞於個人腦海中的思慮。倘若「知己知彼」乃是周全掌握歷史問題的不二法門。那麼除了廣泛蒐集各方中文材料之外，「知彼」仍有其必要，是故了解跨文化人物身處彼方的文化情境不可或缺。必須先行一提的，先師史華慈教授多年前於其比較思想史的典範之作：《尋求富強：嚴復與西方》（*In Search of Wealth and Power: Yen Fu and the West*, 1964），業已充分展現此一進路的手法。按，史華慈教授緣融通中西思想史，故能獨具慧眼，

特別提示嚴復(1854–1921)赴英進修時，並非純然一張白紙，而是帶有先入為主的眼光，對西方經典進行獨特的閱讀和詮釋；而經由史氏比對西方原典和嚴氏的中文譯作之後，他梳理出嚴氏理解的差異和文化意涵，而獲得前賢前所未發的睿見，令人耳目一新。

另以個人近年所摸索過的三個個案：梁啓超、王國維、傅斯年為例。三位皆有沉浸異文化的經驗，復恰巧與蘭克史學有著程度深淺不一的關係，謹略予闡述如下：

首先，以梁啓超(1873–1929)為例。[1]梁氏治學博通中外古今，曾數度滯留東瀛，後更曾遠赴歐美考察。綜觀梁氏一生的政治與理念，嘗歷數變，他不諱言「不惜以今日之我，非昨日之我」。此一評語施之史學發展亦不差。

本世紀之初，扶桑人士狹間直樹(1937–)挾地利之便，集眾人之智，群策群力，探究梁氏思想形成的日本淵源，成績可觀，頗可借鑒。[2]此外，上世紀之末，個人亦不揣簡陋對梁氏史學稍作探索，茲簡述於下；在史學史上，梁氏素被視為中國新史學的肇基者，尤以《中國歷史研究法》(1922)一書聞名於世。衡諸事實，以影響力之廣泛，梁著顯然無人可及。致連當年視梁氏為學術勁敵的胡適(1891–1962)均稱許本書為「任公的最佳作」，遑論其他。[3]那麼梁氏獨特的吸引力與貢獻何在呢？

按梁氏早期曾數度滯日，甚受該地文化及學術氛圍的薰陶，思慮為之大變。因此了解該時的思想情境，當有助於了解梁氏思

1　拙作，〈中國近代史學的雙重危機：試論「新史學」的誕生及其所面臨的困境〉(1995)，收入《後現代主義與史學研究：一個批判性的探討》(台北：三民書局，2006；北京：三聯書店，2008)，附錄。

2　狹間直樹，《梁啓超‧明治日本‧西方》(2001)。

3　胡適，《胡適的日記手稿本》(台北：遠流出版公司，1989)，第二冊，〈1922年2月4日〉一條。

想的形成背景。一如前人所述，梁著所涵攝的史學原則實本諸西學史識。[4] 個人便曾擷取日本漢學大家桑原騭藏 (1871–1931) 對梁氏代表作《中國歷史研究法》的書評，作為分析的切入點，適可折射出梁氏史學的意涵。

整體而言，桑原氏甚為肯定本書的學術價值，且相信此書對中國史學的革新定起作用。惟衡諸日本史學界，凡是熟讀德人伯倫漢的《史學入門》(1905) 或日人坪井博士《史學研究法》(刊於 1903) 等書的人，本書便無參考的必要。但他隨下一轉語，梁氏書中所旁徵博引的中國史例，卻是他書絕無僅有，因此凡是專攻中國史的學者均應多加重視。[5] 要知桑原氏素不重視中國學者的研究方法，有此嘉許委實不易。桑原氏的評論必須加予覆按，方能切中個中實情。

日本留心西洋史學較中國為早。1887 年，德國蘭克學派的門徒利斯 (Ludwig Riess, 1861–1928) 已開始在東京帝大傳授日耳曼史學。隨後，日籍留歐學生陸續返國，以東大為據點，教授嚴謹的史料批評。[6] 當時西洋史家奉德國史學為圭臬，[7] 日本史學在西化的過程亦難免呈現同樣的徵象。桑原氏提及的坪井博士即為上述

4　丁文淵，〈前言〉，見《梁任公先生年譜長編初稿》，頁 7。丁文淵說：「二哥 (丁文江) 當時 (梁氏遊歐) 還曾設法協助任公如何學習英文，並且介紹了好幾部研究史學的英文書籍，任公根據此類新讀的材料，寫成《中國歷史研究法》一書。以後許多歷史學術的著作，也就陸續出版，成為民國史學上的一位大師。」惟梁氏是否直接取徑英文書籍，撰成《中國歷史研究法》，必須存疑。

5　桑原騭藏，〈梁啓超氏の《中國歷史研究法》を讀む〉，《支那學》，第 2 卷，第 12 期 (1922)：2–3。

6　Jiro Numata, "Shigeno Yasutsugu and the Modern Tokyo Tradition of Historical Writing," in *Historians of China and Japan*, ed. W. G. Beasley and E. G. Pulleyblank (London: Oxford University Press, 1971), pp. 278–279.

7　G. P. Gooch, *History and Historians in the Nineteenth Century* (Boston: Beacon Press, 1968), pp. 72–97.

的代表人物。坪井氏的全名為坪井九馬三 (1858–1936)，早年留
歐，深受德國史學影響。返國後，長年任教東京帝國大學，傳授
史學方法與政治外交史，乃是日本蘭克史學的掌旗者。

桑原氏所提的另位學者伯倫漢則是德國史學方法的集大成
者。1889年，他所發表的《歷史方法論與歷史哲學》(*Lehrbuch der
historischen Methode und Geschichtsphilosophie*) 素被公認為蘭克史學的
結晶。在西洋史學的發展史上，佔有舉足輕重的地位。[8] 桑原氏所
說的《史學入門》，顧名思義應是該氏刊行於1905年的《歷史學導
論》(*Einleitung in die Geschichtswissenschft*) 一書。該書淺顯易曉，曾
有「岩波文庫」日譯本。桑原氏之評不音意味：梁氏一書所表彰的
史學原理不逾伯倫漢的系統。

復次，潛心史學有年的杜維運教授亦指出梁氏一書的歷史概
念頗有借鑒《史學原論》之處。[9] 按該書作者朗格諾瓦與瑟諾博司
咸為法國日耳曼史學的再傳弟子。在法國史學界，《史學原論》享
有與伯倫漢著作同等的地位。[10] 由於道出同源，它們均可視為蘭克
史學在方法論上的最終陳述。是故，無論梁氏史學確切源出何
處，恐與當時的西方史學脫不了關係。杜氏之後，復有鄔國義先
生進而指出梁氏原初新史學的概念頗有取資日人浮田和民 (1859–
1946)《史學通論》之處。[11] 按浮田和民曾留學耶魯大學，該時適是

8　當時蘭克史學的敵對者蘭布雷希特即說：「史學發展的重要里程碑即
　　是伏爾泰、伯倫漢與我自己。」由此可見一斑。參見James Westfall
　　Thompson, *A History of Historical Writing* (New York: The Macmillan Co.,
　　1942), vol. II, p. 427.

9　杜維運，〈梁著《中國歷史研究法》探原〉，《中央研究院歷史語言研究所
　　集刊》，第51本，第2分 (1980)：315–323。

10　Harry Elmer Barnes, *A History of Historical Writing* (New York: Dover Publications,
　　1963), p. 260.

11　鄔國義，〈梁啓超新史學思想探源 (代序言)〉，見浮田和民，《史學通論》
　　(上海：華東師範大學出版社，2006)，頁1–49。

「蘭克科學史學」風行美國之時。[12] 他和坪井九馬三素被目為世紀之際兩位日本蘭克史學的鼓吹者。概言之，杜、鄔兩位的立論蓋立基於文本之間的校勘和比對，恰與桑原氏一語中的的實質論斷，可前後呼應，相得益彰。

　　然而僅憑傳播西學尚不足以解釋梁著成功的理由，否則西學造詣尤佳的何炳松、楊鴻烈（1903–1977）諸人的史著，理應略勝一籌，事實上日後反倒隱沒無聞。這時桑原騭藏對梁氏國史造詣的推崇就有些啟發性。梁氏文史涵養博洽融通，高人一等，能令中外學問水乳交融，毫未見窒礙之處。這項移植工作看似平常，實則絕難；以致後來的學者固然在理論層面能夠推陳出新，惟在事理圓融一方，猶瞠乎其後。換言之，《中國歷史研究法》之普受矚目，歷久未衰，便是能將西方史學與國史知識熔鑄一爐，這項成就迄今仍罕與倫比。職是之故，桑原氏的兩點評論揆諸日後發展，蓋洞燭先機，發人深省。

　　另以王國維（1877–1927）為例。[13] 王氏早年與西方哲學的搏鬥，乃是後人津津樂道的壯舉，但三十之後，卻毅然決然捨棄西學的追求，轉而專攻國學，果不其然造就了一番偉業；而為後人所嚮往，欽羨不已。但他個人治學的轉向和決裂，卻不經意留下一個亟待索解的學術公案。因此若無直接取證康德哲學的文本，便無由掌握這段時期王氏的思路與變化。而往昔的處理，常令人有隔靴搔癢的感覺。蓋史家往往迴避取閱康德的著作。

　　誠然，康德的哲學著作素稱難讀，概念抽象且繁複，不只哲學工作者視為畏途，更遑論實證取向的史學家。但俗語說不入虎

12　Jurgem Herbet, *The German Historical School in American Scholarship* (New York: Cornell University Press, 1965).

13　拙作，〈兩難的抉擇：王國維的哲學時刻〉，上海《文匯報》2019年5月10日「文匯學人」；收入《學人側影》（香港：香港中文大學出版社，2020）。

穴，焉得虎子，若不能直接親炙其作品，終究恍若古人所譏刺的「對塔說相輪」了。

要言之，王國維之接觸哲學純係偶然。他與康德哲學四回搏鬥的故事，學界早已耳熟能詳，最後他係通過叔本華 (Arthur Schopenhauer, 1788–1860) 的闡釋，方得其要旨。[14] 之前，王氏固然於康德的論旨略有所悉，但於康德文本本身繁複的論證程序，似一時難以掌握。[15] 但整體而言，王氏對德意志觀念論的認識，是假道當時日本學界。[16] 要知日本學界接受德國哲學頗早於中國，其時康德與叔本華思想漸次風行。概言之，康德的「批判哲學」(critical philosophy) 向被視為西方哲學的「哥白尼革命」(Copernican Revolution)；[17] 將原本被奉為一種基本及普遍論說的形上學 (metaphysics)，轉化為一種「認識論」(epistemology) 的利器，且超脫傳統形上學本體論的形式。[18] 這一點王國維深得三昧，例如他曾斷言：「彼 (汗德) 憬然於形而上學之不可能，而欲以知識論易

---

14 王國維，〈自序〉(1907)，收入謝維揚、房鑫亮編，《王國維全集》(杭州：浙江教育出版社，2009)，卷十四，頁120。

15 分析哲學的健將普南教授便曾在哈佛的課堂上說過：「康德乃是西方哲學史三位最難理解的哲學家之一」，遑論處於接觸異文化初期的王國維。

16 S. J. Gino K. Piovesana 著，江日新譯，《日本近代哲學思想史》(台北：東大圖書股份有限公司，1989)，第二章至第三章。

17 Ermanno Bencivenga, *Kant's Copernican Revolution* (Oxford: Oxford University Press, 1987). Cf. Norman Kemp Smith, *A Commentary to Kant's Critique of Pure Reason* (New York: Humanities Press, 1962), pp. 18–19, 22–25.

18 Immanuel Kant, *Critique of Pure Reason*, trans. and ed. Paul Guyer and Allen W. Wood (Cambridge: Cambridge University Press, 1997), pp. 110, 113. Cf. Pirmin Stekeler-Weithofer, "Metaphysics and Critique of Metaphysics," in *The Oxford Handbook of German Philosophy in the Nineteenth Century*, eds. Michael N. Forster and Kristin Gjesdal (Oxford: Oxford University Press, 2015), pp. 569–575.

形而上學。」[19]在重新闡釋及評估傳統中國哲學議題，他遂亦步亦趨，取法康德的「批判哲學」，以「先天辯證法」(transcendental dialectic) 的技巧，解消了傳統中國哲學的命題。[20]他擷取中國哲學論述最多的三個概念：「性」、「理」、「命」，予以別出心裁的闡述，而撰述了〈論性〉、〈釋理〉、〈原命〉三種不同凡響的文本。[21]

他所持的高見，乃係得自康德的教誨——切勿混淆「形上」與「經驗」不同範疇的論述。職是他特為表彰，使後之學者勿徒為此「無益之議論」。[22]這在當時確是石破天驚的立論。惟得一提的，王國維於〈三十自序〉裡，毫不諱言，嘗因讀《純粹理性批判》(Critique of Pure Reason) 至「先天分析論」(transcendental analytic)，無法卒讀，遂得中輟。[23]可是在〈論性〉等幾篇近作，他卻能將「先

19　王國維，〈叔本華之哲學及其教育學說〉，收入《王國維全集》，卷一，頁35。

20　Immanuel Kant, *Critique of Pure Reason*, Division Two: "Transcendental Dialectic". Cf. S. Körner, *Kant* (Harmondsworth: Penguin Books, 1977), chap. 5, "The Illusions of Metaphysics," pp. 105–126, and Karl Ameriks, "The Critique of Metaphysics: Kant and Traditional Ontology," in *The Cambridge Companion to Kant*, ed. Paul Guyer (Cambridge: Cambridge University Press, 1992), chap. 8, pp. 249–279. 攸關康德此點專技的論證則見Jonathan Bennett, *Kant's Dialectic* (Cambridge: Cambridge University Press, 1977).

21　王國維，〈論性〉(1904)、〈釋理〉(1904)、〈原命〉(1906)，分別收錄於《王國維全集》，卷一，頁4–17；卷一，頁18–33；卷十四，頁58–63。

22　按康德的「先驗辯證法」本來的意旨即在揭露傳統形上學乃是幻覺的謬思。Cf. P. F. Strawson, *The Bounds of Sense: An Essay on Kant's Critique of Pure Reason* (London: Methuen, 1973), p. 33.

23　王國維始讀康德之《純粹理性批判》的日期，他本人的記載略有出入：據〈《靜安文集·自序》〉(1905)，乃是1903年春 (癸卯春)；然據〈自序〉(1907)，則是1904年。個人判斷應以1903年春為是，蓋原因有二：其一，繫年清楚 (癸卯)，距1905年未遠；其二，1904年起，王氏方得陸續刊出攸關康德與叔本華的文章。後得見趙萬里，〈王靜安先生年譜〉，收入《王國維全集》，卷二十，附錄，頁412。趙氏也案語：「〈自序〉或失之誤記。」蓋不謀而合也，惟理據則不同。

天辯證」的推論運用自如，去解析古典中國的哲學命題，其理解康德哲學的功力顯然不可同日而語。[24]

此外，在〈原命〉一篇，雖然王氏假道康德的議題，但他已能有別於康德，而提出異議，謂「責任」的觀念自有其價值，而不必預設「意志自由論」為羽翼。[25]王氏的意見真確與否並無關宏旨，但顯現了他漸獲自信，有所揀擇，不復人云亦云了。之後，王氏竟一度認為：之所以讀不通康德，乃是康氏其說「不可持處而已」。[26]前後對照，王氏判若兩人。

果若王氏的確依循著研讀康德，以思索中國文化相關的議題，這段時期他所刊行的代表作，恰恰透露了他閱讀的軌跡。例如：〈論性〉(1904) 與〈釋理〉(1904) 之於《純粹理性批判》；〈原命〉(1906) 之於《實踐理性批判》(Critique of Practical Reason)；最後，〈古雅之在美學上之位置〉(1907) 一文之於《判斷力批判》(Critique of Judgment)。它們所涉的議題均呈現了與「三大批判」一一對應的情況。

於此，王國維心目中的哲學需得略加解析。他執著「純粹之哲學」，而視其他哲學為雜糅之學。他曾抨擊名重一時的嚴復「所奉者，英吉利之功利論及進化論之哲學耳，其興味之所存，不存

24　請注意拙文所用的康德英譯本並非王國維閱讀的英譯本。"transcendental analytic"「先天分析論」(或譯「先驗分析論」) 乃是《純粹理性批判》第一部分，而 "transcendental dialectic"「先天辯證」(或譯「先驗辯證」) 才是第二部分。Cf. Immanuel Kant, *Critique of Pure Reason*. 循理說，必得先明瞭「先天分析論」，方能掌握「先天辯證」的妙處。但也有學者認為「先天分析論」才是全書最難理解的。P. F. Strawson, *The Bounds of Sense: An Essay on Kant's Critique of Pure Reason*, p. 24.

25　王國維，〈原命〉(1906)，《王國維全集》，卷十四，頁63。

26　王國維，〈自序〉(1907)，《王國維全集》，卷十四，頁120。

於純粹哲學」，[27] 故難登大雅之堂。王氏主張知識之最高滿足，必求諸哲學。他拳拳服膺叔本華的理念，謂「人為形上學的動物，而有形上學的需要」。[28] 故奉叔本華的形上學為「純粹哲學」的典範。並以哲學為「無用之學」，方堪與唯美的藝術相比擬，同為人類文化至高的結晶。[29] 他且感歎中國故「無純粹之哲學，其最完備者，唯道德哲學與政治哲學耳」。[30] 職是之故，梁啓超和嚴復輩汲汲於追求經世致用之學，自是為他所不屑。他直言：「欲學術之發達，必視學術為目的，而不視為手段而後可。」[31] 而國人「為學術自己故而研究之者」，且不及千分之一。[32]

　　一般認為王國維在1911年再次東渡日本，經羅振玉 (1866–1940) 的規勸，方才改弦更張，毅然放棄哲學，步上研究國學一途。惟個人揣測在此之前，他恐尚未放棄追尋西方哲理的念頭；否則他斷不會不辭舟車勞頓，將那些攸關哲學的洋書，隨身攜至

27　王國維，〈論近年之學術〉，《王國維全集》，卷一，頁122。

28　Arthur Schopenhauer, *The World as Will and Representation*, trans. E. F. F. Payne (New York: Dover Publications, 1966), vol. II, chap. XVII, "On Man's Need for Metaphysics," pp. 160–187.

29　王國維，〈奏定經學科大學文學科大學章程書後〉，《王國維全集》，卷十四，頁34。

30　王國維，〈論哲學家與美術家之天職〉，收入《王國維全集》，卷一，頁132。

31　王國維，〈論近年之學術界〉，《王國維全集》，卷一，頁123。顯然此語改造自康德的倫理學的格言：「當視人人為目的，不可視為手段。」Immanuel Kant, "On a Supposed Right to Lie from altruistic Motive," in *Critique of Practical Reason and Other Writings in Moral Philosophy*, trans. and ed. Lewis White Beck (Chicago: University of Chicago Press, 1949), pp. 346–350.

32　王國維，〈教育小言十則〉(1907)，收入《王國維全集》，卷十四，頁123。

東瀛，並暫存放京都大學圖書館。[33] 一個不可忽視的因素可能一旦王氏旅日既久，以他的聰明才智和求知的熱忱，不歇時便會知曉其時日本西方哲學研究的水平遠非他所及；[34] 而在知己知彼之後，果要在治學上出類拔萃，善盡己之長，「返歸國學」不失為正確的抉擇。

　　總之，王國維的哲學工作或許僅止於此一階段，而有其時代的意義，但真正影響及日後學術的發展，卻是他接受西方史學以及接軌國際漢學的機緣。居中最關鍵的人物，不外是其業師藤田豐八 (1869–1929) 和一路栽培他的羅振玉。

　　王國維之接受蘭克史學 (Rankean historiography)，蓋經由藤田的薰陶。藤田畢業於東京大學，該時恰是蘭克關門弟子律斯赴日執教的時候，藤田一輩的漢學家不少受教於他，而受到蘭克史學的洗禮。這同時是近代日本史學轉化的契機。[35] 尤其當時日本「東

33　新村出，〈海寧的王靜安君〉，收入陳平原、王風編，《追憶王國維》(北京：生活・讀書・新知三聯書店，2009)，頁316。王國維所寄託的數十冊洋書，包括有康德、叔本華等的著作，一度存於王氏寓居京都的家中。又見青木正兒，〈追憶與王靜庵先生的初次會面〉，收入《王國維全集》，卷二十，附錄，頁400。

34　日本哲學界該時不止已邁入新康德主義的階段了，而且進入西哲百家爭鳴的狀況。西方的新康德主義請參閱：Thomas E. Willey, *Back to Kant: The Revival of Kantianism in German Social and Historical Thought, 1860–1914* (Detroit: Wayne State University Press, 1978). 實言之，王國維個人所掌握的康德哲學相較於該時日本整體哲學界乃瞠乎其後的。參較牧野英二著，廖欽彬譯，〈日本的康德研究史與今日的課題 (1863–1945)〉，收入李明輝編，《康德哲學在東亞》(台北：國立台灣大學出版中心，2016)，頁85–115。

35　Jiro Numata, "Shigeno Yasutsugu and the Modern Tokyo Tradition of Historical Writing," in *Historians of China and Japan*, eds. W. G. Beasley and E. G. Pulleyblank (London: Oxford University Press, 1971), pp. 278–279.

洋史」的研究傾向，乃是向西方請益，而非向中國學習。[36] 而王氏最初認識蘭克史學，也是因為藤田囑其代為寫序之故。[37]

簡言之，蘭克史學對日本或中國「新史學」的啓示，最重要的無非是重視「原始史料」與史料的「系統」性而已。[38] 這點在藤田或王國維的史學實踐發揮得鞭辟入裡。王氏就曾對藤田氏攸關中國古代棉花業的分析稱譽備至，其優點便是善用許多吾輩不能利用的材料，而引為己方憾事。[39] 要知王國維的學術生涯乃始自研究西洋哲學，因此縱使有接觸蘭克史學，其影響一時並不顯豁。惟一旦他跨入文史領域，其作用則立竿見影。例如：他在準備《宋元戲曲史》之前，則先大量廣搜材料，編纂了《宋大曲考》、《優語錄》、《戲曲考源》和《錄曲餘談》(1909) 等，[40] 這或可視為蘭克史學典型的進路。

王國維步上國際漢學的另一引導者，正是羅振玉。其佐證之一，便是他少時素不喜《十三經注疏》，[41] 甫受新潮洗禮，即馳騁西學，遊騎無歸。此時卻因羅氏規勸他「專研國學」，遂幡然一改舊

36　永原慶二著，王新生等譯，《20世紀日本歷史學》(北京：北京大學出版社，2014)，頁47。

37　王國維，〈東洋史要序〉(1899)，收入《王國維全集》，卷十四，頁2–3；又，前書收有王氏〈歐羅巴史序〉(1901)，《王國維全集》，卷十四，頁3–4。

38　請參閱拙著，〈中國近代史學的雙重危機：試論「新史學」的誕生及其所面臨的困境〉，收入《後現代主義與史學研究》(北京：生活・讀書・新知三聯書店，2008)，頁217–255。

39　房鑫亮編校，〈致羅振玉〉(1925年年底)，《王國維書信日記》(杭州：浙江教育出版社，2015)，頁454。

40　趙萬里，〈王靜安先生年譜〉，《王國維全集》，卷二十，附錄，頁421。

41　王國維，〈自序〉(1907)，《王國維全集》，卷十四，頁118。

習，盡棄所學；[42] 隨羅氏請益小學訓詁之事，並勤研《十三經注疏》，打下日後董理國學扎實的底子。[43] 這雖讓他得以領會並承接有清一代的學術，卻仍不足以盡道其日後絕大成就的底蘊；誠如他胞弟王國華（1886–1979）所言：「先兄治學之方雖有類於乾嘉諸老，而實非乾嘉諸老所能範圍。」[44] 又，王氏多年的摯友──金梁（1878–1962），且進一步稱他「尤善以科學新法理董舊學，其術之精、識之銳，中外學者莫不稱之」。[45]

　　另有一項因緣亦不容忽視，便是羅氏和藤田毫不藏私地引薦了王氏與日本與國際漢學界直接切磋、交流，[46] 讓他接引上即時性的學術議題，一展長才。[47] 總之，毋論就原創性的見解或開拓嶄新領域兩方面，日後王氏均能卓然自成一家之言，而為眾望所歸。且援引王氏學侶──狩野直喜（1868–1947）概括王氏一生為學特色的評論，以為結語，他言道：

> 作為一個學者，王君偉大卓越之處，一方面在於凡是中國老一輩大儒才能做到的事，他都做得到……可是因為他曾研究過

42　王國維曾自謂：《十三經注疏》原為兒時所不喜。見〈自序〉（1907），《王國維全集》，卷十四，頁118。

43　羅振玉，〈海寧王忠慤公傳〉，《王國維全集》，卷二十，附錄，頁228；狩野直喜，〈回憶王靜安君〉，同前書，卷二十，附錄，頁373。

44　王國華，〈海寧王靜安先生遺書序〉，收入《王國維全集》，卷二十，附錄，頁216。

45　金梁，〈王忠慤公哀輓錄書後〉，《王國維全集》，卷二十，附錄，頁222。

46　房鑫亮編校，《王國維書信日記》，〈致汪康年〉（1899年4月14日），頁23–24。王氏即早便了解藤田在學術交流的關鍵性。他在1899年致汪康年的信，便指出「其所交遊固皆彼中極有才學之士，若一旦不合……彼中材智皆將裹足不為中國用，此事關係尤非小也。」

47　毋論羅振玉還是王國維，都是在1911年東渡之後，才正式和西方漢學人士多所交流。另見與伯希和（Paul Pelliot, 1878–1945）的交流和影響。房鑫亮編校，〈致羅振玉〉（1919年8月17日），《王國維書信日記》，頁393；〈致羅振玉〉（1919年9月2日），同前，頁395–396。

西方的學問，所以在學術研究的方法上比以往的中國大儒更為可靠。換言之，他對西方的科學研究法理解得極透徹，並將之用於研究中國的學問，這是王君作為一個學者的卓越之處。[48]

要之，狩野氏所謂「西方科學研究法」，意味著無非是世紀之際，被奉為「科學史學」（scientific history）圭臬的蘭克史學。[49]職是，謂王氏甚受蘭克史學的影響，雖不中亦不遠矣！所以說，西方哲學對王氏的影響是一時的，而西方史學方是恆久的。

最後，以傅斯年（1896–1950）的史學為終例。原初他留學英國，再轉赴德國深造。於後者他深入學習歷史及語言學，蓋屬成學的階段。[50]傅斯年所遺留《史學方法講義》一書，因為殘缺不全，故難窺其全貌，書中直接攽關蘭克甚少，因此，只得另循其他途徑，以蠡測他與蘭克史學的關係。西方思想史曾有一例，便是《維根斯坦的維也納》（*Wittgnestein's Vienna*）該書兩位作者採行「周遭旁證」（circumstantial evidence），爬梳維氏哲學志業的底蘊。[51]由於維根斯坦之所以從事語言哲學在西方近代哲學界向來是個謎

---

48 狩野直喜，〈回憶王靜安君〉，《王國維全集》，卷二十，附錄，頁373。
　　按：狩野氏係日本漢學名家，但對本國和中國的古典研究均表不滿，而有志於學習歐洲的研究法。早期問學甚受蘭克史學的薰陶，在學術上與王國維時有往來。見江上波夫編著，林慶彰譯，《近代日本漢學家──東洋學的系譜》（台北：萬卷樓圖書股份有限公司，2015），頁71–78。

49 在史學史上，蘭克史學在19世紀末20世紀初葉向被稱為「科學的史學」（scientific history）。請參閱拙文，〈歷史相對論的回顧與檢討：從比爾德（Beard）和貝克（Becker）談起〉，《歷史主義與歷史理論》（台北：允晨文化出版公司，1992），頁161–191。

50 拙作，〈機構的宣言：重讀傅斯年的《歷史語言研究所工作之旨趣》〉，復旦大學《復旦學報》（社會科學版），第5期（2017.9）：19–28。收入《再現傳統中國的思想》（香港：中華書局，2020）。

51 Allan Janik and Stephen Toulmin, *Wittgnestein's Vienna* (New York: Simon and Schuster, 1973).

團，圖爾敏 (Stephen Toulmin, 1922–2009) 和其學生傑尼克 (Allan Janik, 1941–)，便借重蕭斯基 (Carl Schorske, 1915–2015)《世紀末的維也納》(*Fin-de-Siècle Vienna: Politics and Culture*) 的研究作為基底，[52]烘托出維氏身處該時維也納文化的危機，以證成維氏從事語言哲學的意義。這部作品令個人印象深刻。

析言之，「周遭證據」並不若「直接證據」來得直截了當，而是多少要添幾分想像力，其效用主要是間接的「襯托」而非直接的「證成」。以傅斯年與蘭克的關係，誠然傅氏言及蘭克之處相當有限，但若執此以探究他與蘭克史學的淵源，不免落下禪宗所云「死在字下」的執悟。因此必須另謀管道，方得一窺究竟。

傅斯年屢屢振臂疾呼：「史料學即史學」、「史學便是史料學」等語，意圖標榜自身的治史觀點，但這幾句鮮明的標語，日後不意卻淪為他人攻訐的對象，甚至以「史料學派」譏斥之。

吾人若要標舉中國近代史學的里程碑，有兩篇大塊文章絕不可以忽略：其一，是1902年梁啓超所發表的〈新史學〉；[53]其二乃是1928年傅斯年刊行的〈歷史語言研究所工作之旨趣〉。[54]前篇係開風氣之先，後篇則是機構的宣言；兩者影響日後中國史學發展既深且遠。先前，筆者對梁氏〈新史學〉業略有考述，於此不再贅言。〈歷史語言研究所工作之旨趣〉毫無疑義係傅氏一生治學的綱領，也是傅氏史學最完整的陳述。而在學界最膾炙人口的便是：「歷史學只是史料學」此一響亮的口號，其功過是非總緣此一命題

---

52 Carl E. Schorske, *Fin-de-Siècle Vienna: Politics and Culture* (New York: Random House, 1981).

53 梁啓超，〈新史學〉，《飲冰室文集》(台北：台灣中華書局，1960)，第2冊，頁1–32。

54 傅斯年，〈歷史語言研究所工作之旨趣〉，《傅斯年全集》，傅孟真先生遺著編輯委員會編 (台北：聯經出版事業公司，1980)，第4冊，頁253–266。

出現。可是要理解此一論點，則必須先掌握傅氏對史學的定位以及賦予的任務，然後才旁及他所引進「史料」的新概念。

要之，蘭克的史學在世紀之際的歐洲或德國，均面臨強敵環伺，四面楚歌的窘境；但若干治史的精神，尤其對異文化的造訪者卻仍是新穎可喜，而為傅氏所攝取或繼承。

讀者只要稍加比對蘭克的論點，傅氏的史學源頭就豁然開朗。蘭克的《1494至1514年拉丁與日耳曼民族史》，向來被公認為西方近代史學的里程碑，它的序言學界尤耳熟能詳。蘭克説道：

> 歷史曾經被賦予判斷過去，指導現在，以為未來謀福的職責。本書不希望有如許的需求，它僅是陳述真正發生的事實而已。[55]

蘭克的呼籲歷史僅是「陳述真正發生的事實（*wie es eigentlich gewesen*）」，初聞之下語調似極謙卑，實則不然。這句話正是近代史學的精神標幟，它象徵歷史的獨立宣言，史學從此不再是神學、哲學的奴婢，亦非文學、藝術的附庸。

「史實自明」同為傅斯年反對「疏通」的理據。傅氏堅信：

> 史學的對象是史料，不是文詞，不是倫理，不是神學，並且不是社會學。史學的工作是整理史料，不是作藝術的建設，不是作疏通的事業，不是去扶持或推倒這個運動，或那個主義。[56]

若我們稍加推敲這些學科排名順序的底蘊，不難察覺傅氏思路所反映的竟是西方史學演變的縮影。他避而不提傳統舊學中壓制史

55　Georg G. Iggers and Konrad von Moltke ed., *The Theory and Practice of History: Leopold von Ranke* (Indianapolis: Bobbs-Merrill, 1973), p. 137.

56　傅斯年，〈史學方法導論〉，《傅斯年全集》，第2冊，頁5。

學的「經學」，反而凸顯西方文化獨特的產物：「神學」與「社會學」，確是殊堪玩味的線索。[57] 這些學科均曾在歷史的園地留下喧賓奪主的記錄，所以傅氏重申史料方是歷史的主體，只要整理好史料，事實就顯豁了。

終其一生，蘭克風塵僕僕地至歐洲各處，辛勤尋找、爬梳原始的檔案，他所構作的史著無非是己身治史理念最佳的實踐。[58] 他的治學風格誠如下一世紀中國的追隨者──傅斯年所自勉的：

> 我們不是讀書人，我們只是上窮碧落下黃泉，動手動腳找東西！[59]

57　「神學」主導西洋中古史學。「文詞」、「倫理」向來是西方上古史學至18世紀啓蒙史學所牽涉的面向。「社會學」則是因19世紀法國孔德建立之後，將史學附屬其下。*Auguste Comte and Positivism: The Essential Writings*, ed. Gertrud Lenzer (New York: Harper & Row, 1975), pp. 66, 91–92, 247–261.

58　請參閱 Gino Benzoni, "Ranke's Favorite Source" 與 Ugo Tucci, "Ranke and the Venetian Document Market," 均收入 *Leopold von Ranke and the Shaping of the Historical Discipline*, ed. Georg G. Iggers and James M. Powell (Syracuse: Syracuse University Press, 1990), chaps. 4 & 9.

59　傅斯年，〈歷史語言研究所工作旨趣〉，《傅斯年全集》，第4冊，頁264。雖然我揣測傅斯年所塑立的新史家形象取自蘭克的治學特徵，但此一句話似由英國史家崔威廉 (George Macaulay Trevelyan, 1876–1962) 轉手而來。崔威廉於1903年發表〈重新發現克里歐〉(Clio 為歷史女神)，旨在駁斥另位史家伯里科學史學之說。1913年崔氏修訂後復收入《克里歐：一位女神》。該文形容敵對的學派 "collect the 'facts'—you must go down to Hell and up to Heaven to fetch them." 參較 George Macaulay Trevelyan, "Clio Rediscovered," in *The Varieties of History*, ed. Fritz Stern (Cleveland: Meridian Books, 1957), p. 232。傅斯年所形塑的史家具有搜尋資料的動態觀念，此與囿於飽讀經史的傳統學者有所區別。

傅氏亟於找尋的「東西」就是「新材料」，居中特以直接史料為高。
迥異於傳統靜坐書齋的文士，傅氏為中國史家所塑模動態的新形
象，無非遠紹西方的蘭克。

　　實言之，重視史料，尤其原始資料（original sources），並非始
自傅斯年，之前梁啓超、胡適受西學影響，業已闡發再三；[60] 所不
同的是，留學德國、又曾受業於胡適的傅氏復將此一論點激進
化，進而申論「史料的優先性」，成就其「史料學即史學」的看法。
因此，在學理上傅斯年便直截了當地概稱：「史學便是史料學」。[61]
因他認為：

> 凡能直接研究材料，便進步。凡間接的研究前人所研究或
> 前人所創造之系統，而不繁豐細密的參照所包含的事實，便
> 退步。[62]

依此，傅氏且分辨「科學研究」與過去「學院學究的研究」的差異，
遂創立了中國第一個專業史學的研究機構：「歷史語言研究所」。
無怪在西方史家中，傅氏特別推崇蘭克（頓克）與孟森的史學成
就；至於中國史學，他則看重司馬光以至錢大昕之治史方法，[63] 史

60　梁啓超，〈中國歷史研究法〉(1922)，《飲冰室專集》，第1冊。胡適，
　　〈治學的方法與材料〉(1928)，《胡適文存》（台北：遠東圖書公司，
　　1990），第3集，頁109–122。

61　傅斯年，〈史學方法導論〉，《傅斯年全集》，第2冊，頁6。

62　傅斯年，〈歷史語言研究所工作之旨趣〉，《傅斯年全集》，第4冊，頁
　　256。

63　傅斯年，〈「史料與史學」發刊詞〉，《傅斯年全集》，第4冊，頁356；又
　　見氏著，〈中西史學觀點之變遷〉，頁69。有關蘭克與孟森的史學可參閱
　　G. P. Gooch, *History and Historians in the Nineteenth Century*, chaps. VI and
　　XXIV。

料應用方面，他固貶抑歐陽修《五代史》，另一方面卻高度稱譽歐
陽氏的《集古錄》乃是「下手研究直接材料，是近代史學的真工
夫」。[64] 其故無他，在於迎合西方史學所要求的史料考訂水準
而已。

以上所述恰好解開中國近代史學的一個謎團：新史學的倡導
者既是摒棄固有史學，何以又對傳統的考史工夫讚賞有加？此一
情結不止見於傅氏一人，梁啓超、胡適之輩亦復如此。例如他們
雖蔑視《資治通鑒》所蘊含的史觀，卻獨對司馬光的史考交口稱
譽，代表考史工作的極致 —— 清代考據學更受到一致的推崇。唯
一不同的是，考證工作受到西方史學的衝擊，必須重新對焦：傳
統經典已不是最後訴求的權威，史料與事實的關聯方構成新史學
關懷的焦點。這就是傅斯年所堅持的：「如果抱著『載籍極博猶考
信於文藝』的觀念，至多可以做到一個崔述，斷斷乎做不到一個
近代史學者」[65] 的正解。

概言之，梁啓超、王國維、傅斯年三位均有豐富穿梭異文化
的體驗，因此除了詳讀其中文著作之外，必須深臨其境，知悉其
所領略的異文化，方得完整掌握其思想的原貌。復得點出地，了
解「彼方」固不可缺，但細嚼作者中文原著仍是必經的途徑，蓋異
文化浩瀚如汪洋，茫無邊際，而造訪者恆囿於先入為主的關懷，
只能「弱水三千，只取一瓢」。是故，造訪者留存的中文著作乃是
不可或缺的接引線索。

---

64 傅斯年，〈歷史語言研究所工作之旨趣〉，《傅斯年全集》，第4冊，頁
254。
65 傅斯年，〈中國古代文學史講義〉，《傅斯年全集》，第1冊，頁57。

近年宗教史研究的新啟示
——「宗教」核心概念的反思

　　2020年哥倫比亞大學出版社推出拙作《儒教與神聖空間》(*Confucianism and Sacred Space*) 的英譯本。該作的評審者之一建議個人可試與下列兩本英文近作交相切磋，題材雖然各自有異，但論旨與理路卻頗有異曲同工之妙。

　　其一，則是約瑟松 (Jason Ānanda Josephson Storm) 爬梳日本之所以採用及發明「宗教」一詞的歷史語境，既曲折且複雜。緣因西力入侵之故，「宗教」(religion) 一詞如何從原本涉及法律及外交的範疇，漸次衍為今日迻譯之義。這本書於基督教進入中國的狀況，尤其有相互參照的價值。值得一提的，原本是日本傳統的三大「教」：儒、釋、神道，由於「宗教」概念的引進、雜糅與折衝，在新世紀有了不同的面貌，佛教取得合法的「宗教」地位，神道卻成為科學與政治互相結合的俗世意識形態，而儒教則淪為「哲學」(philosophy)。[1]

1　Jason Ānanda Josephson, *The Invention of Religion in Japan* (Chicago and London: University of Chicago Press, 2012), p. 258.

　　其二，即是曾澤知子(Tomoko Masuzawa)省察「世界宗教」(world religion)概念的出現。她循傅柯的手法，解構「世界宗教」論述的形成。我們特別感興趣的是，當19世紀末葉20世紀之初，中國正如火如荼對儒教進行除魅化(disenchantment)之際，[2]而對比之下，西方學界甫揭露的「世界宗教」新範疇卻再次將儒教納入其中。[3]如果我們記憶猶新，社會學的巨擘韋伯於檢討世界宗教倫理與經濟發展的關係，便繼其開山之作《新教倫理與資本主義精神》(1904–1905)之後，於1913至1915年更推出《儒教與道教》(*Konfuzianismus und Taoismus*)的名著。[4]

　　而在曾澤知子更久之前，詹森(Lionel M. Jensen)的《製造儒教》即遵循同一路數，致力勾勒明末清初耶穌會士以降，以「他者的觀點」如何認取及形塑「儒教」(Confucianism)，該書誠然有補偏救弊之功，卻疏於發掘儒教原本在傳統中國社會裡所扮演的宗教角色及實踐，而不無缺憾。[5]無怪比利時漢學家鐘鳴旦(Nicolas Standaert, 1959–)亦率直回應：「耶穌會士並未製造『儒教』(Confucianism)。」[6]

2　拙作〈清末民初儒教的「去宗教化」〉，《從理學到倫理學》(台北：允晨文化公司，2013)，頁265–313；(北京：中華書局，2014)，頁236–281。

3　Tomoko Masuzawa, *The Invention of World Religions—Or, How European Universalism Was Preserved in the Language of Pluralism* (Chicago and London: University of Chicago Press, 2005), pp. 266, 303–305. 又Anna Sun, *Confucianism as a World Religion: Contested Histories and Contemporary Realities* (Princeton and Oxford: Princeton University Press, 2013), chap. 2。

4　請參考拙文〈韋伯論中國的宗教：一個「比較研究」的典範〉，《優入聖域：權力、信仰與正當性》(台北：允晨文化公司，1994)，頁45–76；(北京：中華書局，2010)，頁39–64。

5　Lionel M. Jensen, *Manufacturing Confucianism: Chinese Tradition and University Civilization* (Durham and London: Duke University Press, 1997).

6　Nicolas Standaert, "The Jesuits Did NOT Manufacture 'Confucianism'," *East Asian Science, Technology, and Medicine*, 16 (1999): 115–132. 基於對耶穌會以及相關語文的深刻認識，鐘氏有不同的理據。

　　上述的著作都是植基於宗教個案的專題探討。另方面，在概念上亦不乏投入通盤檢討「宗教」一詞者，[7] 姑舉數例以概其餘，多年前我的同事陳熙遠博士的〈「宗教」——一個中國近代文化史上的關鍵詞〉，[8] 在中文學界頗引人注目；以及西人農布里 (Brent Nongbri, 1977–) 所撰的《宗教之前》(Before Religion)，則針對該詞於西方文明之中作了系譜學的剖析，認為 "religion" 一詞乃是近代方衍生的概念，其意涵並非古已有之。[9] 尤有甚者，法國學者杜比松 (Daniel Dubuisson, 1950–) 直率抨擊近代所謂的「宗教」根本係西方以基督教為參數所創構的概念，擺脫不了意識形態的色彩，呼籲亟需改弦更張。[10] 以上均為值得參考的有用之文。

　　毋庸諱言，往昔的研究均讓鄙人受益匪淺，但個人過去所從事的孔廟探討與以上的作品僅止於貌似而神異。析言之，以個人淺見，之前的研究仍然滯於名實之辨。質疑儒教是否稱得上一個宗教，事實上是近、現代的課題。在傳統中國則不然。譬如明末耶穌會教士利瑪竇 (Matteo Ricci, 1552–1610) 與中土人士的對談中，充分顯現儒、釋、道為「三教」(religione，意大利文)。[11] 而耶教 (Christianity) 與儒教在教義上尤為切近。[12] 尚可相互佐證

7　遑論尤有集眾式的論文集厚達千頁之上，專司討論「宗教」(religion) 一詞所衍生的相關問題。例如：Hent de Vries ed., *Religion: Beyond a Concept* (New York: Fordham University Press, 2008)。

8　陳熙遠，〈「宗教」——一個中國近代文化史上的關鍵詞〉，《新史學》，第 13 卷，第 4 期 (2002 年 12 月)：37–66。

9　Brent Nongbri, *Before Religion: A History of a Modern Concept* (New Haven and London: Yale University Press, 2013).

10　Daniel Dubuisson, *The Western Construction of Religion* (Baltimore and London: Johns Hopkins University Press, 2003).

11　利瑪竇，《天主實義》(明崇禎年間刊本)，上卷，頁 12 上。

12　《天主實義》，上卷，頁 12 上。

地，在近代之前，鄰國的日本原有的三大教（宗教）亦包括儒教在內。[13]

綜觀清末民初，毋論是贊成或反對孔教者均有一些共通點；這些徵象不時影響著後人對儒教宗教本質的思考。

首先，他們喜訴諸訓詁，以闡字義。例如，陳煥章（1880-1933）取《中庸》中的「修道之謂教」以證成「孔教」；[14]陳獨秀（1879-1942）卻認為「教」者，意味「教訓」、「教化」，非謂「宗教」；[15]究其實，字義的爭執僅是表象，真正的底蘊卻是雙方皆執「基督教」作為宗教的基型，以此裁度儒教。所不同的是，他們深受致用觀念的影響，因此對基督教在西方歷史不同的評價直接左右了他們以儒教作為宗教的立場。舉孔教創發者康有為為例，他認為歐美所以強盛，不徒在政治與物質方面，更根本的是基督教的教化。[16]相反地，他的門生梁啓超以及陳獨秀諸人卻認為基督教在近代文明乃屬陳舊勢力，亟需加以革除。[17]

姑不論他們在儒教觀點的歧異，其背後所透顯的宗教理念均擺脫不了以基督教作為宗教基型的界義。而這種界義式的探討取

13　參閱Jason Ānanda Josephson, *The Invention of Religion in Japan*, pp. 13–15。進入近代之前，日本被自己或西方人所承認原有的三大宗教乃是佛教、儒教和神道。

14　陳煥章，《孔教論》（上海：孔教會、商務印書館，1912），頁2–3，93。

15　陳獨秀，《獨秀文存》（合肥：安徽人民出版社，1987），卷1，頁69，645。

16　康有為，〈孔教會序二〉，《康南海政史文選》（北京：中華書局，1981），頁115–116。

17　梁啓超，〈保教非所以尊孔論〉，《飲冰室文集》（台北：台灣中華書局，1978），第二冊，頁53；陳獨秀，〈駁康有為致總統總理書〉，《獨秀文存》，頁69–70。

徑（definitional approach）至今仍然主宰了時下的論述。[18]譬如，楊慶堃的《中國社會的宗教》（*Religion in Chinese Society*）飲譽學界，可是他對儒教的討論卻難以免俗。[19]是故，我們經常看到這樣奇怪的論點：儒教（或儒家）不是宗教，卻具有明顯的宗教性格。[20]

事實上，以西方界義來了解其他異文化的宗教已處處窒礙難行。毋怪20世紀初年社會學之父涂爾幹在其探討澳洲的原始宗教之初，即必須著手反思並修訂傳統以基督教為基型的宗教界義。[21]晚近尤有學者指出，衡諸西方宗教定義，竟連印度教（Hinduism）亦難以稱得上是「宗教」了。[22]顯然執一不變的界義式取徑不止非是有效的研究進路，而且勢必遺漏許多極富意義的宗教現象。有鑒於此，個人對「宗教」一詞擬存而不論，且改採歷史論述期能還原儒教在傳統社會的意義。

個人研究儒教，純因偶訪台北孔廟所致，而取儒教的聖域（holy ground）——孔廟（文廟）作為著眼點。之後，復承余國藩教授告知其業師伊里亞德（Mircea Eliade, 1907–1986）在甚早之前即

18　參較宮川尚志，〈儒教の宗教的性格〉，《宗教研究》，第38卷，第1期（1965年1月）：1–24。

19　楊氏的宗教理念深受西方的影響，而且他將孔子對超越的概念與儒教是否為宗教混為一談，其實這是兩回事。C. K. Yang, *Religion in Chinese Society: A Study of Contemporary Social Functions of Religion and Some of Their Historical Factors* (Berkeley, Los Angeles, and London: University of California Press, 1961), pp. 26–27, and chap. X.

20　又如，牟鍾鑒，《中國宗教與文化》（台北：唐山出版社，1995），頁7，139。

21　Émile Durkheim, *The Elementary Forms of Religious Life*, trans. Karen E. Fields (New York: Free Press, 1995), chap. 1.

22　G. W. Mill, "Hindu Religious Traditions and the Concept of 'Religion'," the 4th Gonda Lecture by Heinrich von Stietencron, *International Institute for Asian Studies Newsletter*, 11(1997): 18.

曾提示，「神聖空間」乃是了解宗教的要素，但個人則緣誤打誤撞以孔廟作為神聖空間，以探討儒教的宗教運作特質。[23]此一進路聚焦神聖空間 (sacred space) 與信仰者的互動，而具有人類學的面向，卻和前賢擷取教義 (doctrines) 與經典文本作為探索的重心，頗有出入。純粹概念的討論，易流於凌空立論，而不符歷史的實情。特別與其他世界宗教比較，作為儒教聖典的《論語》，其宗教性顯得有些迂迴而力有未逮，在「神啟」(revelation) 方面尤為如此。

簡言之，倘循19世紀宗教學之父——穆勒 (F. Max Müller, 1823–1900) 之區分「經典宗教」(book religion) 和「無文字宗教」。[24]迥異於以經典教義為依據的宗教，例如：《聖經》(the Bible) 之於基督教，《可蘭經》(the Koran) 之於回教，《吠陀》(the Vedas) 之於印度教，儒教卻自闢蹊徑，以祭祀儀式空間彰顯了它的宗教特質。

權且擱此不論，一般探討宗教的進路，不外涂爾幹或韋伯兩種方式。[25]他們二位均是標竿性的學者，不僅在宗教學領域取得豐碩的成果，並且具有極清晰嚴謹的方法論意識。

涂爾幹明白：傳統以西方基督教為範式所下的定義，在研究其他社會的宗教有所缺陷，因此不斷予以修訂；另方面卻堅持宗教的探討，必須以清晰的界義作為前提。他在研究澳洲土著的宗教，即是遵循此一進路，[26]否則便可能搞混了研究的對象，以致前

23　Mircea Eliade, *The Sacred and the Profane: The Nature of Religion*, trans. Willard R. Trask (New York and London: A Harvest HBJ Book, 1957).

24　F. Max Müller, *Introduction to the Science of Religion* (New York: Arno Press, 1978), pp. 102–104.

25　Cf. Bryan S. Turner, *Religion and Social Theory* (London: Sage Publications, 1991), pp. 15–16.

26　Émile Durkheim, *The Elementary Forms of Religious Life*, trans. Karen E. Fields, chap. 1.

功盡棄。又宗教心理學家詹姆士（William James, 1842–1910）固然對執一不變的宗教定義感到不滿，而認為：

> 「宗教」（religion）一詞，與其代表任何單一的原則（principle）或本質（essence），毋寧是一集合的名稱。[27]

但他與涂爾幹在研究策略上卻站在同一陣線。[28]

相對地，韋伯的取徑截然有異。他不認為在研究的開端，便能知曉宗教的定義；相反的，唯有在研究完成之際，宗教的定義方能顯現。甚至，韋伯認為宗教的本質並不是我們所關切，最重要的，乃探討某種社會行為的條件和效果。這誠然與他注重個人宗教行為的意義攸關。於他而言，受宗教因素所激發最基本的行為模式，係面對「此世」（this world）的。[29]

約言之，韋伯對「定義」的認知，其實與他的方法論的觀點息息相關。他主張：

27　William James, *The Varieties of Religious Experience* (New York and London: Penguin Books, 1982), p. 26.

28　詹姆士一方面認為所有宗教定義為徒然，另方面即界定他所探討的宗教心理原於「個人宗教」（personal religion）的範疇，而非「制度性的宗教」（institutional religion）。William James, *The Varieties of Religious Experience*, pp. 27–29. 類似的研究策略在晚近探討宗教現象的著作中，依舊相當普遍。例如：泰勒（Charles Taylor, 1931–）於其鉅著《俗世的世紀》裡，明白知曉界定「宗教」（religion）的困難，另方面，則權挪「超越／內涵」（transcendent / immanent）的分辨，以剖析其所擬定的議題。Charles Taylor, *A Secular Age* (Cambridge, Massachusetts, and London: Harvard University Press, 2007), p. 15.

29　Max Weber, *The Sociology of Religion*, trans. Ephraim Fischoff (Boston: Beacon Press, 1964), p. 1.

方法論只能幫助我們把研究中證明具有價值的方法，從思考的
了解提升至明顯的意識層面。它並非有效的智力工作的先決條
件，就如解剖知識不是「正確」步行的先決條件一樣。[30]

按「定義」即歸屬方法的先行步驟，基本上，韋伯認為科學的
建立與方法的拓展，端賴實質問題 (substantial problems) 的解決，
而非依靠知識論或方法論的省思。韋伯的進路傾向歷史的探索，
在方法上採且戰且走的策略。[31] 晚近的人類學家亦傾向拒斥有所
謂普世性的宗教定義，蓋宗教定義的質素及構成關係，均具有歷
史的獨特性，況且定義本身即是論述過程的歷史產物。[32]

以上兩種典範性的研究方式各有所長。而我自己過去的研究
取徑較接近韋伯，其實卻是受維根斯坦晚期哲學的啟發。[33] 維根
斯坦以「家族類似性」(family resemblance) 的概念，取代「本質性定
義」(essentialism)，令我茅塞頓開，眼界煥然一新。之後，復受羅
爾斯探究「正義」(justice) 的啟示。蓋羅氏揚棄分析哲學環境對「正
義」概念糾纏不清的解析，另起爐灶建構「正義」的理論。[34] 受此鼓
舞，得以跳脫蔽固定義無謂的糾纏 (例如：〈作為宗教的儒教〉)，
而且得以直搗問題的核心，逕探儒教的宗教性格 (例如：〈聖賢與
聖徒〉)。但必得坦承的，雖有上述兩位學術巨擘的挾持，個人所
得仍相當有限，固難以免除敝帚自珍之譏。

30　Max Weber, *The Methodology of the Social Sciences*, trans. and ed. Edward A. Shils and Henry A. Finch (Taipei: Rainbow-Bridge Book Co., 1971), p. 115.

31　Ibid., p. 116.

32　Talal Asad, *Genealogies of Religion* (Baltimore and London: Johns Hopkins University Press, 1993), p. 29.

33　Ludwig Wittgenstein, *Philosophical Investigations*, trans. G. E. M. Anscombe (New York: Macmillan Publishing Co., 1968), p. 32.

34　見 John Rawls, *A Theory of Justice* (Massachusetts, Cambridge: Harvard University Press, 1971), p. xi.

維根斯坦的「家族類似性」，精神上係與尼采相契。[35]尼采反覆闡釋：歷史過程的複雜性令抽離時空的定義難以捉摸，他明言：「惟有非歷史的概念（concepts），方得予以定義。」[36]而「宗教」一詞恰恰是歷史文化的產物。

必須點出的，在19世紀的西方，攸關 "religion" 一詞，觀念論者（idealists）業已玩盡了「字源學的把戲」（etymological tricks）；但在古老的中國，卻猶不能忘情於這齣戲法。[37]在中國，毋論支持或反對「儒教為宗教」的人，與其說尋找歷史真正的根源，毋寧說在浩瀚的經典裡各取所需，證成己說。

首先，正、反雙方均喜援引儒家經典為己用，以主觀性（美其稱則謂「創造性」）的解釋支持自身的立場。他們動輒訴諸訓詁，以闡字義。例如，陳煥章取《中庸》中的「修道之謂教」以證成「孔教」；[38]陳獨秀卻認為「教」者，意味「教訓」、「教化」，非謂「宗教」；[39]蔡元培（1868–1940）進而質疑「孔教」殊不成名詞，[40]雙方於字義各遂己意，針鋒相對；最終只供出了一個道理：闡釋字義並無法解決概念的衝突。

究其實，經典或字義的爭執僅是表象，真正的底蘊卻是雙方皆執「基督教」作為宗教的基型，以此裁度儒教。尤有進之，他們

---

35 Cf. Aydan Turanli, "Nietzsche and the Later Wittgenstein: An Offense to the Quest for Another World," *The Journal of Nietzsche Studies* 26 (2003): 55–63.

36 Friedrich Nietzsche, *On the Genealogy of Moral*, trans. Walter Kaufmann and R. J. Hollingdale (New York: Vintage Books, 1967), p. 80.

37 例如：唯物論者恩格斯對觀念論者費爾巴哈（Ludwig Feurbach, 1804–1872）的批評。參見：Frederick Engels, *Ludwig Feurbach and the End of Classical German Philosophy* (London, GBR: ElecBook, 1886), pp. 32–33.

38 陳煥章，《孔教論》，頁2–3，93。

39 陳獨秀，《獨秀文存》，頁69，645。

40 蔡元培著，孫常煒編，〈在信教自由會之演說〉，《蔡元培先生全集》（台北：台灣商務印書館，1977），頁724–725。蔡氏甚至說「宗教」亦不成一名詞。

深受致用觀念的影響，因此對基督教在西方歷史不同的評價，直
接左右了他們以儒教作為宗教的立場。以康有為(1858–1927)為
例，他認為歐美所以強盛，不徒在政治與物質方面，更根本的是
基督教的教化。[41] 相反地，梁啓超(1873–1929)、陳獨秀諸人卻認
為基督教在近代文明乃屬陳舊勢力，亟需加以革除。[42]

　　梁氏以《論語》中曾記載孔子曰：「未能事人，焉能事鬼？」、
「未知生，焉知死？」以及「子不語，怪力亂神」，遂定位孔子為
「哲學家、經世家、教育家」而非「宗教家」。[43] 而此一論點遂成此
後儒教非宗教的基調。他又説「西人常以孔子與梭格拉底並稱，
而不見釋迦、耶穌、摩訶末並稱，誠得其真」。[44] 梁氏等的看法，
適見證孔子意象的蛻化，正逐步邁向其師——康有為所極力撻伐
的「謬論」：

> 近人(遂)妄稱孔子為哲學、政治、教育家，妄言誕稱，皆緣是
> 起，遂令中國誕育大教主而失之。[45]

　　惟觀諸日後的發展，梁氏的説詞「孔教者，教育之教，非宗
教之教」，[46] 反而佔了絕對的優勢。

　　要言之，梁氏不意啟動了清末民初「儒教去宗教化」的按鈕，
從此「儒教非宗教之説」一發不可收拾，成為日後的主流論述；而

41　康有為著，湯志鈞編，〈孔教會序二〉，《康有為政論集》，下冊，頁735–
　　736。
42　梁啓超，〈保教非所以尊孔論〉，《飲冰室文集》，第2冊，頁53；陳獨
　　秀，〈駁康有為致總統總理書〉，《獨秀文存》，頁69–70。
43　梁啓超，同上，頁52。
44　同上，頁52。
45　康有為著，湯志鈞編，《康有為政論集》，上冊，頁282。
46　梁啓超，〈論佛教與群治的關係〉(1902)，《飲冰室文集》，第2冊，頁45。

今日絕大多數華人並不認同「儒教為宗教」，便是此一趨勢的結果。[47]必須點出的，儒教在近代中國與日本雖均遭除魅化，而變成今日所謂的「哲學」(philosophy)，但其過程和意涵則迥然有異，只能說是殊途同歸而已。

概言之，清末以降的智識界，之所以視「儒教非為宗教」，原因大致有三：其一，遵循「界義式的進路」(definitional approach)，取當時的基督教作為一切宗教的基型(archetype)，以衡量儒教的宗教屬性。[48]必須點出的，基督教在歷史上自有不同的樣態；[49]而清末民初中國對基督教的認識，主要是傳教士所引進的。該時各個基督教派毋寧以個人靈魂的救贖為主旨，而呈現私人宗教(private religion)的特徵。此一特徵與該時「追尋一己之福」的釋、道二教相契，卻與儒教在帝制中國所顯現公共宗教(public religion)的形態格格不入。這且說明了儒教的宗教性，在清末屢屢受到質疑，然而釋、道二教的宗教地位卻安然如故。

47　詳細的論證，請參閱拙作〈清末民初儒教的去宗教化〉，《古今論衡》，第22期(2011年6月)：33–60。

48　請參閱拙作〈作為宗教的儒教：一個比較宗教的初步探討〉，《亞洲研究》(香港，1997)，頁184–223。另收入黃進興，《聖賢與聖徒》(台北：允晨文化公司，2001)，頁49–87；又收入游子安編，《中國宗教信仰——中國文化中心講座系列》(香港：香港城市大學，2006)；以及陳明編，《儒教新論》(貴陽：貴州人民出版社，2010)，頁43–63。復收入日譯本：〈宗教としての儒教——比較宗教による初步的檢討——〉(日野康一郎)，收入奧崎裕司、石漢椿編，《宗教としての儒教》(東京：汲古書院，2011)，頁74–110。

49　基督教在歷史上有繁複的面貌。簡略的基督教發展史可參閱Jaroslav Pelican, "Christianity," in *The Encyclopedia of Religion,* ed. Mircea Eliade (New York: Simon & Schuster Macmillan, 1995), vol. 3, pp. 348–362.

其二，清末民初的知識分子，陷於「教義」的論辯，而忽略了帝制時期 (Imperial China) 儒教所曾發揮的宗教角色與功能。[50] 前述，梁啓超即擷取《論語》，反證儒家非為宗教。究其實，經典的詮釋與「教義」的真諦，大都為精英分子的興趣，普通的信眾則以「效益」與「靈驗」為依歸。揆諸事實，世上的芸芸眾生有多少人是研讀了宗教經典（例如：佛藏、道藏的文本）之後，才去參拜廟門的？答案恐甚少。這只要在古剎名寺門前，攔住信眾一問究竟，則知不無根據。

最終，則涉及價值判斷，蓋其時「宗教」一詞已淪為貶義，希冀儒教非為宗教，或予以改造為非宗教。[51]

有幸的是，由於偶然的機緣，個人在重建歷史上孔廟祭祀制度的過程中，逐漸發現儒教的宗教現象及其獨特的性質。業已隱微的儒教宗教特質，終得再次朗現。

反諷的是，毋需繁複的論證，最便捷的方式，竟是直接尋繹傳統社會對儒教信仰的認知。例如：明人馮夢龍 (1574–1646) 的《古今小說》對儒教忝列「三教」之一，便輯有一段極生動的記載：

> 從來混沌初判，便立下了三教：太上老君立了道教、釋迦祖師立了佛教、孔夫子立了儒教。儒教中出聖賢，佛教中出佛菩薩，道教中出神仙。那三教中，儒教忒平常，佛教忒清苦，只有道教學成長生不死，變化無端，最為灑落。[52]

50　請參閱拙作〈解開孔廟祭典的符碼——兼論其宗教性〉，收入田浩編，《文化與歷史的追索——余英時教授八秩壽慶論文集》（台北：聯經出版事業公司，2009），頁535–558。日譯本：〈伝統中国における孔子廟の祭典とその宗教性〉（林雅清），收入《東アジアの儀礼と宗教》（東京：雄松堂，2008），頁139–165。

51　請參閱拙作〈清末民初儒教的去宗教化〉，頁33–60。

52　馮夢龍輯，〈張道陵七試趙昇〉，《古今小說》（收入《古本小説叢刊》〔北京：中華書局，1990〕），卷十三，頁553。

上段引文一望即知，作者於道教別有偏愛；但無意中道出三教雖有不同，但儒教的成德者 ——「聖賢」，與釋教的「佛菩薩」、道教的「神仙」卻均為信仰的典範 (exemplars)。這些聖者咸得從祀立教者，其中尤以儒教的孔廟法度最為森然，其位階素為中華帝國所一體奉行。[53]

民初陳煥章說得肯綮：「凡宗教必有教堂。」[54]惟他又汲汲辯道：「不能謂佛寺、道院、清真寺、福音堂等始可謂之教堂，而夫子之廟堂，獨不可謂之教堂。」[55]他歸結：「孔教之教堂，則學校是矣，或曰文廟、或曰聖廟、或曰學宮。」[56]陳氏之有是言，著眼正是傳統的「廟學制」，孔廟與學校連結一體，有學必有廟。而「孔廟」正是儒教的教堂，儒教的聖地。[57]

其實不勞陳氏多費口舌，傳統的士人對此自有定論。舉其例：明弘治二年 (1489) 所撰的〈重建清真寺記〉便明確表達此一觀點。它如是記載：

---

53 請參見拙作〈學術與信仰：論孔廟從祀制與儒家道統意識〉，《優入聖域：權力、信仰與正當性》，頁 217–311。

54 陳煥章，《孔教論》，頁 27。

55 同上，頁 27。

56 同上，頁 27。

57 關於孔廟與學校環環相扣的歷史演進，請參閱拙作，〈權力與信仰：孔廟祭祀制度的形成〉，《優入聖域：權力、信仰與正當性》，頁 201–203。陳煥章以「孔林」為儒教的「聖地」，其實「孔廟」亦是「聖地」，特為點出。民初一位中國通莊士敦 (Reginald F. Johnston, 1874–1938) 雖認為儒學非宗教，但見到國家祭孔典禮時，卻很難不將這看作與基督教相對應的異教的儀式和教堂。Reginald F. Johnston, *Confucianism and Modern China* (New York: D. Appleton-Century Company, 1935), p. 77. 又中譯：莊士敦著，潘崇和崔萌譯，《儒學與近代中國》(天津：天津人民出版社，2010)，頁 60。

(愚)惟三教,各有殿守,尊崇其主。在儒則有「大成殿」,尊崇孔子。在釋則有「聖容殿」,尊崇牟尼。在道則有「玉皇殿」,尊崇三清。在清真,則有「一賜樂業殿」,尊崇皇天。[58]

惟需注意的,此處言及的「清真寺」並非伊斯蘭教(Islam)的聚會所,乃意指猶太會堂(synagogue)。[59]觀此,雖然四教屬性有別,但儒教的孔廟同其他宗教的聖域(holy ground)竟毫無軒輊。

不但如此,儒教甚至可與基督教及回教並駕齊驅。以元憲宗(蒙哥汗)與道士的對話為例,他說:

今先生言道門最高,秀才人言儒門第一,迭屑人奉彌失訶,言得生天,達失蠻叫空,謝天賜與,細思根本皆難與佛齊。[60]

以上引言牽連甚廣,有細繹之必要。首先,「先生」即道士的尊稱,「秀才」望文即知為儒生。「迭屑」與「彌失訶」均為外語音譯,意指基督徒與耶穌。「達失蠻」乃元代對伊斯蘭教教士的通稱。[61]此二引言顯然旨在宣示憲宗以釋教為依歸。但從我們關注的脈絡,卻看出儒教可與其他宗教並排齊觀的事實。這種認知下抵清代末葉猶未曾改變,有位自號「浮邱士」的讀書人便言:

三代而上其教一,周秦以降其教三,暨乎今也其教五。所謂其教一,儒教是已。所謂其教三,儒教而外,贅以道教、釋教是已。所謂其教五,三教而外,贅以天主教、回回教是已。[62]

58　徐珂,〈宗教類〉,《清稗類鈔》(台北:台灣商務印書館,1966),頁40。

59　楊永昌,《漫談清真寺》(銀川:寧夏人民出版社,1981),頁1–3。

60　祥邁,《辨偽錄》,收入《大正新修大藏經》(台北:新文豐出版公司,1983),冊五二,卷三,頁770。

61　參見《中國歷史大辭典》(上海:上海辭書出版社,1986),《遼夏金元史卷》,〈迭屑〉條與〈答失蠻〉條。

62　湯鵬,〈原教上〉,《浮邱子》(長沙:岳麓書社,1987),頁337。

　　顯見在帝制中國，儒教係與他教尚屬同一範疇，直迄晚清此一態勢方始不保。

　　職是之故，一旦我們稍加瀏覽歷代殘存的孔廟碑文、地方志，以及大量私人文集中所錄的「學記」、「廟學記」、「祭孔文」，甚或地方官循例所撰的「告先聖文」、「告先師文」等等文類，則信仰者或祭祀者心目中的「儒教」的宗教意象，立即躍然紙上。這些為數眾多的文本，在在曉示儒教的宗教性質乃屬於集體訴求的官方公共宗教 (public religion)，[63] 換言之，也就是一般通稱的「國家宗教」(state religion)，而非今人較為熟稔的「私人宗教」(private religion)。故清末民初中國的智識分子難以領略個中癥結。

　　統而言之，個人因取神聖空間的進路，得以一窺儒教以孔廟為中心所進行的宗教運作，恰恰與西方宗教史近年的研究取向可以遙相呼應。如同美國宗教學家史密斯 (Jonathan Z. Smith, 1938–2017) 的核心觀點：「宗教」一詞既非本土原有的範疇，亦非自我的描述之詞；它乃是學者為了己身智識目的所創發的概念。基本上，它是人類學而非神學的範疇。[64] 這個論點允為肯綮之言，而深獲我心之同然。

　　其實，明代的三一教主林兆恩 (1517–1598) 對此早亦有類此深刻的認識。他以傳統語言表述得甚為得當，他論道：

63　José Casanova, "Public Religion Revisited," in *Religion: Beyond a Concept*, ed. Hent de Vries (New York: Fordham University Press, 2008), pp. 101–119. 傳統的公共宗教與晚近的公共宗教有所不同，後者著眼介於「國家」與「個人」之間的社會空間。1980 年代，西方興起的公共宗教則請參閱：José Casanova, *Public Religions in the Modern World* (Chicago and London: University of Chicago Press, 1994).

64　Jonathan Z. Smith, "Religion, Religions, Religious," in *Critical Terms for Religious Studies,* ed. Mark C. Taylor (Chicago and London: University of Chicago Press, 1998), pp. 269–282.

唐虞三代，教出於一，而秦漢以來，則始有三教之名，而道術
於是乎裂矣。[65]

正因為儒、釋、道悉為異質信仰體系，而非僅是同質教派之
爭，便使彼此的差異尖銳化、系統化。為此，林兆恩再次提供了
極佳的證詞，他說道：

孔子之教，未嘗曰我儒也，而學孔子者，乃始命之曰「儒」。黃
帝、老子之教，未嘗曰我道也，而學黃帝、老子者，乃始命之
曰「道」。釋迦之教，未嘗曰我釋也，而學釋迦者，乃始命之曰
「釋」。[66]

有趣的是，明太祖認為古人以老子附會仙佛，深不得體；故
質疑老子為道教之祖。反之，對孔子為儒教之宗卻深信不疑。[67]
他申言道：

若果必欲稱三教者，儒以仲尼，佛以釋迦，仙以赤松子輩，則
可以為教之名，稱無瑕疵。[68]

可見儒教深烙人心，早積澱成事實。是故，中文「宗教」一詞
雖屬晚近外來語，但其概念與具體指稱說是「自古有之，且與時
俱遷」(ever-evolving) 並不為過。為此中國為比較宗教史保存了極

65 林兆恩，《林子全集》，收入《四庫全書存目叢書》(台南：莊嚴文化事業
    有限公司，1995)，卷十，頁1上。
66 同上，《林子全集》，卷六，頁1下。
67 明太祖撰，〈三教論〉，收入姚士觀、沈鈇編校，《明太祖文集》，《景印
    文淵閣四庫全書》，第1223冊 (台北：台灣商務印書館，1983–1986)，
    卷十，頁17上–17下。
68 同上，〈三教論〉，卷十，頁18下。

豐富的歷史材料。所不同的是，儒、釋、道三教之間的辨識與對
比化，乃緣於東漢佛教傳入中土所引起的調適與衝擊。而清末則
是受作為宗教原型新銳的基督教所激盪而成。為了適應西方強勢
宗教文化的衝擊，非西方人士動輒以西式宗教為基型，來省視固
有的宗教，其結果往往是方枘鑿圓，格格不入。類似窘狀同樣發
生在清末民初攸關儒教的爭辯之中。職是之故，以某一特定宗教
為基準所建立的實質宗教定義，即難一體適用於其他宗教。正因
為如此，未加省思即挪用時下界義所進行的宗教史研究，恐需多
予斟酌。例如：有學者若農布里即建議：當我們在研究古代時，
最好把"religion"一詞作為二階 (second-order) 的概念去使用。[69] 凡
此均是經過深刻反思的結果。

69　Brent Nongbri, *Before Religion: A History of a Modern Concept*, p. 158.「宗教」
　　一詞為「二階」的概念，實史密斯教授首先提出的。見前引文，頁281。

從現代學術返觀古典政教
——黃進興院士訪談[*]

陸胤採訪

陸胤：您這次以正式身分訪問北京大學，幾天下來跟師生接觸，大體印象如何？或者說，這個現實的、有形的北大，跟您心中那個無形的北大之間，有哪些不一樣的地方？

黃進興：我畢業於台灣大學，台大在台灣素被認為是承繼和發揚北大精神的，所以對一個出身台灣大學的人，對北大學風不會太陌生。二者都是標榜自由、獨立、多元的研究精神，在教育上也是奉行這樣的態度。所以北大跟台大的學生一般會感覺特別的親切。後來，當我在美國讀完書以後回到中研院（中央研究院）服務，這也是我這輩子唯一的一個職業，第一個也是最後一個職業。北大跟台大，跟中研院，都有幾位人物重疊。比如說胡適，當過北大校長和中研院院長；還有傅斯年，當過北大、台大校長，也當過史語所創所的所長；蔡元培既當過北大校長，也是中央研究院院長。所以我這次來就特別去瞻仰了一下蔡元培老院長

---

[*]　本文刪節版初刊於《文匯學人》，2016年11月11日。訪談於2016年9月17日在北京大學中關新園進行。訪談人陸胤時為北京大學高等人文研究院副研究員。

的銅像，在未名湖旁邊，我就感覺特別的親切。我以前接任史語所所長，特別到台大的傅斯年墓前鞠了躬。我覺得能夠擔當這麼重要的學術單位的負責人，是一個很大的光榮。

我對北大，從外面也可以了解，這是大陸的首善學府。我在國外也接觸一些北大朋友、老師還有學生，當然都是全國首屈一指的，從這麼多億人口中選上來，當然都是極優秀。以我幾次在北大講演的經歷，我覺得他們的問題非常有深度，也覺得他們非常好古，對新知也非常嚮往。

當然，台灣也經歷過不同的階段，我們早年讀書，覺得台大風氣各方面都受到北大影響。事實上，傅斯年先生只當了一年多的台大校長，距離現在快七十年了，但是你讓學生或者老師講起台大的校長是誰，永遠是傅斯年。史語所也是一樣，他是創所人，當然是最關鍵的一個人。史語所後面當然也有很多所長，但是你跟史語所的工作同仁聊一下，他們心目中永遠是傅斯年所長。所以我就很想寫一篇文章，叫作「永遠的校長，永遠的所長」。傅斯年在史語所作所長，是1928至1950年，時間很長，他受到懷念是應該的，他奠立了基礎和學術傳統。但是對我來講，特別感念他的，是他在台大雖然只作過一年多的校長，但在台大立下的規模跟風氣，到今天都不可磨滅，所以在台大有傅園、傅鐘。我不知道傅鐘跟北大有什麼關係，好像老北大原來也有個鐘。

兩岸就北大、台大來講，我覺得在文化學術氛圍上非常類似，這個是我對北大的大概感覺。我想待愈久，這個感覺會愈深厚，對北大也會愈珍惜。

陸胤：談到大學問題，您早年寫的小品《哈佛瑣記》，在大陸非常流行，成了許多有志留學者的指南書，裡面描畫1970年代哈佛的學術氛圍和大師丰采，令人神往。您在該書結尾引了威廉・

詹姆士的名演講〈真正的哈佛〉，強調哈佛的長處在於涵養「自主而孤獨的思想者」。能否談談您對詹姆士所說「自主而孤獨的思想者」的理解？當前學術體制有沒有可能容忍這樣的「思想者」？

黃進興：我覺得你講得很對。前二十年，大陸已經有很多留學生到美國、歐洲去讀書，這中間常常有一些成學的大陸學人，不管是理工的，還是文科的，路過台灣來找我。其實有些學科離我很遠，例如哈佛大學現在擔任文理學院院長的是位華裔的統計學學者，他就特別跟中研院院長說想來拜訪我，我們院長覺得很奇怪。他在美國表現非常優秀，而且很年輕，能夠當到哈佛文理學院的院長，不是一件簡單的事情。他利用中午開會休息的時間跑來看我，我也很驚訝，但是母校文理學院的院長要來看我，我也很高興，所以我特別在中午跟他碰面半小時。我跟他說，對不起，你為什麼一定要來看我？他就說在以前看了《哈佛瑣記》，現在到台灣來，就想看看這個人是什麼樣子。當然他見了肯定很失望，不好講是一個糟老頭。

我慢慢地從周遭的消息知道《哈佛瑣記》在大陸的情況，曾經是北京的暢銷書。

對《哈佛瑣記》也有一些人作比較詳細的研究。例如新版是中華書局出版的嘛，中華書局一個編輯的兒子，他知道裡面有一個地方，我心裡想的是一個作家，但我下筆的時候，寫成另一個人了。所以他寫信來問我，你是不是要談這個作家？我打開一看，發現自己果然寫錯了。可見他讀得非常細，還有人寫「哈佛瑣記糾謬」，哪裡的石頭擺錯了，是在左邊不是右邊。這也是好玩呐。

現在很多了不起的學者都凋零了，要說再找出像那個時代在每一個領域都有的大師，不容易了。現在大家學問愈做愈細、愈專精，學問的規模很難能如此開闊。有時候就像王汎森講的，偉大的學者或天才，在一個時代成群而來，在下一個時代就比較凋零，再過一些時候又像一群彗星一下出現。當然我是非常幸運，

在1970年代末80年代初，在哈佛讀書的時候名師輩出，那真是我們中國人說「名教自有樂地」，那時候精神非常高昂，也非常喜悅，是一個最有收穫的階段。

後來我回過哈佛幾趟，停留的時間也不久，沒有辦法像以前那樣有比較貼切的感受。但是從人文社會科學的感覺來說，那種大師的時代好像過去了。從發表等方面，當然還是有很不錯的作品，但是要說有很大的影響，好像這二三十年就沒有看到讓人眼睛一亮的作品。所以從這一點來講，比較難像以前那樣。包括我了解較多的漢學這個領域，以前當然有史華慈、余英時、楊聯陞等很多了不起的學者；現在則都是一些專家，他們在各自領域也是有很好的表現。但是談起為學的規模和人格的風範，就很難看到大家。像史華慈當年是我們共同的話題，他的一舉一止，都是學生的趣談。現在倒很少。即使再碰到哈佛的同事或者學生，你問起來，他們就說，誰做清代史，誰做宋代史，除此之外，就談不出其他東西來。這跟我們那時代的感覺很不一樣，那個時候學生甚至會穿個T恤，有史華慈印在上面，近幾十年中國學方面的學者，你去問問，我想沒有老師會被人當成T恤的logo。

這些東西也牽扯到一個人的精神氣質和人格，所以我們在讀書的時候對這些大師的逸聞趣事，都是津津樂道。我三十年後再接觸哈佛的學者，經過台灣或者是到海外開會碰到的，已經沒有聽到這些事情了，顯然有很大的落差。

陸胤：從台大到哈佛，您曾師承杜維運、許倬雲、余英時、史華慈等名家，遇到了他們創造力最豐盛的時代。談到史華慈，我想他的專業、知識背景可能也並不局限於中國學。史華慈教授的《尋求富強：嚴復與西方》一書，三十年前譯介到大陸，曾引起轟動。您書中稱他為「但是先生」，能否談一下當年師生交往的細節，以及您是如何在他引導下走上思想史研究的道路？

黃進興：是，你講得很對。比較精確來講，他應該是一個比較思想史的大家了，專從中國學這個方面講，不能涵蓋他所有的領域。他本來就是作法國思想史的，有這些西方思想的背景，才來研究中國。他是我的恩師，對我有很多的栽培和影響，到現在我還非常感念他，沒有他的話，我並沒有辦法從哈佛畢業。那中間當然有很多私人的事情，比如我們拿到博士資格之前，必須要考一個第三語文。像我們中文（是母語）不算，英文之外，日文是必修的，因為從西方漢學看來，日文是除了中文以外必要的語文。再來就是你必須要在西方或者其他語文再選一個（第三語文），比如德文、法文，等等。我在語言上很不敏，德文在台大學了兩年，在美國也間間斷斷學了兩年，怎麼考都考不過。有時候竟連考卷都看不懂，18、19世紀的花體字，根本讀不懂，所以壓力很大。我記得大概考三次都沒過，有點洩氣，坦白地說，當時自己也有思想準備，留學主要是對西方知識有興趣，至於學位，當然能拿到是最好，但是沒拿到，也不覺得是那麼大的打擊。有一天我去找史華慈教授，告訴他德文考不過，所以我沒辦法去考博士候選人的考試，是不是可以放棄學位。我記得那時候我還有兩三年的獎學金，我想就利用這兩三年，集中精神來學西方的學問，然後回台灣去。他就跟我講，當然是勉勵的話，他說：「進興，你覺得你們古代的進士容易不容易考？」我說當然非常難，那都是千中選一、萬中選一，從秀才舉人一直到京城考到進士。他說：「我覺得你在傳統中國一定可以考上進士。我們哈佛博士課程，八個裡就可以有一個拿到博士，所以我覺得你一定可以拿到博士。」

　　他除了勉勵的話之外，必須要有一個動作。我德文還是考不過啊，他就私下打個電話給考我德文的教授。他說，這個學生事實上很不錯的，可能在德文方面造詣不夠，但這不是他將來在學問上發展的一個必要條件。史華慈當然是大牌教授，說的話很有

權威。結果就鬧了一個笑話：德文是半年考一次，等到下一次考的時候，因為得到了自己老師的鼓勵，覺得一定要再加把勁，我就沒有去考。但有另外一個台灣來的人參加考試。後來我碰到那個德文老師，他問我：「過了吧？」我說老師我沒去考。「那過的那個人是誰？」我說我不知道。原來是另外那個人過了。後來我又考了一次，修習德文閱讀密集班，才勉勉強強給我過了。這裡可以看出，第一，西方指導教授的權威很大；第二，西方的學制又很有彈性。例如，多年後，美國的同學告訴我，由於史華慈教授破例讓我先考博士候選人考試，方通過語文考試，竟成先例，以後的研究生得以照例援用。

　　我在哈佛，因為喜歡亂讀書、亂修課，事實上中國史的課極少，就是按最低的要求來；我大部分的課都是在哲學系，或者人類學系、社會學系、心理系，也修了西方的思想史。所以，我的成績自然是不好，有一個中國史的課還修了不及格。那個老師對我印象很差，當然中間還有一些人際問題。有時候自以為是中國文化孕育出來的，對西方人的解釋不滿意，那時候年輕也不懂事，就去給老師指正。那種情況，要看老師的胸襟，其實我沒有什麼惡意。我就說在台灣來講，老師所講有關家族的事情，我們的看法不是這樣的。可能我的英文不夠好，表達上觸怒了老師，所以老師對我印象很差。有一次在系務會議上，他說這個學生不行，我們不能再留他了。後來另一位先生跟我講，你老師對你真好，史華慈幫你辯護，說「我覺得他非常好」。所以就這一點，我永遠感激史華慈教授。

　　我們那時當然常常在一起，因為他對西方學問很熟，我的底子本來是西學，所以兩個人會談得特別投契。一次他到外面的學校去演講，也幫我吹捧了一番，那個學校的教授還寫了一封信給我，說史華慈稱你是很少見的中國人對西方文化掌握得還不錯的。

陸胤：好像哈佛的，或者說美國大學的指導教授制度跟中國大陸有很大不同。

黃進興：我不知道現在大陸的情況。美國是這樣，他只要不欣賞你，那你就慘透了。我有些朋友到最後沒有讀完，或者轉學，都是跟指導教授處不好。我不知道大陸這一方面如何。

陸胤：大陸這邊？我自己的經歷，人文學科還是有點像過去那種師父帶徒弟，很多指導老師跟學生關係是非常近的。

黃進興：就是比較會繼承老師的看法。有一點像他們說的，師父像父親一樣。

陸胤：有點這種感覺，老師一輩跟我們年紀差得比較大，基本上是我們父母的同齡人，他們經過了文革時代，出來得比較晚。

黃進興：你談到這一點，我真的從心裡由衷佩服和我同一輩的大陸學者，像葛兆光、鄧小南，還有陳來、羅志田，他們都跟我講他們在文革裡面的遭遇，下鄉啊、勞動啊。我是跟葛兆光、鄧小南同年紀的。比起那時候台灣的環境——當然那時候台灣經濟條件也不是太好，才剛剛起飛，大家都相當困惑——他們那個十年的遭遇，是我們所不敢想像的。所以我昨天還在跟鄧（小南）老師講，像我這樣台灣培養出來的學者，真的是溫室裡的花朵，我們沒有受過真的苦難，都是溫情的小資。所以人生的體驗恐怕就沒有那麼多的波折，像我這個書呆子整天只想著追求西方的真理，思慮很單純。所以我自己也坦承，我追求學問，對文化的熱情跟執著，不像我的老師輩，包括余英時先生這輩人。不知道是不是受到存在主義的影響，我對學問都是一種比較出於美感的經驗，比較為知識而知識。這一點我也覺得很奇怪，好像就是對知識有唯美的感覺，常常在讀西文或者中文了不起的著作時，我就

是佩服他的行文，他的布局，他的運勢。我們的創所所長傅斯
年，是一個愛國主義者。我自己檢討，為什麼不能成為傅斯年這
樣的「大家」，就是因為我少了這種關懷的層面。我自己感覺到
的，是比較接近西方近代學人的心態，為了學問而學問；我明顯
地感覺出來，我跟我的老師余英時這些人有很大的不同。我想大
陸學者，他們的基本關懷，要比較入世，有現實性，而且深入。
因為台灣在這半世紀以來，不管怎麼講，相對是穩定得多，當然
我們也有生存的壓力，但是沒有那種急迫感。我想這種大環境，
和我個人對於思想、文學的接觸，大概都有一些關係吧。

　　陸胤：您在哈佛的導師是史華慈教授，但您也曾提到，博士
論文卻是余先生給的題目，後來改為 *Philosophy, Philology, and Politics
in Eighteenth-Century China* 一書。[1] 該書的研究對象李紱，管見所及，
在您之前，似乎只有錢賓四先生在《中國近三百年學術史》中列專
章討論過。我這兩年也在開清代思想史課程，粗略涉獵之下，感
覺清初理學是特別薄弱的環節。能否談一下您當時選題的動機，
錢先生、余先生的「清學史」研究，對您有什麼具體的影響？

　　黃進興：對，那個題目是他給我的。首先，我在哈佛，到
1980年，還在想作西洋思想史，而且也找了一個英國近代思想史
的題目。有一天我把這個題目拿去跟史華慈教授談，他跟我說：
「進興，我告訴你，你有比較特別的西方學術背景，但你應該轉
頭去作中國文化的研究。」

　　當時我聽了這話，感覺非常洩氣，我當時解讀史華慈老師的
意思，大概是說即使你作得再好，在西方並不缺乏這樣的學者。

1　　中譯版為：郝素玲、楊慧娟譯，《18世紀中國的哲學、考證和政治：李
　　紱與清代陸王學派》(南京：江蘇教育出版社，2010)。

我那時候興匆匆地，想要在西方學問上跟人家一爭長短。老師這樣講以後，我回去有點悶悶不樂，老師好像覺得我西方的學問還不夠。後來我記得是當天晚上，還是隔天晚上，我打了電話去耶魯大學給余英時老師──我能夠到哈佛大學，是余先生所錄取的。那時候已經對余先生的學問相當嚮往，但沒想到我一去哈佛，他就馬上離開。我跟余先生說：今天跟史華慈老師有一個談話，談了以後，心裡有點悶，但是我也想聽聽余先生您的看法。他就跟我說，史華慈老師跟你講的話是對的，因為你有比較特別的背景，再作中國文化的研究，比較容易看出來別人看不到的地方。有了余老師的這個鼓舞，我就覺得心裡釋然一點。所以再隔了一兩天後，又回去找史華慈，說：老師你這樣講的話，我就回來作中國研究吧。他馬上想到，我上過楊聯陞先生的課，但楊先生當時的情況不是太好，他那時候上課，我只見過他一次，後來就沒來了。當時我的舊學方面，在台灣打了一點基礎，但沒有真正走上正確的軌道。史華慈就說：「你要作這一方面，就得在中國的舊有學問上打點底子。」我說：「好。」他說：「那我幫你介紹，我打個電話給余英時教授，你覺得這樣好不好？」我說：「好，非常好。」史華慈老師原不知道，在我來哈佛之前一年就認識余先生。

　　其實我上哈佛，是好幾次才申請到的，因此余先生留有印象。有一次他到台灣去演講，經過香港，他就跟人家說想要見一個年輕人叫黃某某。但是這個話沒有傳到我這裡來，倒是被別人聽到。我到美國，就有同學問我說，你在台灣有沒有碰到余英時教授？我說沒有。那人就說余先生想找你談談。我當時是在匹茲堡大學，打了一個電話給余先生。他說你方便就過來吧，所以我過去跟他聊了聊，聊了將近四個小時，他就跟我說：明年你可以轉到哈佛！

　　我想我現在應該去問余先生這個問題，他為什麼會錄取我？我覺得很奇怪。以我來講的話，不會錄取這樣的人，因為我當時在中國學問方面毫無表現，都是作歷史主義這種洋東西。他為什麼會錄取我？幾十年來，我常常想問老師這個問題，又不敢。有機緣的話想問他，解答我心中的謎團。

　　所以那之後，大約每三個月，我就坐火車到紐黑文耶魯大學所在地，常常就睡在余老師家，師母是很愛護我的，做了消夜。我常常是差不多下午四五點到達，當時耶魯還有一個我的朋友，叫康樂，同時去他家，然後談到第二天的三四點再睡覺。你看師母多辛苦，要做晚餐給我們吃，要做消夜。然後，我們早上睡到十一二點，師母還要做個午餐，我們再打道回府。所以，那時候我在中國學問上最大的啓迪跟培養，毫無疑問就是余英時教授，而且在耶魯那一段，他也是達到創造力的巔峰，所以他常常把剛寫出來的東西給我們先睹為快。當然我是似懂非懂，就從各種角度質問他。這一攻一防，是最快樂的日子。我最能夠領略余先生學問的強項。這種狀態持續三年以上，我覺得比在課堂上課要好太多了，因為我知道他整個運思的過程，他怎麼解決問題。

　　後來有一陣子，嚴耕望先生也在那裡，也有幸有那麼兩次，他們兩個在論學，我在旁邊聽，對我刺激也很大。才知道老一輩的學者是這樣討論的。嚴耕望跟余英時，說白了就是錢穆兩個最重要的學生，他們師兄弟在那裡論學，我在旁邊聽，也是收穫不小。

　　那是1980年以後。1980年我考過博士候選人，本來考過就要開始進行博士論文，要找題目寫，所以我才會去找史華慈教授。

　　李紱那個題目就是余先生給我的。他立意要「整」我，為什麼要「整」我？因為如果他給我一個時髦題目，我一定會去看二手著作。而李紱呢，就像你所問的，只有錢穆的《中國近三百年學術史》有一章，梁啓超的《中國近三百年學術史》也提到，但他是輕輕帶過，寫得很簡單。余先生訓練我的目的，就是讓我無所依

傍，除了從原文下手，除了從經典下手，沒有辦法去借別人的解釋。於是，我勢必要一頁一頁、一卷一卷把李紱的全集全部讀完。我看到圖書館裡，這麼多李紱的初稿還有續稿，我只好規規矩矩地去念。我寫得很快，事實上寫這篇博士論文，從我知道李紱這個人到交卷，才一年九個月，為什麼會這麼快？我自己後來回想，因為我有一個非常博學的老師得以依靠。我每寫一章，就給余先生看，余先生就說對，你在正確的軌道上面走。要是碰不到這樣的老師的話，根本往哪裡走都不知道。所以表面上我寫的速度很快，事實上是因為我有一個非常好的老師在旁邊，扶著我走路。有次史華慈老師跟我講，說你在寫偵探小說嗎？我問，為什麼？他說你要寫李紱，前三章李紱還沒出現，我就一直寫一直寫。雖有余英時教授的實質指導，但我每一章也給史華慈看，史華慈當然沒辦法對李紱作具體的評論，但他都站在一個批判的觀點。所以這兩位老師，一位是實質指導，一位是批判，不啻左右挾持，獲益加倍。最後交卷的時候，我的老師史華慈跟我講了一句話，說我覺得你這個論文寫得還不錯。

當我要離開美國，臨走的時候，史華慈老師跟我講：「我知道，你讀了西方很多好的作品，包括其他領域的學問，我怎麼覺得你在博士論文上面沒有用到呢？你這論文純粹是中國是中國，西方是西方。但是我希望，希望有一天，能夠把中西學問融會貫通，這個才是發揮你的強項。」當然，這麼多年來，我老師也過世了，我想他會有一點失望，他沒有看到我把中西學問融會貫通一處。我深深記得他在臨行的時候，給我這個最後的告誡。

陸胤：那您回到台灣以後，就直接進入中研院？

黃進興：我是挺幸運的，回到史語所，在史語所倘要做大學問是非常有利的。第一，那裡的干擾很少。雖然我們這些回去的人，作的學問都很「奇怪」，但我們前輩非常包容我們。他們心裡

可能在想：「這些人在搞什麼？」但他們不會來壓抑你，所以我們有足夠寬廣的空間去發展自己的學問。我常常鼓勵年輕人，要有雄心大志的話，就到史語所來吧。現在沒有那種所謂的「史語所學派」，當年傅斯年比較「凶」，對學問有一定的看法，但是現在史語所不成為一個獨立的學派，它更像是好漢的「梁山泊」，不管是從法國回來，美國回來，英國回來，德國回來，日本回來，還是本土培養，都聚集到一起。所以非常有利於形成多元的研究狀態。不同研究所的領導者當然有不同的想法，有些領導者就希望可以建立一個「南港學派」。但是在我看來，「南港學派」就是一個百花齊放、多元發展的狀態。這才是南港真正的精神，已經跟傳統上史語所那種標誌非常鮮明的學派不一樣了。

陸胤：中研院也有很多研究所，史語所之後是……
黃進興：民族所，然後近史所、語言所，等等。

陸胤：文哲所是比較晚出現。
黃進興：我們受益於這樣多學科的研究團隊，比如有時候，有拉丁文不懂，就打電話問這些所的同仁，諸如請教李奭學兄。有次我打電話去民族所找黃應貴——他們以前的所長，我說我最近在作一個題目，想用一點人類學的東西，你覺得怎麼樣？還是你再介紹幾本更深入的書給我看一看？所以，這個大環境是非常友善和有利的，要能夠善用中研院這個環境，實際上對自己學問的發展，絕對是正面的。

陸胤：接下來您就進入孔廟的研究了，您在台北孔廟「約會」的故事，已經成為學術界流傳的佳話。然而，除了個人際遇的偶然因素，您從圍繞「觀念」的傳統思想史研究，轉入注重制度儀式

和祀典空間，甚至帶有「人類學面向」的孔廟研究，是否也有一條「內在理路」可循？這方面轉變的契機為何？

黃進興：對，那是一個意外。所以我對方法論不太迷信，我找到孔廟（的題目），完全是一個偶然。後來我慢慢自己作，但剛開始的時候，坦白講，中文系跟歷史系老先生都不支持。包括到大陸來，碰到一些名學者，他們就說你研究的這個是「臭老九」，是「封建迷信」，你一個年輕學者，不要把時間浪費在上面。所以兩岸學者都不是太鼓勵。

直到後來碰到一個人，對我比較鼓勵，就是張光直先生。我跟他講，自己學問遇到了一個瓶頸，再上去要花很大的力量，所以我想作孔廟。

我還記得那是一個晚上，那時候他當中研院的副院長，我們兩個在一起笑談人生。他說：「聽你這樣講，我直覺地感到，你看到了一條大魚，你要補網把牠撈起來，這是一個非常重要的議題。」當時我自己只是有興趣而已，不知道這個題目可以解決多少問題。當然現在不同了，像我在下個禮拜要去清華大學講演，說反思儒教研究，其實是反思我自己。我當然就會講得冠冕堂皇，套上理論，很學術，事實上不是那回事，那是事後重建的邏輯。在當時，我的這個發現過程，其實有很多非理性的因素，我就是對它有興趣，我也說不出來，你問我為什麼要研究這個？憑良心坦白講，我真的不知道，但冥冥中孔廟這個議題就是你來研究吧，好像孔子一直在叫：研究這個。也不要講得太神秘，就是一直吸引我，我要一探究竟，所以我就一直作下去。

後來當然有一些初步的結論慢慢出來。有一個洋教授問我：「進興我問你一個問題，是孔廟本身就非常重要，還是因為你研究它才變成很重要？」他問我這個問題，我也呆了，我說它應該本身就是很重要吧，只是沒有人去注意這個問題。後來我才發

現，今天來看，我作的只是很基礎的工作。很多年輕人都作得比我有深度，寬廣得多。孔廟的研究，現在當然還談不上是顯學，但絕對是方興未艾。很多人把稿子、消息寄給我評審，我大概看得到全世界孔廟研究的動態，包括法國、日本、美國、中國大陸這邊。所以我常常會審很多有關孔廟的議題，這批資料讓我了解傳統中國的很多政治、文化、學術，還包括經濟的內容。孔府檔案裡面有很多地方，把當時吃了哪些食物，花了哪些錢，明清以來孔廟跟政治和社會的關係，都記載了下來。孔家一直是明代以來讓地方官員很頭痛的一個家族，很難管。有時候孔家又要作點「生意」，常常要求到朝廷去覲謁。他們當然要帶一些地方土產，皇帝就要有所回報：假設我們用金錢來換算，你帶來了價值一千兩白銀的財物，皇帝不能説我給你五百兩，皇帝是回你五千兩。所以孔家常常要來看皇帝，皇帝就説，可以免了，以後再來；因為來的話，皇帝總是要表示，我高高在上的皇帝，出手不能很小氣的。像這樣，你可以看到很多趣聞。但學問上，一般我們研究儒家哲學、儒家思想，不太看到這些事實，這些事實跟我們今天坊間所寫的中國哲學史、思想史是有落差的，就是有不協調的地方，也不能説完全不一樣。

這些政治因素背後，也是儒生在運作。我最近審了一篇文章，覺得很好，講地方上的一個讀書人怎麼祀孔廟。作者抓到要訣，講一個人的從祀，地方上要動用多大力量。比如説水利建設，就要突出這個人的貢獻，還有地方治理，還有書籍的整理、年譜的編定，從地方官到朝廷京官的關係怎麼運作。寫得好極了！他用了很多地方志，大家看不見的資料，把歷史的真實感跟具體感作出來。所以我就極力推薦。我當初所作的只是一個中心觀點、一個骨架而已，現在一些人就把這個肉填上去了。從祀孔廟的有一百多個人，還有那些罷廢下來的人不算，還有一些人中

間被提議而沒有進入。你看清代有很多人被提，但是後來沒能進入，這是很可貴的材料。為什麼進不了？地方為什麼提這些人？好幾個人，我覺得道理上應該進去，但還是沒能進去，就飲恨終生了。又如在清代的時候，荀子已經越來越重要，讓荀子進入孔廟的呼聲已經很高了，但最終還是沒辦法，沒能進去。所以我自己寫了一篇〈孔廟的缺席者：荀子從祀考〉。我有一次無聊打電話給余先生，問：「老師你覺得荀子怎麼樣？」他說荀子當然非常了不起，漢代荀子還比孟子重要。今日我們常常說孔孟，其實孟子還是一千兩百年後才進孔廟。我說：「你就寫一篇文章呼籲把荀子從祀孔廟。」余先生說：「現代學術哪有人這樣作？你要作你去作，我才不要管這個事情。」——被他訓了一頓，很迂的事情。

陸胤：剛才您提到史華慈教授最後的贈言，但您關於孔廟的研究，我感覺還是體現了一些西學的視野。

黃進興：多少有一點，但是我研究孔廟，我老師沒看到，他已經沒辦法知道我後面作的東西。

陸胤：不同於清末民初以來將儒教「去宗教化」的思路，您的研究似乎揭示了另外一種更寬泛的「宗教」定義，讓人想起韋伯的比較宗教學研究。那麼，在世界諸宗教文明的比較視野下，您如何定位「儒教」的特點和位置？儒家從什麼意義上可以成其為「教」？

黃進興：清末民初那一代的知識分子，剛好是基督教大規模進來，事實上「宗教」這個問題很複雜。那時候基督教在中國，已經是以私人宗教的方式呈現。這種基督教是啟蒙運動以後改造下來的基督教。它在兩千年來，不完全是這樣，當初也曾經有過國教的階段。但清末中國的知識分子和民間百姓，從廣東、上海，到山西，他們所接觸的已經都是私人宗教，就是為了個人的祈

福——生老病死、財源廣進、科考高中這種事情。這種私人宗
教，跟傳統儒教所扮演的角色不同，你不能到孔廟說保佑我考試
高中。孔子說言義不言利，你談的不能是自己的私利，談的都是
集體、國家的事情——國泰民安，文運昌隆，所以事實上它是一
個國家公共儀式的地方，它是一個公共宗教。所以這就解釋了為
什麼孔廟之外有文昌、梓潼、魁星，為什麼讀書人一科舉，就要
跑到這些庇護個人考運、學運的地方，而不是到孔廟去。當然，
傳統讀書人小的時候，常常會刻一個三寸的孔子像放在那裡，你
讀的都是跟他有關的經典，不管是著述還是後來整理出來的東
西。但是真正祈求對你私人命運的保佑，並不是在孔廟，而是在
文昌、魁星這些地方，所以是另外有一個私人的領域。對清末以
來的知識分子來說，因為他所謂的「宗教」，是拿當時的基督教範
式當標準，以這個標準來講，他就說這個儒教不是宗教。而且後
來「宗教」已經變成一個貶義的名詞，跟康有為那時候不一樣，康
有為那時候以為西方之所以富強是因為基督教，但是很快一二十
年的轉移，整個西方也好，中國也好，宗教成了一個貶義詞。你
看羅素 (Bertrand Russell, 1872–1970) 來中國講學，基本上是一個
不可知論者，還有些人是無神論者，尤其受馬克思主義影響的
話，更認為宗教是跟迷信等同，是一個要袪除的對象。從名詞的
變化也可以看出來，在傳統社會都一般講「儒教」，進入五四以
後，「儒教」的說法就少了。只有在日本 (還說「儒教」)，所以日
本人就覺得奇怪：中國人為什麼稱儒家為「儒學」，而不叫「儒
教」，日本到現在還常常叫「儒教」。我們認為只要扯上「教」字就
是一個貶義的名詞，所以今天這個儒家和儒教，已經完全被知識
化，變成一個知識。包括現在的「新儒家」，也很少把它當作一個
信仰，當作宗教信仰，更是他們所不屑的。「新儒家」其實是模仿
西方哲學的樣式，講得非常精微。而傳統儒家的看家本領，成德

的要方，修身的面向，就被擠壓到很少。我也受西方哲學家哈鐸
（Pierre Hadot, 1922–2010）的影響。我有一篇文章，叫〈再現傳統
中國的思想〉，登在《文匯學人》上。我就講中國近代哲學的方
向，到底是不是一個正確的方向？要走向一個論述化、命題化的
哲學，這個是不是未來中國哲學發展的康莊大道？

　　你把老祖宗擅長的東西丟了，所以現在有些學人會感覺到，
不要把儒家思想哲學化。另一方面，你心裡隱隱會覺得，要是把
儒家思想哲學化的話，那個精彩度跟複雜度，還是比不上近代西
方的哲學。為什麼教中國哲學的人，即使到現在的西方，也很難
進入哲學系，都是在東亞系跟宗教系？這就是西方知識成見對我
們的定位。這是西方的認識，他們覺得儒家就是講了一個信仰的
斷言，談不上論證，但是我們都很不服氣，你歧視我們，我們為
什麼不是哲學？

　　我們一定要說自己是哲學。這也是很奇怪的一個現象。但是
我覺得，中國文化到現在應該有自信站起來。我這個態度，現在
常常被人家說是「反動分子」，他們說你年輕的時候是西方理論觀
念的急先鋒，走在最前沿的，現在怎麼在批判西方的理論？我說
不是，在中國，比如唐朝，也是到一定的時候，過個一兩百年，
甚至幾百年，才有自信，慢慢到宋明理學，才開始對佛學有一個
回應。我們不能永遠亦步亦趨。跟著西方最新思潮，這是對的，
我們不是要排外。但是現在也到了一個時候，要平心靜氣下來，
理性地思考我們的傳統文化到底有哪些缺點？哪些優勢？而不是
一味地排斥它，或者東施效顰，學些西方所謂文化跟哲學的皮
毛。這一點是我自己幾十年來接觸西方文化最終的思考。我自己
非常欣賞西方文化，我有時間還是讀讀「蝌蚪文」洋書啊，但是我
現在的心態就比較持平，領略他們的優點長處在哪裡；另一方
面，我不會因為這樣就忽視傳統文化的一些好的地方。不是說對

方好了，就必須要用他們的好來說中國的壞，這個態度我是不贊成的。

陸胤：在您有關孔廟祀典的研究當中，指出一般老百姓對於孔子是「尊而不親」，孔廟作為「聖域」，不是所有人都能涉足；像您剛才所說的，在孔子之外，有文昌、魁星等民間崇拜，儒教主要是一種國家祀典和士大夫信仰。然而近年來，中國大陸「國學熱」漸起，儒教重新獲得關注，甚至有成為一種全民運動的勢頭，您如何看待這一現象？

黃進興：我想大陸有一個特別的情況，因為兩岸分隔六十年，要談這個問題，就不能一竿子把兩個打在一起。我自己也在觀察這些現象，國學熱，還有更早的「文化熱」。我想過去是不是在大陸算一個比較敏感的問題，本來官方的意識形態是馬克思、恩格斯、列寧……但是大家現在覺得，中國好不容易經過了近百年的屈辱，可以站起來，總是要找一些自我認同，尤其在文化上面，叫 cultural identity。在文化認同方面，最容易找到的，就是以儒學為代表的國學，國學當然遠超過儒家的範圍，詩詞、元曲、藝術、繪畫，這些都是國學，不是儒學可以局限的。

從這個背景來理解，可以知道我們除了要在物質、經濟方面趕上西方，更希望在精神跟文化方面，也可以與西方有所抗衡，這樣來講，（國學熱）並不錯。但是這種東西最怕跟政治發生關係，儒家學說在近代的發展，成也是政治，敗也是政治。所以我覺得在政治上是要製造一個氛圍，鼓勵大家對傳統文化進行了解和欣賞；但是不要去主導它，主導它的話，最直接的問題，就是對知識分子會有一個反作用。經過清末，尤其五四運動的洗禮，有多少人從內心真正地、由衷地感佩孔子之教？但你敢說孔子學術是不對？這個大家都講不出來。有一個漢學家去世了很久，叫

作列文森（Joseph R. Levenson, 1920–1969），他的一些話我覺得還是有些道理。他說，中國現代的知識分子，在理智上對中國傳統文化是疏離的，但在感情上還是一種不可言喻的依附。你說作為一個中華文化孕育出來的人，要全盤地去否定傳統文化，我想在感情上是困難的。但是在理智上，你又說不出來它真的是在哪裡，尤其在跟外來文化比較時，你說它有多大的了不起？以前的一些人，像梁啓超他們講，墨子還是很了不起的，但是你看他們說墨子了不起在哪裡，都是用西方的標準判據，像邏輯學之類的來講；也有些人說，孟子非常了不起，使得我們有民本主義，再繼續發展，也許會有民主主義出來，但是他的價值判據，事實上還是西方的democracy（民主），不是來自於中華文化的intrinsic values，也就是內在的價值。

　　現在新儒家很喜歡講「天人合一」是儒家文化或者中國文化的特色，道家也講天人合一。但是在講這句話的時候，要非常小心。因為從人類學來講，非洲絕大部分的部落都是「天人合一」，即使美國的印第安部落，也會講「天人合一」。我講得很籠統，就像愛默生（R. W. Emerson, 1803–1882）說要跟大自然在一起。你要是用「天人合一」來講的話，真的能凸顯儒家或者道家的學說嗎？這裡面當然要進一步地分析了，雖然說「天人合一」，跟非洲某個部落的天人合一如何不同，再深入地講、細講，恐怕還可以看出不一樣的地方。但是你若只用一個籠統的觀念，就要講這是中華文化的一個特色，就不太夠。所謂特色就是獨特的地方，就是uniqueness。這個必須要很謹慎，尤其是作跨文化比較的話，你要知道其他文化真正的情況，而不是籠統，不是sweeping generalization（全面概化）。這一點，我覺得業師史華慈教授給我很大的警示，他常常講，學者很喜歡說西方文化怎麼樣，中國文化怎麼樣。這個要非常小心，西方文化是幾千年，你在講哪裡的

西方文化，哪一個時段的西方文化？中國文化也是幾千年，領域
這麼大，你拿出一個人或一種學問，説就可以代表亘古以來的中
國文化，這種觀念叫作 holistic view（整體的觀點），這個是非常危
險的。這方面，我受益於史華慈老師，他一直跟我耳提面命。所
以當人家在講概化斷言的時候，我總是非常警惕。我們中國文化
怎麼樣，西方文化怎麼樣，這種東西都要非常注意，仔細分析起
來都經不起考驗。到底你真正對西方文化了解有多少？你了解的
是西方文化哪一部分？藝術嗎？哲學嗎？是文學的哪一部分？西
方文學有幾千年，你在講什麼東西？

陸胤：您關於孔廟制度的研究，揭示了「政統」和「道統」之
間的升降。關於傳統政治實踐當中「政教二元體系」的起源和內在
張力，余英時、張灝諸先生從不同角度作過梳理。您如何理解二
者之間的關係？或者説，從「人類學的面向」，通過考述孔廟制度
的變遷，能為我們觀察政教、道勢、德位等二元關係的內涵，提
供哪些新的角度？

黃進興：對，我的前輩學者都講過很多。這些「道統」「治統」
當然談起來都是恍兮惚兮，概念上當然可以作一些分疏──但是
還有一個更具體的辦法，我的作法就是把它們投射到一個有形的
制度。這個有形的制度就是孔廟，因為孔廟這個制度綿延了兩千
多年之久。把一個抽象恍兮惚兮的概念，投射在一個有形的制
度，就像一個溫度計一樣，它的變化，就可以落實，而不是只有
概念上的議論。我就是利用這個技巧，利用了一個有形的祭祀制
度，從這裡來觀察，不然就變成口説無憑。我們現在談的（道
統），往往成為現代人所謂「公共知識分子」的投射，但是在傳統
上是怎麼來表現的？在制度上才能看得有血有肉，而且更是具體
生動。

　　比如明代的「大禮議」，以前我就很感慨：過去很多中文系的老先生就把這個事件當作禮制來談。但禮制是想像的傳統，（爭論的時候）大家都是利用《儀禮》、《禮記》這些材料，在禮制裡面找根據，這樣每一家都可以找到根據。所以我要來討論「儒教」這個問題，就是說到底儒家或儒教是不是宗教？基本上它不是一個理論的問題，也不是一個哲學的問題，而是一個歷史的問題。當我們在談這個問題的時候，要問當時的儒家儒學是在哪一個階段？所以你現在跳過時空，以19世紀末20世紀初來談儒家或者儒學，它當然不是一個宗教，它已經被解體了，正要被去宗教化。

　　你也提到「人類學的面向」，人類學的面向是什麼？是一個信仰者的觀點，所以從他們所留下的文字，比如說祭先師文、祭先聖文，你就會看得出來，究竟是怎麼回事。例如在《儒教的聖域》[2]這本書裡，我就用到一些新發現的材料。例如說我以前就看到朱熹還有其他的文人，只要他有科考，作過地方官，他就留下了這樣一類文字，叫作祭先師文、告先聖文，等等。這種文章不精彩，又很短，常常一頁而已，甚至有時候三四行字。事實上，你會看到朱熹也寫了「辭先聖文」，就是地方官卸任的時候，要告訴孔老夫子，我要離開這個地方了。我那時候覺得為什麼有這些文章？文采也不高明，看起來又是有一個定式。後來我又找到元朝、金朝的材料，還有律令。不管文人的文集裡面，還是律令裡面，地方官視事之前，都先要晉謁孔廟，地方上的孔廟。我就覺得好奇，這兩個都是異族，就是所謂的「夷狄之主」，為什麼會規定這樣的制度？勢必在之前的時代早就有了。

2　黃進興，《儒教的聖域》（香港：三聯書店，2015）。

　　後來我有一次去上海復旦大學演講，就拋出了這個議題。有一位復旦大學的朱溢博士，隔了一年多，突然發一個Email，說老師你要找的東西我找到了，在北宋文彥博的集子裡面，替你找到一個東西。文彥博要到一個地方就任，不知道應該進行哪些祭拜和官方儀式。他的師爺就幫他找，找以前的圖經——不僅有圖，而且告訴你應該作什麼，治理這個地方你要有一個根據，哪些廟在哪裡，哪些神祇要祭祀。裡面記載有一條，必須要晉謁孔廟。你想讀書人都在搞科舉，怎麼知道作地方官的辦法？而圖經裡面就有規定。到南宋，律令裡面就有了相關規定，有了北宋的這一條材料，我就好找了，所以就找到很多。我想這個材料太可愛了，對了解地方行政很關鍵，所以我非把它寫出來不可。後來我愈看愈多，又找到明清。我就看《明史》，為什麼朱元璋登大統的第一年，就要派人到曲阜去告訴孔老夫子？朱元璋這個人，本來是非常鄙視儒生的，我想這一定不是他開始的制度。結果我找到，元朝的皇帝就已經規定，凡是繼承皇位的人，一定要去祭告孔廟。所以你看，都是從異族王朝開始的。現在我們到孔廟，文武官員要下馬、車，這是金朝皇帝的規定。反而是外來的人，他對中國原來的文化特別敏感。蒙古人剛開始進來的時候，都是擄掠燒殺，孔廟被燒掉；等到蒙古人要治理中國的時候，他就發現，不行，沒有儒教這個東西沒辦法作有效的治理，所以就開始修孔廟。最厲害還是滿洲人，他們就更敏感，把孔廟的祭典加到無以復加，所以你看康熙、雍正、乾隆。雍正可能是有點心不甘情不願，他是要追隨康熙。但你看乾隆，據我的統計，事實上晉謁曲阜孔廟，不算京師的孔廟，乾隆佔了九次。本來一次就夠了，交代交代就夠了，他為什麼要九次？這個就牽涉到很複雜的因素。

以前出兵或者打勝仗回來，都要告宗廟、告武廟。你看到最後，看清代康雍乾三朝，他們要幹什麼？他要告太學，而且要遣官告曲阜孔廟，打勝仗，要出兵了，你看它都在這裡舉行。所以孔廟的象徵是擴大的，原來是很單純的，一個人開始讀書，行個禮就結束了；到唐朝以後，愈來愈複雜，就是「釋褐禮」。讀書人要改變身分的時候，比如說考上進士，要把平常老百姓的衣服換下來，換上官服；這個動作是在孔廟進行的：我考上進士，今天開始我是官方一分子，不是民間老百姓了。到明清，因為舉人的關係，就變成在地方孔廟行這個禮。

還有一個例子，叫哭廟。我們讀書人受了地方官的欺負，知縣知府那麼大的父母官，沒有辦法，就是去哭廟。明清以來的東南地區，這個是相當盛行的。只要有這樣一個舉動，地方官就沒辦法私了，一有哭廟行為，他們就吃不了兜著走。對讀書人來講，我沒有錢，沒有權，沒有勢力，但我作哭廟這個舉動的話，官員就有麻煩，朝廷就要派欽差大臣，查究竟是怎麼一回事。所以地方孔廟已經變成保護士人的一個精神堡壘，我就哭給孔老夫子聽，我受到冤屈，我受到壓力，這是一個抗議的舉動。所以你愈了解它，愈知道孔廟在傳統社會所扮演的角色。

不但讀書人，對統治者也是如此。康熙帝寫了「萬世師表」，孔廟要掛上去，要找最好的木頭，趕快來臨摹，知道這個東西要怎麼刻上去。這個過程當中，就可以透過中央來控制地方。這些御賜的匾額，當然在太平天國、文革等運動中被破壞掉很多，唯一殘存的實物，就在台南孔廟。

我的書裡提到過，孔繼汾作《孔氏家儀》，被族人告到皇帝去，兩千年來那個「家儀」變化很大，他要整理整理，結果跟族人不和，就被告了。朝廷馬上深加追究起來，幸虧他死了，從墳墓

把他挖出來，鞭屍，九條大鏈捆一捆，再放回去。要是沒有死，那還得了？你看朝廷就講，這個不是你孔家一家的事，這是國家大典，不是你可以師心自用，不是一家自主的東西，完全都已經官方化了。

到了民國初年，我舉的例子是劉大鵬（夢醒子），在山西。你看他最可笑，他留下了日記，寫到民國二年，還寫說「人生至死，沒有吃一塊冷豬肉」，非常遺憾。都「夢醒」了，已經到民國了，還擺不脫那個。從中可以慢慢看到比較生動、真實的傳統社會，《儒林外史》不用說了，這些東西都可以反映傳統讀書人的心態。不是道德的善惡，而是人生的百態，《儒林外史》有一個章節也談到孔廟。

陸胤：我注意到您近幾年的研究，漸漸轉向「清末民初的道德意識」這個新領域，並在中華書局出版了《從理學到倫理學》一書。我拜讀此書的感受是，您似乎並未採取時下流行的學科史或知識轉型研究的路數，而是更強調「意識」和「思維結構」的轉化。比如您分辨從宋儒貶低「有心為善」到現代學者注重「有意識的向善」的變化，給我留下了深刻印象。您能否簡單描述一下這種道德意識轉化的趨勢？

黃進興：坦白講，這個題目跟孔廟是差不多同一個時候開始的。只是人的精力有限，我一定要處理孔廟的研究到一個階段，才回過頭來作。其實我二十幾年前就想寫這個。就像我在序言所講，我到美國去的時候，就問自己：究竟我的心態跟現代的美國人比較近，還是跟三百年前的顧炎武比較近？我就常常在想這個問題。當然我覺得，在某些現代中國人來講，包括現在的大陸學者來講，很多思維方式，恐怕都比較接近所謂近代西方的一些新的想法。你要講衣食住行，你看我們兩個穿的，哪一點是傳統中

國？都沒有了。但是你要講精神價值的話，就難以說清楚，講明白。試舉我媽媽的例子，我媽媽九十歲過世，她文化水平不是很高，只讀到小學畢業。他們那一代很難的，女的能夠小學畢業，在台灣就很不容易了。我寫到她有一次生病的時候，長期臥床，要吃藥，吃藥很辛苦，她不願意吃。我說你一定要吃，醫生說的，就要強迫她吃。她就說：「我有『人權』，我可以不吃。」她一講這話，把我嚇一跳，她這麼老的人，怎麼會用「人權」這兩個字來駁斥我。可見「人權」這兩個字，已經深入到華人心靈的底層。她不會說兒子因為你要孝順，所以你不能這樣。她用「人權」二字來罵我說，我有人權我可以不吃。所以那時候我就感覺到，這個不是只有知識分子說說而已，一個這麼老的人，九十歲的人，沒讀洛克 (John Locke, 1632–1704) 的「人權論」什麼的，還是很直覺地受這種影響，(這些新概念) 已經深入到大眾文化的語彙中去。就像有一次我在香港坐計程車，一個師傅就說，我們現在處於「後現代」的時代。他看起來是四五十歲，是一個司機而已，竟然「後現代」琅琅上口。可見這個「後現代」也滲透到人心裡去了。所以上下之間是一個交會，有時候民俗文化上升到變成精緻文化的一部分，所謂精英的一些思維，有時候也普及化為大家的想法。並不是一個截然兩分的世界。

　　後來我看到美國有一位任教加州大學洛杉磯分校的華裔學者，他最近作一個測驗，對大陸人作了一二十年的調查，主題是大陸道德思維的變化。我不知道他有沒有看到我的書，大概是不謀而合都提到：大陸有從一種群體的人倫的思維，朝向一個個體的權利的思維，這樣的趨勢。他覺得是在這二三十年間的變化。

　　陸胤：最後的問題：我是文學系出身，讀您的著作還有一點特別的體驗，就是您的文字不同於一般史家撰述，別有一種「潛

氣內轉」在裡面；而且在學術論文之外，還另有一副散文筆墨，據說將來還會寫小說。聯繫到您對後現代史學理論的研究，突出海登‧懷特的「歷史語藝學」，對於史學中「敘事的復興」更是再三致意。在您看來，「歷史」和「文學」是怎樣一種關係？在當前史學日益社會科學化，借重數位技術、量化手段的分析史學仍然大行其道的情勢下，敘事史學有無可能成為一條有效的學術路徑？

黃進興：傳統中國文史不兩分，最經典就是司馬遷的《史記》，文采斐然，也是歷史經典當中最重要的作品之一。至於我自己，從小本來是想學文學的，跟您應該是同行，後來高中受了一個歷史老師的影響，才改學了歷史。曾經有位著名作家跟我講，他說你一輩子沒有搞清楚自己的才能在哪裡。你應該是一個文學家，不是個學者，但是你怎麼誤入歧途去當一個學者？另方面，我並不習慣作行政，這也不是我人生的規畫，也不是我人生的價值所在。我希望趕快完成階段性的任務。我真正想作的事情，是寫小說。但因為一直作歷史研究，沒辦法（搞文學）。

我這個人比較笨，一心沒辦法兩用，比如（沒辦法）左手寫散文，右手寫學術文章。即便是作研究，我現在作著一個東西是西方的，中國的東西就全部忘記；我要作中國的東西了，西方的東西也都不介入。我最近寫了一篇俏皮的小文，關於王冕，就想在文學的真實跟歷史的真實之間，作一點探索。我們常常說歷史要去「考鏡源流」，要知道歷史真相，事實上也是沒法作到的。我這篇小文就講，你從文學的取徑，反而更能夠把握到這個所謂的歷史真實，能看到人物真正的心志，他這個人真正的精神特質。

我寫文章，會比較注重布局和文字，我會把它當作一個文學的東西來處理。我的文字並不是特別漂亮，人愈老詞彙愈少，常常為了一個詞在那想啊想，找不到適當的詞彙表達我內心的意念，但是我總是希望把文章寫得有一點符合美學的感覺。

　　像懷特說的，歷史和小說，同樣都是自然語言。歷史號稱要追求真實，文學是要追求美或者善，但是我覺得所謂歷史上真正的真實，坦白講也遙不可及了。我那篇小文，就是用王冕作個例子，用了這麼多的原始資料，但還是沒辦法百分之百確定它的真實性。我關注他這個個案所牽涉的複雜性，覺得他可能是遭受到比較不幸的劫數，但是落到文字上，人家就可以挑剔你，那是你自己想像的。因為綜合上給我這樣的感覺，他是遇難而死的可能更大一些，當然也可以想像另外一種可能。

　　文學在這個意義來講，比歷史還要真。

本書詳細參考書目，請掃瞄此二維碼